L'enfant en prison

BIBLIOTHÈQUES DE DROIT

COLLECTION FONDÉE ET DIRIGÉE PAR JEAN-PAUL CÉRÉ

Cette collection a pour vocation d'assurer la diffusion d'ouvrages scientifiques sur des thèmes d'actualité ou sur des sujets peu explorés dans le domaine des sciences juridiques. Elle se destine notamment à la publication de travaux de jeunes chercheurs.

Dernières parutions :

J. GOURDOU, O. LECUCQ et J.Y MADEC (dir.), *Le principe du contradictoire dans le procès administratif*

V. DA SILVA, *Réussir son cas pratique en droit de la famille*

D. CONNIL et J. DUVIGNAU (dir.), *Droit public et cinéma*

H. ALCARAZ et O. LECUCQ (dir.), *Collectivités territoriales et intégration des étrangers*

C. MENABE, *La criminalité féminine*

M. TESSIER, *Les procédures de la criminalité organisée devant la Cour de cassation*

N. NOTTO-JAFFEUX, *Le conflit d'intérêt chez les avocats*

A. GERMON, *Le rôle d'initiative des administrations dans l'action publique*

O. LECUCQ (dir.), *État, collectivités territoriales et droits sociaux*

A. AMALFITANO, *La responsabilité pénale des personnes morales en Europe*

N. LORY, *La saisie pénale des biens incorporels*

M. PERRIN, *Le statut pénal de l'animal*

A. TATARINOFF, *Génocide et crimes de masse (1933-1946)*

P. ROUSSEAU, *Autonomie personnelle et droit pénal*

A. AZARETE, E. GUERRERO et T. MORETTO (dir), *Fête et droit public*

A. BEN GADI, *La libération conditionnelle comme outil de gestion du risque*

N. VERON, *Le contrôle de l'utilisation des données biométriques*

Sous la direction de
Mathieu MARTINELLE et
Catherine MÉNABÉ

L'enfant en prison

L'Harmattan

Du même auteur

C. Ménabé, *La criminalité féminine*, L'Harmattan, 2014.

5-7, rue de l'Ecole-Polytechnique, 75005 Paris

http://www.editions-harmattan.fr

ISBN : 978-2-343-13051-4
EAN : 9782343130514

Remerciements

Nous tenons à présenter nos remerciements à l'Institut François Gény et à la Faculté de droit de Nancy grâce à qui cette manifestation scientifique a pu voir le jour.

Nous remercions également l'ensemble de nos partenaires qui nous ont aidés pour la diffusion du programme et ont permis d'attirer des professionnels de tout le territoire. Nos remerciements s'adressent aussi aux cliniciens de la Clinique de Droit de Nancy.

Merci à Max d'avoir prêté son image.

Enfin, nous tenions à exprimer nos pensées à Benoît Rault et Nathalie Loewenguth Deffains qui nous ont quittés trop tôt.

Principales abréviations

AJ pén.	Actualité juridique pénale
Al.	Alinéa
AP	Administration pénitentiaire
Art.	Article
Cf	*Confer*
C-PIP	Conseiller pénitentiaire d'insertion et de probation
UVF	Unité de vie familiale
Cass. crim	Chambre criminelle de la Cour de cassation
CE	Conseil d'État
CEDH	Cour européenne des droits de l'homme
CESDH	Convention européenne de sauvegarde des droits de l'homme
CGLPL	Contrôle/Contrôleur général des lieux de privation de liberté
CIDE	Convention internationale des Droits de l'Enfant
c. ou c/	Contre
C. pén	Code pénal
C. pr. pén	Code de procédure pénale
D.	Dalloz
Dr. pén	Revue Droit pénal
Ed	Edition
Gaz. Pal	Gazette du Palais
Ibid.	*Ibidem*
Infra	Ci-dessous
JAP	Juge de l'application des peines
JO	Journal Officiel
JORF	Journal Officiel de la République Française
JCP	Jurisclasseur, La semaine juridique
L.	Loi
LC	Libération conditionnelle
N°	Numéro
Not	Notamment
Obs.	Observation
OIP	Observatoire international des prisons
Op. cit.	*Opere citato*, cité précédemment
P, pp	page(s)
PMI	Protection maternelle et infantile
Préc	Précité
Rev. sc. crim	Revue de science criminelle et de droit pénal comparé
RTD civ	Revue trimestrielle de droit civil
S	suivant

SPIP .... Service pénitentiaire d'insertion et de probation
Supra... Ci-dessus
UVF .... Unité de vie familiale
V.. .... Voir

Introduction

Allocution d'accueil

Par Monsieur le Doyen de la Faculté de droit de Nancy Fabrice Gartner

Mes chers collègues,

Mesdames, Messieurs

Vous m'avez demandé d'ouvrir cette journée par « quelques mots ».

Je le fais avec d'autant plus de plaisir que c'est d'abord l'occasion d'adresser des remerciements à tous les organisateurs de cette manifestation, ceux qui en ont eu l'idée, ceux qui l'ont animée scientifiquement, ceux qui l'ont portée techniquement et administrativement.

Au nom de la Faculté,

J'adresse un grand merci aux collègues et personnels administratifs et techniques, notamment de l'institut François Gény.

C'est l'occasion ensuite de souhaiter une chaleureuse bienvenue aux participants, qu'ils interviennent aujourd'hui ou assistent aux travaux, qu'ils soient de l'Université de Paris 1, Paris 2, Reims, Lyon2, de Lorraine, ou de l'école des hautes études en sciences sociales, qu'ils soient représentants de l'administration pénitentiaire, contrôleur des lieux de privation de liberté que nous avons l'honneur d'accueillir, médecins, ou encore magistrats, voire confrères avocats. Je suis heureux de les compter dans cette très belle diversité de participants, de leur dire qu'ils sont ici chez eux et que j'espère ils garderont un bon souvenir de leur passage.

C'est l'occasion enfin, de former le vœu que la journée d'étude soit riche en enseignements et que les travaux soient constructifs. À cela on ajoute, quand on est Doyen, qu'on ne pourra malheureusement pas participer aux travaux, retenu par des engagements antérieurement contractés auxquels il n'a pas été possible de se soustraire. À l'exception du déjeuner, pour lequel j'ai finalement réussi à me libérer…

Mais je sais que, lorsqu'on me demande de venir ouvrir une journée d'étude, c'est en espérant que je dirai une des bêtises inaugurales dont j'ai paraît-il, le secret, et qui pourrait être de nature, au début de la journée, de mettre un petit sourire sur les lèvres.

Vous conviendrez cependant que les collègues, qui espèrent secrètement un mot d'esprit, ne me facilitent pas la tâche.

Le sujet du jour, « l'enfant en prison » n'est pas de ceux qui prêtent facilement à la plaisanterie. Cela étant, je ne vous jette pas la pierre, dans huit jours ce sera une journée sur les « risques encourus par le dirigeant de PMA PMI » et dans deux semaines je devrai faire l'exercice lors d'une journée consacrée aux « violences sexuelles ». On me gâte.

Ce n'est pas parce que, par sadisme, vous avez demandé à un publiciste d'inaugurer une thématique plutôt privatiste qu'il m'était interdit de réfléchir un peu à votre sujet.

Difficile de plaisanter sur le sujet. Et impossible même d'user de la ficelle de la métaphore.

Difficile de faire un parallèle entre l'enfant en prison et l'étudiant à la faculté, encore qu'entre nos deux établissements on ait l'espoir commun que le jeune pourra connaître un avenir épanouissant, malgré sa naissance en prison pour l'un et malgré le baccalauréat pour l'autre…

Ne nous laissons pas aller pour autant à la sinistrose et deux raisons militent à mon sens pour que vous abordiez vos questions du jour sinon avec légèreté, au moins avec un certain détachement.

Le sujet est grave, mais la Faculté est le lieu où l'on peut, non que dis-je, où l'on doit ne pas confondre sentimentalisme et humanisme… La réflexion sur les institutions doit être ici, utilement, dépassionnée.

C'est d'autant plus vital que votre sujet est d'actualité, pas tant en lui-même qu'à raison des lieux concernés : la prison. Entre les émeutes dans certains établissements pénitentiaires, et les poursuites contre la France par l'Observatoire International des Prisons, la question de la vie carcérale, et de ces conditions, est posée de façon aiguë…

Mais vous aurez noté que, contrairement à d'autres ces évènements, pourtant graves, n'ont pas tenu la première page de la presse très longtemps.

Et pour cause : force est de constater que le sort des prisonniers ne passionne pas les foules.

D'abord, tout comme le cancer et les accidents de voiture, l'incarcération n'arrive qu'aux autres et devenir mère derrière les barreaux est l'équivalent d'une maladie rare.

Ensuite, à la différence du cancer, ou des accidents de voiture, la prison, on l'a cherchée. Nous avons de ce lieu commun une illustration étonnante, jusque dans nos amphithéâtres.

Lorsque nous emmenons les étudiants faire des visites de prison. Lorsqu'on leur montre le souci des administrations pénitentiaires, et il est grand, de faire que la détention soit « porteuse » de quelque chose, qu'elle ne soit pas synonyme que de « désespoir », il n'est pas rare qu'on entende des propos d'une sévérité extrême. Il n'est pas rare que nos étudiants contestent certains éléments de confort comme la télé ou les loisirs. Il n'est pas rare de les entendre s'étonner qu'on paie les détenus lorsqu'ils travaillent. Il n'est pas rare qu'ils s'en émeuvent au son de « mais c'est le club Med » et qu'ils affirment qu'après tout le « prisonnier l'a bien mérité ».

Oui, que voulez-vous, nos étudiants n'ont pas le droit de regarder la télé pendant leurs heures de présence, ils doivent payer leur déjeuner, et ils n'ont pas de salle de musculation à la Faculté. Et, aveuglés par la facilité des conversations courantes, ils n'ont pas toujours le recul de se dire qu'il vaut mieux payer son sandwich que de le manger en cellule…

Or si nos bacheliers du supérieur peuvent tenir ce genre de raisonnement à l'emporte-pièce, que peut penser la grande majorité des gens qui ne sont pas au fait de la problématique pénale…? Je le sais, je les côtoie comme avocat : ils pensent « c'est bien fait ».

Allons plus loin, pour une partie du public, et d'ailleurs malheureusement, même implicitement, pour certaines formations politiques, dont le programme rejoint le café du commerce, peu importe la violence, l'insalubrité ou la promiscuité, car un prisonnier au milieu des cafards, c'est après tout comme une photo de famille.

Ainsi l'appel à l'humanisme, qui est sous tendu par votre thème, ne peut pas prendre fermement racine dans une opinion publique formatée aujourd'hui par le terrorisme et les médias et qui en vient à considérer que le détenu est un nuisible.

Dès lors, aussi triste que cela soit, mais parce qu'il faut être pragmatique, il n'est guère que deux voies exploitables pour faire bouger les lignes.

La première est la sécurité : tout le monde y est sensible. Dire que la lutte contre la surpopulation carcérale est une question de dignité humaine c'est quasiment prêcher dans le désert.

Dire en revanche que l'amélioration des conditions de fonctionnement des prisons est une manière d'assurer la sécurité des équipes qui travaillent en prison, est plus porteur, sans compter que l'on peut aussi dire que cela peut éviter des évasions.

La deuxième est le lien familial. Dire qu'il faut assurer à la mère des conditions dignes dans la dernière phase de sa maternité et au moment où il faudra se séparer de l'enfant n'a pas de sens si les gens pensent que c'est bon moyen d'éviter une mère indigne, et ce quelle que soit les spécificités de la délinquance féminine.

Mais parler de l'enfant c'est autre chose. L'enfant reste, surtout s'il est petit, une valeur relativement sacrée.

Dans une société où l'enfant roi est « cultissime », on peut parler d'intérêt supérieur de l'enfant quand on serait inaudible à parler de l'intérêt supérieur du détenu ou de la mère. On peut faire valoir que ce n'est pas lui le délinquant, qu'il n'a pas commis d'infraction, qu'il ne doit pas subir de peine, et l'on peut donc faire jouer, sur le terreau de la sensibilité des parents, et surtout des mères, le principe de personnalité de la peine.

Et on peut aussi souhaiter, vous le ferez aujourd'hui, que l'enfant en prison ne devienne pas lui-même un futur locataire. Du coup, en insistant sur la sécurité et sur l'enfant, on a un angle d'attaque pour évoquer, par ricochet, la mère.

Vous l'aurez compris, vous traitez aujourd'hui d'un sujet porteur, je veux dire porteur dans l'opinion, un sujet qui peut donc devenir, en y mettant la pédagogie dont les praticiens font montre à longueur de temps, une locomotive pour la réflexion, plus générale, sur l'environnement carcéral.

Et la réunion des spécialistes que vous êtes me fait espérer que vos travaux puissent avoir une influence, surtout s'ils comportent des propositions concrètes pour le sort de l'enfant en prison.

Vous le voyez, mesdames, messieurs, j'ai gravement réfléchi au sujet et je suis convaincu, après ces minutes absolument inutiles, que, par comparaison, vous allez trouver parfaites et très édifiantes toutes les interventions du jour. Vous êtes prêts.

Concluons avec Sartre. On trouve la peur de la prison comme avenir pour un enfant, dans « l'étranger » :

« *Comme si les chemins familiers tracés dans les ciels d'été pouvaient mener aussi bien aux prisons qu'aux sommeils innocents.* »

Belle journée, merci de votre présence.

Je vous remercie.

Allocution introductive

Par Mathieu Martinelle (Doctorant en Droit privé et sciences criminelles, Université de Lorraine) et Catherine Ménabé (Maître de conférences en Droit privé et sciences criminelles, Université de Lorraine)

Les femmes représentent moins de 4 % de la population carcérale[1]. Ce constat saisissant de la sous-représentation des femmes en milieu carcéral pouvait déjà être relevé au XXème siècle[2]. Le problème spécifique de la maternité en prison a donc toujours été considéré comme marginal et a longtemps été négligé par le droit. Cette situation a d'abord été prise en compte par la pratique pénitentiaire afin d'assurer la survie des nouveau-nés de détenues. Elle a été envisagée pour la première fois par le droit par un décret du 19 janvier 1923 qui prévoyait que, même après sevrage, les enfants pouvaient rester jusqu'à quatre ans avec leur mère en détention[3]. Après la Seconde Guerre mondiale, les conditions de détention déplorables des prisons ont conduit à un abaissement de ce seuil à 18 mois[4] par une circulaire de 1946[5]. Désormais, ce sont principalement les articles D. 400 et suivants du Code de

---

[1] Direction de l'Administration Pénitentiaire, « Statistiques mensuelles de la population détenue et écrouée ».

[2] R. CARIO, *Les femmes résistent au crime*, L'Harmattan, Transdisciplines, 1997, p. 117-118.

[3] V. COLLET, *Grossesse et maternité en milieu carcéral*, Thèse pour le diplôme d'état de docteur en médecine, Université de Versailles – Saint Quentin en Yvelines – UFR médicale Paris – Ile de France Ouest, 2007, p. 13.

[4] M. HERZOG-EVANS, « Les enfants de détenus : "The orphans of justice" », *Lamy Droit Civil*, 2011, NS 87, Supplément « Le statut de l'enfant depuis la Convention internationale relative aux droits de l'enfant », Étude, p. 32-35.

[5] Du 24 avril.

procédure pénale qui réglementent la maternité en détention, dispositions complétées par la circulaire du 16 août 1999[6]. La France respecte ainsi ses engagements internationaux concernant la mise en œuvre des règles de la Convention des Nations Unies sur les droits de l'enfant et de l'ensemble des règles *a minima* pour le traitement des détenus[7]. Pour autant, le système mis en place est-il suffisamment protecteur des intérêts de l'enfant de fait privé de liberté dans un milieu par nature inadapté ?

Le sujet est étonnamment très peu étudié mais soulève pourtant l'intérêt, cette journée d'étude en atteste, tout autant que le nombre d'intervenants et de participants. Nous les remercions chaleureusement de leur présence. La situation des enfants en prison mérite de profondes réflexions car c'est une cinquantaine d'enfants qui sont concernés en France chaque année[8]. Le thème abordé est aussi d'actualité. Madame la Contrôleure générale des lieux de privation de liberté a rendu public, le 18 février 2016, un avis « *relatif à la situation des femmes privées de liberté* ». Ce dernier complète un avis de son prédécesseur spécifiquement « *relatif aux jeunes enfants en prison et à leurs mères détenues* »[9]. En outre, la Cour européenne des droits de l'Homme a, le 24 mars 2016, sanctionné la situation Ukrainienne quant à cette problématique[10]. Enfin, le

---

[6] Circulaire JUSE9940065C du 16 août 1999, « Les conditions d'accueil des enfants laissés auprès de leur mère incarcérée », BO du ministère de la Justice, n° 76.

[7] Adoptées par le premier Congrès des Nations Unies pour la prévention du crime et le traitement des délinquants ; cf. art. (23.1) et (23.2).

[8] Circulaire JUSE9940065C du 16 août 1999, « Les conditions d'accueil des enfants laissés auprès de leur mère incarcérée », BO du ministère de la Justice, n° 76.

[9] Avis du 8 août 2013, JORF n° 0204 du 3 septembre 2013.

[10] CEDH, 24 mars 2016, *Korneykova et Korneykov* c. Ukraine, note d'information de la Cour n° 194, mars 2016. Violation de l'article 3

Ministère de la Justice a récemment désigné un groupe de réflexion sur le sujet, lequel pourrait s'inspirer des résultats de cette journée.

Afin d'envisager la problématique dans toute sa complexité et dans ses divers aspects, la première partie de notre étude est consacrée à la présentation des dispositions normatives et des pratiques pénitentiaires. Ne manqueront pas d'être évoquées par les différents intervenants les multiples difficultés auxquelles cette situation conduit. La seconde partie permettra de se concentrer sur deux axes de réflexion : faut-il maintenir la possibilité pour les mères détenues de garder leur enfant auprès d'elles ? Et dans l'affirmative, quelle devrait être la limite d'âge fixée par le droit en considération des intérêts propres de l'enfant ?

Alors que nos différents contributeurs ont la lourde tâche de répondre à ces interrogations, ils ne nous contrediront pas lorsqu'on affirme qu'une approche exclusivement juridique ne suffit pas. La problématique de l'enfant en prison est complexe et impose une approche pluridisciplinaire : la norme juridique se confronte à la réalité du terrain que connaissent les membres de l'administration pénitentiaire et l'ensemble des professionnels qui interviennent au soutien de l'enfant en prison. C'est pour ces raisons que nous avons fait le choix de proposer un regard croisé entre la théorie et la pratique : une réflexion théorique relative à l'accueil de l'enfant en prison, *par* et *à destination* de la pratique pénitentiaire.

À cette fin, nous avons l'opportunité de bénéficier des réflexions des universitaires mais aussi des praticiens de domaines divers. Juristes, professionnels de santé, psychologues, sociologues et bien sûr membres de

---

(Traitements inhumains et dégradants).

l'administration pénitentiaire nous proposeront des pistes d'amélioration afin d'améliorer la situation de l'enfant en prison.

1ère PARTIE

LA PRÉSENCE DE L'ENFANT EN PRISON

Chapitre 1 : L'enfance incarcérée

Section 1 : Les conditions juridiques d'accueil des enfants aux côtés de leur mère détenue

Par Jean-Baptiste Thierry, Maître de conférences en Droit privé et sciences criminelles, Université de Lorraine, Directeur de l'IEJ de Lorraine - André Vitu

Les femmes détenues représentent une part marginale des personnes incarcérées – 3,35% des personnes détenues en 2017, soit 2 341 personnes sur 69 679[11] – et les mères détenues – entendues comme les femmes détenues qui vivent avec leur enfant en détention – une part encore plus marginale, puisqu'on dénombrait en 2013, selon l'avis du Contrôleur général des lieux de privation de liberté[12], 76 places réservées aux femmes accompagnées d'un enfant, soit 4,3% des places réservées aux femmes[13]. La marginalité factuelle de cette situation entraîne une marginalité juridique de la question des conditions juridiques d'accueil des enfants aux côtés de leur mère détenue. Noyées dans les quelques 70 000 personnes détenues, ces femmes qui vivent leur privation de liberté avec leur enfant n'attirent guère l'attention. La doctrine s'en désintéresse et les principales publications relèvent de disciplines non

---

[11] Direction de l'Administration pénitentiaire, Statistique mensuelle de la population détenue et écrouée, situation au 1er mai 2017, mai 2017.

[12] Avis du 8 août 2013 relatif aux jeunes enfants en prison et à leurs mères détenues, *JORF*, 3 sept. 2013.

[13] Sur les raisons historiques de la présence d'enfants en détention, auprès de leur mère détenue : C. Ménabé, *La criminalité féminine*, L'Harmattan, 2014, p. 314 et s.

juridiques[14]. Le désintérêt est également jurisprudentiel, puisqu'aucune décision accessible – ou presque – ne s'intéresse à la question. Le désintérêt est enfin normatif, puisque la question est réglée par une simple circulaire[15].

Pourtant, la question des conditions juridiques de l'accueil des enfants aux côtés de leur mère détenue cristallise les problèmes de la peine privative de liberté. Les difficultés suscitées par les conditions de détention se trouvent exacerbées par la présence d'un enfant en détention. Les interrogations sur le sens de la peine privative de liberté prennent une dimension particulière lorsqu'un jeune enfant est, de fait, incarcéré, alors même qu'il n'a commis aucune infraction. Il est en effet une chose acquise que l'enfant non doté de discernement est irresponsable pénalement de son propre fait[16]. Or, voici que le mineur non doté de discernement peut se retrouver en détention par le fait d'autrui. La situation peut surprendre *a priori*, mais les bénéfices des liens familiaux et de la présence de l'enfant aux côtés de sa mère sont tels[17], pour l'enfant

---

[14] V. par ex. : C. Cardi, « Le contrôle social réservé aux femmes : entre prison, justice et travail social », *Déviance et Société* 2007/1 (vol. 31), p. 3 ; « Les quartiers mères-enfants : l' « autre côté » du dedans », Champ pénal/Penal field [En ligne], Vol. XI | 2014, mis en ligne le 28 mai 2014, consulté le 23 mai 2017. URL : http://champpenal.revues.org/8762 ; DOI : 10.4000/champpenal.8762. R. Gastone, « Etude médico-sociale des femmes incarcérées à la maison d'arrêt de Fleury-Mérogis en 2000 et 2001 », *Santé publique* 2003/2 (vol. 15), p. 133. L. Mucchielli, E. Raquet, « Les comparutions immédiates au TGI de Nice, ou la prison comme unique réponse à une délinquance de misère », *Rev. sc. crim.*, 2014, p. 207. Les auteurs relèvent une faible proportion de femmes prévenues.

[15] Circulaire AP 99-2296 PMJ2, 18 août 1999, « Les conditions d'accueil des enfants laissés auprès de leur mère incarcérée », *BOMJL*, 1er oct.-31 déc. 1999, n° 76.

[16] C. pén., art. 122-8.

[17] M. Herzog-Evans, *Droit pénitentiaire*, Dalloz, 2012, 2e éd. Dalloz

comme pour sa mère, que nul ne songe sérieusement à la remettre en cause.

L'accueil de l'enfant aux côtés de sa mère détenue est une situation « genrée », en ce sens que seule la mère peut vivre avec son enfant en détention. Rien n'est prévu pour le père. Pourquoi y a-t-il si peu de femmes présentes en détention avec leur enfant ? Parce que la maternité est un « bénéfice secondaire »[18], en ce sens où une femme enceinte ou mère risque moins d'être condamnée à une peine privative de liberté, ce qui est tout à fait compréhensible au regard des règles de l'individualisation de la peine. Une fois en détention, le bénéfice est encore palpable car les conditions d'accueil de l'enfant sont elles-mêmes différentes des conditions de détention du droit commun.

Par conditions juridiques de l'accueil de l'enfant auprès de sa mère détenue, il ne faut donc pas entendre les conditions matérielles[19], ou les aménagements de peine[20]. Il n'est question que du droit de l'accueil d'un enfant en détention, autrement dit, d'un droit flou et d'un droit mou. Flou, parce que si certaines normes impératives comme l'article 8 de la Convention européenne des droits de l'homme ou la Convention internationale des droits de l'enfant sont applicables à la situation, elles ne la règlent évidemment pas en détail. Mou, parce que les normes applicables à la présence d'un enfant en détention sont pour le moins vagues, imprécises, voire non obligatoires.

Deux situations sont à distinguer. D'une part l'accueil temporaire de l'enfant, au parloir ou en unité de vie

---

Action, n°s 451.11 et s.

[18] C. Cardi, « Le féminin maternel ou la question du traitement pénal des femmes », *Pouvoirs*, 2009/1 (n° 128), p. 208.

[19] V. contribution A. Hazan.

[20] V. contribution M. Herzog-Evans.

familiale. Dans ce cas, le cas de la mère détenue ne fait pas l'objet d'un traitement particulier, en ce sens que les règles applicables ne distinguent pas selon la visite d'un enfant à son père ou à sa mère. Il y a une indifférence normative à cet accueil temporaire de l'enfant en détention (I). D'autre part, l'accueil permanent de l'enfant, c'est-à-dire le cas particulier de l'enfant qui va vivre en détention auprès de sa mère détenue. Les règles sont ici propres aux mères détenues et n'ont pas d'équivalent pour les pères détenus. Mais elles sont tellement défaillantes qu'elles caractérisent une négligence normative envers cette situation (II).

§1 : L'indifférence normative pour l'accueil temporaire de l'enfant en détention

Cette indifférence se traduit par une absence de traitement juridique différencié entre hommes et femmes. L'accueil temporaire peut ainsi s'effectuer soit au parloir (A), soit en unité de vie familiale (B).

A. L'accueil au parloir

Le parloir peut être « classique » ou familial. S'agissant du parloir « classique », les permis de visite, sont délivrés par le juge d'instruction pour les personnes placées en détention provisoire[21], ou le chef d'établissement pour les condamnés[22]. Les dispositions réglementaires du code de procédure pénale relatives au permis de visite ne distinguent pas selon l'âge de la personne qui rend visite au condamné. Celles-ci sont donc identiques, que la personne détenue soit un homme ou une femme. La circulaire du 20 février 2012 relative au maintien des liens extérieurs des

---

[21] C. proc. pén., art. R. 57-8-8.
[22] C. proc. pén., art. R. 57-8-10.

personnes détenues par les visites et l'envoi ou la réception d'objets[23], précise que les mineurs, quel que soit leur âge, doivent détenir un permis de visite individuel afin de conserver la trace de leurs visites et permettre qu'elles puissent avoir lieu avec d'autres accompagnateurs que les titulaires de l'exercice de l'autorité parentale si ceux-ci y consentent. Les mineurs de moins de seize ans doivent être accompagnés par un adulte. Le mineur de plus de seize ans peut visiter seul, à condition d'y être autorisé par écrit par les titulaires de l'autorité parentale. Il est regrettable que ces précisions ne soient apportées que par une simple circulaire et l'on aurait pu s'attendre, comme le relevait M. Herzog-Evans[24], à ce que la question soit intégrée dans les décrets d'application de la loi pénitentiaire.

S'agissant du parloir familial, il s'agit d'un dispositif prévu par l'article 36 de la loi pénitentiaire du 24 novembre 2009[25] : toute personne détenue peut bénéficier à sa demande d'au moins une visite trimestrielle dans un parloir familial, dont la durée est fixée en tenant compte de l'éloignement du visiteur. Les parloirs familiaux sont des petites salles où les visites ont lieu sans surveillance continue et directe[26]. Il est étrangement précisé que les mineurs doivent être accompagnés par un majeur, sans

---

[23] Circulaire du 20 février 2012 relative au maintien des liens extérieurs des personnes détenues par les visites et l'envoi ou la réception d'objets, *BOMJL*, n° 2012-02, 29 fév. 2012.
[24] M. Herzog-Evans, *op. cit.*
[25] L. n° 2009-1436, 24 nov. 2009. L'art. R. 57-8-13 C. proc. pén. définit les parloirs familiaux comme des locaux spécialement conçus afin de permettre aux personnes détenues de recevoir, sans surveillance continue et directe, des visites des membres majeurs de leur famille ou de proches majeurs accompagnés, le cas échéant, d'un ou de plusieurs enfants mineurs, pendant une durée de six heures au plus au cours de la partie diurne de la journée.
[26] C. proc. pén., art. R. 57-8-13.

référence à un quelconque seuil d'âge, contrairement aux parloirs « classiques ». La précision peut surprendre. Au 1er janvier 2015, on comptait[27] 45 parloirs familiaux en fonction dans 12 établissements pénitentiaires[28]. Or ces parloirs n'existent qu'en maison centrale ou quartier maison centrale[29]. Sachant qu'aucune maison centrale n'accueille des femmes, ce moyen de maintien des liens familiaux est purement théorique pour les femmes détenues, au contraire des unités de vie familiale.

B. L'accueil en unité de vie familiale

D'abord expérimental, puis pérennisé dans la loi du 24 novembre 2009, l'accueil en unité de vie familiale permet aux personnes détenues de recevoir, sans surveillance continue et directe, des visites de membres de la famille, y compris des mineurs accompagnés par un majeur, pendant une durée comprise entre six heures et 72 heures[30]. Les unités de vie familiale ont été inaugurées dans un établissement pour femmes : au centre pénitentiaire de Rennes. On compte actuellement 85 UVF dans 26 établissements[31].

---

[27] Chiffres-clés, <http://www.justice.gouv.fr/art_pix/chiffres_cles_2015_FINALE_SFP.pdf>.

[28] C. Ménabé, *op. cit.*

[29] Ibidem.

[30] C. proc. pén., art. R. 57-8-14 : Les unités de vie familiale sont des locaux spécialement conçus afin de permettre aux personnes détenues de recevoir, sans surveillance continue et directe, des visites des membres majeurs de leur famille ou de proches majeurs accompagnés, le cas échéant, d'un ou de plusieurs enfants mineurs, pendant une durée comprise entre six heures et soixante-douze heures. La durée de la visite en unité de vie familiale est fixée dans le permis.

[31] Chiffres clés préc.

Les conditions sont connues[32]. Les personnes détenues peuvent demander à bénéficier des UVF une fois par trimestre mais la fréquence et la durée dépendent en réalité du nombre d'unités créées par établissements par rapport au nombre de personnes détenues pouvant y prétendre. Après examen de la demande au sein d'une commission pluridisciplinaire, la décision relève du chef d'établissement qui détermine également la durée. Le chef d'établissement est contraint de justifier sa décision en cas de refus, celui-ci pouvant être motivé par les risques encourus pour la sécurité de l'établissement ou pour les visiteurs, par la nature des relations unissant la détenue et son visiteur ou encore par les effets potentiellement négatifs d'une telle visite prolongée pour la femme détenue. L'enfant peut y être accueilli.

Comme l'enfant ne vit pas avec sa mère, il faut que le titulaire de l'autorité parentale soit d'accord pour emmener l'enfant lui rendre visite. Au besoin la décision peut être « judiciarisée » par le recours au juge aux affaires familiales, voire par le juge des enfants si une situation de danger existe. Il est ainsi tout à fait possible de refuser qu'un enfant rendre visite à sa mère.

§2 : La négligence normative pour l'accueil permanent de l'enfant en détention

La négligence normative pour l'accueil permanent se traduit par un dispositif étrangement peu contraignant pour l'accueil de l'enfant auprès de sa mère détenue. Cette possibilité est reconnue réglementairement. L'enfant n'étant pas sous écrou, il n'est pas un détenu à proprement parler. Habituellement, on a plutôt tendance à se réjouir quand le droit ne règle pas tout, mais s'agissant de l'accueil perma-

[32] L. n° 2009-1436, 24 nov. 2009, art. 36.

nent de l'enfant auprès de sa mère détenue, quelques surprises peuvent tout de même survenir. Il faut donc voir quelles sont les manifestations de cette négligence normative (A) avant de voir s'il est envisageable d'y remé-remédier (B).

A. Les manifestations de la négligence

Le droit se désintéresse de la question des mères détenues. Ce désintérêt résulte du type de normes qui encadrent l'accueil permanent de l'enfant auprès de sa mère détenue. L'article 38 de la loi pénitentiaire du 24 novembre 2009 précise seulement qu'une convention entre l'établissement pénitentiaire et le département définit l'accompagnement social proposé aux mères détenues avec leurs enfants et prévoit un dispositif permettant la sortie régulière des enfants à l'extérieur de l'établissement pour permettre leur socialisation. La loi reconnaît donc la présence de l'enfant en détention. C'est ensuite un décret simple, l'article D. 401 du code de procédure pénale, qui prévoit que les enfants *peuvent* être laissés auprès de leur mère en détention jusqu'à l'âge de dix-huit mois. Pour le reste, c'est une simple circulaire du 18 août 1999 qui précise les conditions d'accueil de l'enfant. Le fait de régler une situation par une simple circulaire, fût-elle normative, est surprenant au regard de la gravité de cette situation. Ce désintérêt peut s'expliquer par le faible nombre d'enfants accueillis en détention.

L'accueil de l'enfant en détention dépend, selon la circulaire, de la capacité d'accueil de l'établissement. Autrement dit, l'accueil du jeune enfant est un droit pour la mère. La circulaire précise d'ailleurs sur ce point « Il appartient aux seuls parents de décider si l'enfant de moins de 18 mois demeure ou non auprès de sa mère en détention, dans la limite de la capacité d'accueil des établissements pénitentiaires équipés pour recevoir des enfants. » Pourtant, il est ensuite précisé que l'accueil en détention d'un enfant déjà né doit être exceptionnel, les autorités judiciaires devant tenter de rechercher des solutions pour éviter l'accueil de l'enfant en milieu carcéral. Il s'agit donc un droit conditionné à l'absence de solution à l'extérieur. En tout état de cause, la volonté de la mère doit primer. La circulaire insiste sur ce point, en précisant que ni l'autorité judiciaire ni l'administration pénitentiaire ne peuvent s'opposer à la décision de la mère. Sauf danger pour l'enfant, ou dépassement de la capacité d'accueil de l'établissement, la mère, si elle le souhaite, doit pouvoir vivre avec son enfant en détention.

Plusieurs paradoxes apparaissent sur ce traitement juridique de l'accueil d'un enfant en détention. D'abord, s'agissant des autorités compétentes. La circulaire n'est pas des plus claires, puisque la volonté de la mère prime, certes, mais l'administration pénitentiaire peut s'opposer à l'accueil de l'enfant, la contestation de ce refus relevant normalement des juridictions administratives[33]. Ensuite, le père peut souhaiter que l'enfant vive avec lui. Dans ce cas, il appartiendra au juge aux affaires familiales de se prononcer sur la résidence habituelle de l'enfant. S'il décide que celle-ci doit être fixée auprès de la mère, sa décision doit donc s'imposer à l'administration pénitentiaire. Enfin, si un danger apparaît pour l'enfant, c'est le juge des enfants qui serait compétent pour décider d'une mesure d'assistance éducative. En cas de conflit entre la mère, qui souhaiterait garder son enfant avec elle, et l'administration pénitentiaire, qui arguerait d'un dépassement de capacité ou d'un danger pour l'enfant, il appartiendrait donc au juge des enfants de statuer. Mais on voit mal comment sa

[33] Il semble ici s'agir d'une hypothèse d'école, aucune décision sur ce point n'étant accessible.

décision pourrait s'imposer à l'administration pénitentiaire, s'agissant de la capacité d'accueil. Le droit laisse au droit commun le soin de répartir les compétences entre administration pénitentiaire, juge aux affaires familiales et juge des enfants.

L'autre paradoxe tient au statut de l'enfant, qui vit en détention sans être un détenu. La circulaire prend d'ailleurs le soin de préciser que lorsque la mère est libérée, l'enfant ne peut pas rester en détention. Toutefois, bien qu'il ne soit pas sous écrou, l'enfant subit le régime carcéral, par l'intermédiaire de sa mère. On doit donc considérer que la visite de l'enfant par des tiers n'est pas soumise aux règles du permis de visite, ce qui peut apparaître difficile à mettre en œuvre pour l'administration pénitentiaire. Mais, comme le note Martine Herzog-Evans, « à ces règles de bonne volonté, la circulaire a cependant prévu de scandaleuses exceptions »[34]. L'enfant peut être fouillé : avant et après une visite, avant et après sa sortie de l'établissement. On voit bien la volonté de lutter contre l'introduction d'éléments interdits en détention, mais soit l'enfant est détenu, soit il ne l'est pas. Comme il ne l'est pas, il est pour le moins surprenant qu'il soit soumis aux règles de sécurité applicables aux personnes détenues. Voici donc une personne qui n'est pas sous écrou mais soumise à la fouille en application d'une simple circulaire. La circulaire n'a pas été contestée sur ce point et l'on voit toute la difficulté qu'il y aurait pour une mère à s'opposer à une telle fouille. Sans doute ces fouilles sont-elles réalisées de manière « superficielle », avec tout le tact nécessaire. Mais il n'en demeure pas moins que la possibilité d'y recourir est problématique, quand pour les

[34] M. Herzog-Evans, *op. cit.*, n° 452.53.

personnes détenues, la question des fouilles est réglée par une loi[35].

Le dernier paradoxe est relatif à la volonté de la mère, qui prime pour l'accueil de l'enfant, mais seulement pour l'accueil jusqu'aux 18 mois de l'enfant. Dans l'hypothèse d'une prolongation, il n'y a plus d'automaticité. La décision est alors prise par le directeur interrégional des services pénitentiaires, après avis d'une commission consultative composée du directeur, d'un médecin psychiatre, d'un médecin pédiatre de la PMI, d'un psychologue, d'un chef d'établissement pénitentiaire pour femmes, d'un personnel d'insertion et de probation. Rien n'est dit dans le code de procédure pénale sur les critères à prendre en compte pour cette prolongation. Que l'on ait à l'esprit l'intérêt de l'enfant est sans doute une bonne chose, mais il serait bon de laisser l'appréciation de cet intérêt aux autorités compétentes pour l'apprécier. On peut douter de la compétence de l'administration pénitentiaire pour procéder à cette appréciation.

La situation de l'enfant accueilli auprès de sa mère détenue est donc une situation de quasi « non-droit » et le non-droit en détention est tout de même problématique quand le droit est facteur de progrès des conditions de détention, même s'il n'est pas le seul. Il faut donc s'interroger sur les remèdes à cette négligence.

B. Les remèdes à la négligence

Faut-il alors légiférer sur la situation de l'enfant de la mère en détention ? Est-il envisageable d'augmenter l'âge jusqu'auquel l'enfant peut être accueilli en détention ? Doit-on prévoir l'accueil de fratries ? Comme le relève

---

[35] L. n° 2009-1436, 24 nov. 2009, art. 57.

l'avis du Contrôleur général des lieux de privation de liberté du 18 juin 2013, « la détention des mères avec leurs enfants n'est qu'un palliatif visant à concilier l'inconciliable : la présence d'un enfant auprès de sa mère et le caractère insupportable de la présence d'un jeune enfant en prison ».

Ce n'est donc pas au stade de la mise à exécution de la peine privative de liberté que la question se pose réellement, mais au stade de son prononcé. L'administration pénitentiaire doit, finalement, faire avec les contraintes que lui imposent les juridictions judiciaires. Il est tout aussi envisageable sur l'opportunité de repenser la manière dont s'exécute une peine privative de liberté : des expériences d'ouverture des prisons sont sans doute envisageables.

La présence d'un enfant en détention pousse à ses limites la pertinence de la peine privative de liberté. Elle démontre que dans certaines situations exceptionnelles, la peine touche à l'absurde. Mais peut-être est-il aussi envisageable de voir, dans les conditions de détention des mères accueillant des enfants, une sorte de guide de bonne pratique, vers lequel pourraient tendre les conditions de détention des autres personnes détenues. Certes, les chiffres n'ont rien à voir, et il est difficile de comparer la situation d'une cinquantaine d'enfants avec celle de 60 000 personnes détenues. Mais si la prison réussit à s'adapter à la présence d'enfants, elle doit pouvoir s'adapter également à la présence d'adultes.

L'analogie avec les arrêts rendus par la Cour européenne des droits de l'homme le 12 juillet 2016[36] est saisissante. La Cour a estimé, s'agissant de la présence

[36] CEDH, 12 juill. 2016, n° 76491/14.

d'enfants en centre de rétention administrative, auprès de leurs parents, que la privation de liberté qui résulte de la décision légitime des parents de ne pas confier leurs enfants à d'autres personnes, n'est pas dans son principe contraire au droit interne. En revanche, « les contraintes inhérentes à un lieu privatif de liberté, particulièrement lourdes pour un jeune enfant, ainsi que les conditions d'organisation du centre ont nécessairement eu un effet anxiogène sur l'enfant [âgé de 4 ans]. En effet, celui-ci, ne pouvant être laissé seul, a dû assister avec ses parents à tous les entretiens que requérait leur situation, ainsi qu'aux différentes audiences judiciaires et administratives. Lors des déplacements, il a été amené à côtoyer des policiers armés en uniforme. De plus, il a subi en permanence les annonces délivrées par les haut-parleurs du centre. Enfin, il a vécu la souffrance morale et psychique de ses parents dans un lieu d'enfermement ne lui permettant pas de prendre la distance indispensable ». Dans une autre décision du même jour[37], la Cour, au sujet d'enfants de deux ans et demi et quatre mois, placés en centre de rétention avec leur mère, a également considéré que l'article 3 avait été violé pour une privation de liberté de huit jours, alors même que les familles étaient séparées des autres personnes, que du matériel de puériculture était à disposition, et que les chambres étaient spécialement équipées.

La situation est certes très différente de l'enfant en prison, accueilli sur la volonté de sa mère, où les locaux sont adaptés, où l'enfant peut être gardé, peut sortir, où le personnel n'est pas en uniforme pénitentiaire, où certains mettent des chaussons pour faire des rondes[38], etc. Toutefois, les risques de condamnation ne semblent pas écartés.

---

[37] CEDH, 12 juill. 2016, n° 11593/12.

[38] Constatation du Contrôleur général des lieux de privation de liberté, avis préc.

La présence d'enfants en détention mériterait autre chose que du droit mou. En améliorant juridiquement cette situation exceptionnelle, on ne peut que participer à l'amélioration de la situation de tous.

Section 2 : Les conditions matérielles d'accueil des enfants aux côtés de leur mère détenue

Par Adeline Hazan, Contrôleure Générale des Lieux de Privation de Liberté

Pour introduire les propos, une réflexion un peu plus générale sur la situation des femmes en prison paraît opportune. 3,2 % de femmes sont incarcérées, c'est peu. Je ne veux évidemment pas dire par là qu'il en faut plus mais c'est peu par rapport à l'importance du nombre de détenus. On pourrait croire légitimement, peut-être un peu naïvement, que le faible taux de femmes en prison permet une prise en charge individualisée et plus facile, et donc plus réussie, plus positive, que celle des hommes détenus. Il n'en est rien malheureusement puisque finalement être femme en prison c'est quasiment une double peine : c'est être en prison et être une femme. Or, être femme en prison signifie un accès beaucoup moins important aux droits fondamentaux que ne l'ont les hommes détenus (et on sait pourtant qu'il y a déjà beaucoup à dire sur les hommes détenus). C'est encore plus difficile pour les femmes parce que précisément le raisonnement est inverse : comme il y en a peu, on ne va pas faire beaucoup d'efforts, le quartier femmes va se retrouver au fond de l'établissement pénitentiaire, le droit au travail va être encore plus difficile d'accès, le droit à la santé va être plus difficile à réaliser (parce que les plages horaires de consultation vont être réduites), les parloirs familiaux vont être plus difficiles à exercer ; elles subissent donc une situation pire que celles des hommes détenus. À titre liminaire je voulais mettre l'accent sur ce paradoxe, d'autant qu'un avis sur ce thème a été rendu par le Contrôle général début 2016[39].

Sur le thème de l'enfant en prison, je vais traiter surtout de ce qu'on observe au Contrôle général lorsqu'on visite des établissements pénitentiaires. Nous effectuons cent cinquante visites d'établissement par an, tous types d'établissements confondus. Ce chiffre concerne tout notre domaine de compétence qui s'étend à toutes les personnes privées de liberté que ce soit pendant une heure en garde à vue ou pendant dix ans en prison, c'est-à-dire les commissariats de police et en gendarmerie pour la garde à vue, les hôpitaux psychiatriques pour le placement sans consentement, les centres de rétention administrative, les centres éducatifs fermés, les établissements pour mineurs. Depuis une loi de 2014[40], nous sommes compétents aussi pour suivre le retour des étrangers en voie d'expulsion jusqu'à la remise aux autorités des pays d'origine. Nous sommes aussi évidemment compétents pour les prisons. Nous avons pendant le mandat de mon prédécesseur, Jean-Marie Delarue, entre 2008 et 2014, visité tous les établissements pénitentiaires au moins une fois. De ce fait, depuis 2014 nous effectuons un second cycle de visite, voire, parfois, pour certains établissements une troisième visite. Nous sommes, dès lors, dans une logique de seconde visite afin de constater l'évolution des établissements depuis la visite précédente.

---

[39] CGLPL, « Avis relatif à la situation des femmes privées de liberté », 25 janv. 2016.

[40] Loi n° 2014-528 du 26 mai 2014 modifiant la loi du 30 octobre 2007 instituant un Contrôleur général des lieux de privation de liberté, JO 27 mai 2014, p. 8600.

Concernant la thématique particulière de l'enfant en prison, je dirai pour introduire mon propos qu'il s'agit de concilier l'inconciliable c'est-à-dire de choisir – ce qui n'est pas possible –, entre les effets néfastes d'une séparation de la mère et du jeune enfant et les effets néfastes du fait qu'un enfant en bas âge soit en milieu carcéral. Ce choix est impossible. C'est la raison pour laquelle la législation, soit par voie de circulaire soit par la loi de 2009[41], a opté pour une position un peu intermédiaire, consistant à autoriser les mères qui le souhaitent, sous les réserves précédemment évoquées[42], à garder leur enfant pendant une durée de dix-huit mois voire, exceptionnellement, de deux ans en fonction des conditions. La question de savoir si cela est opportun ou non et s'il faut élever ou non l'âge limite sera débattue. Le délai de dix-huit mois n'a pas été choisi au hasard : c'est le moment où l'enfant commence à se mouvoir et se mouvoir dans un milieu carcéral avec des grilles rend la situation pire pour un enfant de 2 ans, que pour le bébé de deux ou trois mois.

En tout cas, ce qu'on a toujours dit depuis la création du Contrôle général des lieux de privation de liberté, c'est qu'il faut éviter au maximum d'incarcérer les femmes enceintes ou avec un enfant en bas âge. Cela a toujours été la position du Contrôle général. Elle a été réaffirmée à de nombreuses reprises mais n'a pas été entendue, du moins dans un premier temps. Puisque cette orientation n'avait pas été entendue, le Contrôle général, le 8 août 2013, a rendu un avis public indiquant cette position[43] : dès lors

[41] Loi n° 2009-1436 du 24 novembre 2009 pénitentiaire, JO 25 nov. 2009, p. 20192.

[42] J.-B. Thierry, « Les conditions juridiques d'accueil des enfants aux côtés de leur mère détenue », *supra*.

[43] CGLPL, « Avis relatif aux jeunes enfants en prison et leurs mères détenues », 8 août 2013.

qu'une femme est enceinte ou avec un bébé en bas âge, il faut absolument, dans toute la mesure du possible, soit ne pas l'incarcérer, soit différer l'exécution de la peine, soit prononcer une suspension de peine. Jusqu'à 2014 nous n'avions pas été entendus mais je crois pouvoir dire que ce sont les positions du Contrôle général qui ont inspiré la loi du 15 août 2014. Entre beaucoup de dispositions (d'ailleurs, pour la plupart positives), elle en a prévu une tout à fait intéressante : pour les femmes enceintes de plus de douze semaines, il doit, dans la mesure du possible, être sursis à l'exécution de la peine ou bien la peine doit être effectuée en milieu ouvert. C'est une disposition extrêmement intéressante que nous réclamions depuis longtemps même si l'effectivité de cette disposition, malheureusement, n'a pas pu être beaucoup observée.

Comme cette thématique de l'enfant en prison nous préoccupe beaucoup, nous avons fait, en plus des visites d'établissements habituelles, **trois vérifications sur place spécifiquement sur ce thème** : une au centre pénitentiaire de Toulouse-Seysses, une à la maison d'arrêt pour femmes de Fleury-Mérogis et une au centre pénitentiaire pour femmes de Rennes. Ce qu'on peut dire, en synthèse de ces visites et de cette problématique, c'est que les conditions matérielles sont différentes d'un lieu à l'autre mais, globalement, plutôt satisfaisantes. On constate que l'administration pénitentiaire et les professionnels font tout ce qu'ils peuvent pour que l'incarcération des mères avec leurs enfants se passe du mieux possible. Il subsiste quand même beaucoup de points problématiques et évidemment, par voie de conséquence, beaucoup d'améliorations possibles.

Sur les points problématiques, je vais exposer du concret. En ce qui concerne par exemple les cours de promenade, elles existent, évidemment et heureusement, mais elles sont extrêmement petites pour y mettre des mères avec leurs enfants. Ce que nous demandons c'est de prévoir des cours de promenade qui soient aménagées spécifiquement pour les enfants. Il faudrait que ces cours soient suffisamment grandes (par exemple, au centre pénitentiaire de Toulouse-Seysses, la cour mesure 24 m² à peine), qu'elles soient équipées en jeux pour les enfants, qu'elles permettent une vision vers l'extérieur (afin de réduire la sensation d'enfermement), qu'elles permettent d'éviter une surveillance trop intrusive (en évitant absolument la surveillance directe sous des miradors comme on a pu le constater).

Concernant la superficie des cellules, elle est souvent inférieure à 15 m². Parfois, il n'existe pas les deux espaces distincts mère et enfant, qui sont absolument nécessaires pour respecter à la fois l'intimité de la mère et les conditions de sommeil de l'enfant.

Nous prônons aussi avec beaucoup de force la suppression des caillebotis aux fenêtres et nous demandons la mise à disposition d'une salle d'activité accueillante et pourvue de jeux. C'est le cas dans la majorité des nurseries. Toutefois, aux Baumettes par exemple – avant la rénovation en cours –, c'est le couloir de détention qui sert de salle de jeux pour les enfants.

Dans la quasi-totalité des nurseries visitées, le matériel de puériculture est mis à la disposition de la mère détenue et une salle commune pourvue d'équipements de cuisine et de laverie est accessible. Cela doit être généralisé à tous les lieux accueillant les mères et leurs enfants car ce n'est pas encore toujours le cas.

Il faut aussi qu'un éventail de produits de cantine soit disponible et, en particulier, des produits frais bien sûr ; ce n'est pas toujours le cas.

Nous demandons aussi qu'un point téléphone soit installé au sein de chaque nurserie, c'est par exemple le cas à Rennes mais pas à Toulouse.

Nous demandons évidemment que le recours et l'accès aux unités de vie familiale ou aux salons familiaux soient favorisés, c'est une évidence quand on parle d'enfants.

Sur les améliorations à la fois concrètes et dans le concept de la détention d'une mère avec son enfant, je pense qu'il faut aussi travailler sur la favorisation des régimes de détention autonomes et qui responsabilisent la mère. Très souvent, les nurseries sont un peu excentrées ce qui crée une sorte de milieu clôt (c'est le cas aux Baumettes et à Rennes). On estime cela positif du fait que l'enfant est protégé mais on constate qu'en conséquence les mères vivent entre elles en milieu très clos ce qui n'est pas forcément très sain pour elles.

La liberté de circulation doit être facilitée. Il faut un accès libre à la salle d'activités, au téléphone et surtout qu'il y ait un respect des choix d'éducation de la mère avec le minimum d'intrusion du personnel pénitentiaire dans les choix éducatifs.

Les modes de garde sont également un souci extrêmement important. Ils peuvent être améliorés car, s'il est positif qu'une mère puisse garder son enfant en détention, il ne faut pas qu'elle soit prisonnière de son statut de mère. Il ne faut pas que 24 heures sur 24 ce soit le lien mère-enfant qui conditionne le quotidien car, d'une part, il peut être étouffant et, d'autre part, il faut que la mère puisse vivre sa vie d'adulte. La détenue doit pouvoir aller à des activités (malheureusement très peu accessibles pour les femmes), pouvoir travailler (sachant que les femmes incarcérées, de manière générale, ont un accès très faible au travail, cet accès est encore plus réduit pour les femmes incarcérées avec leur). Nous avons repéré des pratiques intéressantes comme par exemple à Fleury-Mérogis où des sorties en crèche et en halte-garderie ont été mises en œuvre. À l'inverse, nous avons constaté aux Baumettes qu'il y a seulement deux places en crèche à l'extérieur et qu'il n'y en a en réalité qu'une qui était toujours disponible (en effet, il n'y a jamais la possibilité de mettre en même temps deux enfants en crèche ce qui fait que les mères sont complètement confinées avec leur enfant 24 heures sur 24). Nous avons repéré une pratique intéressante à Toulouse : la mère peut désigner à l'intérieur de la prison une personne de confiance pour garder l'enfant et justement pouvoir pratiquer des activités. Cela nous a semblé une pratique intéressante qui doit être développée.

La question de l'indigence mérite aussi quelques réflexions. Elle est calculée de la même façon pour les mères avec enfant et pour l'ensemble des détenus. Il s'agit là peut-être d'un principe d'égalité de tous les détenus mais l'on considère qu'à partir du moment où une mère est incarcérée avec son enfant, il est nécessaire que les seuils puissent être relevés, la mère ayant forcément plus de dépenses qu'un détenu qui n'a pas son enfant avec lui.

Il faut aussi (et c'est d'ailleurs souvent le cas) prévoir des mesures progressives pour préparer le moment de la séparation de la mère et de l'enfant. L'arrivée des dix-huit mois de l'enfant est vécue comme une forme de couperet. Passée la période de zéro à dix-huit mois avec une vie complètement en symbiose entre la mère et l'enfant, la séparation brutale constituera un choc à la fois pour l'enfant et pour la mère. Il faut véritablement prévoir et aménager une préparation progressive à cette séparation, même si cela demande du temps et de la réflexion.

En fait, comme nous l'indiquions dans l'avis du 8 août 2013, il est urgent et obligatoire que les pouvoirs publics fassent tout pour que l'organisation de la vie de la mère et de l'enfant ait une triple finalité :

- Tout d'abord, d'aider à la prise en charge effective de l'enfant par sa mère et non pas seulement de faire de la garde de l'enfant par sa mère ;
- ensuite, de s'abstenir de toute mesure qui pourrait nuire au développement normal de l'enfant (même si j'entends bien que ce ne sera jamais pareil entre un enfant qui vit en milieu carcéral et un enfant qui vit dehors) ;
- enfin, de faciliter les relations avec le reste de la famille et en premier lieu avec le père. Pour celui-ci, il faut prévoir sa présence la plus facile possible dans l'établissement pénitentiaire, à commencer par généraliser la pratique lui permettant d'assister à l'accouchement de la mère. Cela paraît tout à fait important. Il faut aussi absolument généraliser dans ces situations l'accès aux unités de vie familiale et, malheureusement, c'est toujours compliqué et difficile. Il est extrêmement important qu'au cours de cette période de dix-huit mois, le maximum de possibilités de réunir la mère, le père et l'enfant soit envisagé.

Les services de droit commun en matière de petite enfance doivent également jouer leur rôle dans le domaine sanitaire et social. Il est nécessaire que des intervenants extérieurs rentrent en prison pour s'occuper de l'enfant. Cette pratique existe déjà mais il faut vraiment développer ce type de mesures visant à permettre à la fois que l'enfant puisse sortir et que des intervenants extérieurs puissent rentrer pour s'occuper de l'enfant. L'objectif est que l'enfant ne soit pas confiné dans le milieu pénitentiaire.

Il faut permettre à la mère de vivre d'autres activités et de vivre d'autres statuts que celui de mère. Il faut lui permettre de travailler, d'avoir accès à des places en crèche et, de ce côté, il y a beaucoup d'améliorations à apporter.

Sur la question des fouilles, c'est un véritable souci. On peut concevoir qu'il peut rentrer, par le biais des enfants, des objets interdits mais la fouille d'un enfant qui n'est pas incarcéré est déjà un premier problème. Qu'elle soit prévue par une circulaire et non par une loi est un autre problème. En tout cas, il faudra être très vigilant à ce que les conditions prévues par la circulaire soient respectées, c'est-à-dire que ce ne soit pas une fouille *stricto sensu* mais que ce soit simplement une possibilité d'assister au change par la mère et seulement lorsqu'il y a des raisons objectives de penser qu'il peut y avoir un risque d'introduction d'objets. Il me paraît anormal de demander systématiquement à la mère de fouiller l'enfant après qu'il soit sorti puis revenu en prison et de lui faire faire un change pour pouvoir observer.

Un autre problème est le faible nombre de places actuellement en nurserie. Il y a environ soixante-dix places au total, ce qui n'est pas beaucoup quand on sait que cinquante enfants naissent en prison. Hormis Fleury-Mérogis où il y a quinze places pour les mères et quinze places pour les femmes enceintes, et le centre pénitentiaire pour femmes de Rennes où il y a cinq places, beaucoup d'établissements n'ont qu'une, deux voire trois places réservées. Par exemple, il y a deux places mère-enfant à Lyon-Corbas qui est pourtant une grosse prison, deux places seulement à Toulouse, quatre places à Roanne… Ce n'est pas suffisant. Il faut absolument en créer de nouvelles.

En conclusion, je dirai que la possibilité pour une mère de garder son enfant avec l'existence des nurseries est un point positif en ce qu'elle permet la cohabitation de la mère avec l'enfant. On sait très bien que la séparation d'un bébé et de sa mère est forcément pathogène et anxiogène. En tout cas il conduit à un risque de difficultés psychologiques pour l'enfant comme pour la mère. Il n'est pas question de supprimer cette faculté mais je dirai que toutes les possibilités (et je fais la boucle avec les propos précédents sur la loi du 15 août 2014) pour éviter l'incarcération d'une mère enceinte ou avec un bébé doivent absolument être explorées dans la pratique. Au Contrôle général des lieux de privation de liberté, nous allons y veiller. Aujourd'hui, nous n'avons pas encore le chiffre exact du nombre d'incarcérations qui ont pu être évitées ou aménagées en application de nos prescriptions. Nous allons demander ces chiffes à la Chancellerie car il s'agit d'une mesure positive que nous réclamions depuis longtemps. J'ai toutefois bien peur qu'à ce jour, elle soit restée lettre morte. C'est pourtant cela qu'il faut obtenir : éviter au maximum d'en arriver à l'incarcération (et ce n'est pas contradictoire avec plus de places). La solution actuelle n'est pas satisfaisante pour l'enfant au regard des droits internationaux et notamment de la convention internationale des droits de l'enfant qui réaffirme sans cesse que l'intérêt de l'enfant doit primer. Or, l'intérêt supérieur de l'enfant n'est à l'évidence pas de vivre en prison, même si les conditions sont prévues ; il n'est pas sain pour un enfant de vivre entre les murs d'une prison, c'est une évidence.

Section 3 : De la naissance en prison à la sortie de prison

Par Lauréline Guillot, Directrice adjointe du Centre pénitentiaire de Nancy-Maxéville

En matière d'enfants en prison, il est vrai que l'on fait appel à énormément de disciplines, qu'il s'agisse du droit ou de la philosophie. Toutefois, en ce qui concerne l'administration pénitentiaire c'est surtout beaucoup de conjugaison et de grammaire dont il est question. Il ne m'appartiendra pas de répondre aux questions philosophiques liées à l'enfant en prison même s'il peut être noté une contradiction fondamentale entre deux symboles chargés de sacrer : la prison d'une part, qui a une force symbolique très importante et qui représente la privation de liberté, et l'enfant d'autre part, qu'il faut protéger et dont il faut favoriser l'épanouissement à tout prix. Cette contradiction fondamentale suscite un questionnement philosophique et sociologique intéressant.

Caroline Rostaing a écrit en 1990, sur le quartier de Fleury-Mérogis notamment : « *la présence des enfants complique l'organisation de la prison. Les conditions d'incarcération doivent* conjuguer *des contraintes de sécurité pour les mères détenues, des objectifs de réadaptation sociale en vue de leur libération et le respect des normes sanitaires pour les enfants* ». C'est à partir de ces termes que j'évoquais précédemment que les établissements pénitentiaires font surtout beaucoup de grammaire en la matière. Pour citer quelques chiffres avant d'entrer davantage dans le vif du propos, on dénombrait au 1er janvier 2016 seulement 69 places en fonctionnement réparties sur 27 établissements pénitentiaires en France métropolitaine et en Outre-mer. À cette même date, seulement 16 femmes étaient incarcérées avec leur enfant. Entre 2010 et

2013, 30 à 35 naissances étaient recensées chaque année. Ces chiffres sont intéressants à plusieurs égards. Ils confirment que très peu d'individus sont concernés. C'est ce faible nombre qui rend néanmoins difficile la mobilisation de l'ensemble des acteurs autour de la question de l'épanouissement de l'enfant en prison. L'administration pénitentiaire ne peut pas à elle seule résoudre toutes les équations et apporter une réponse totalement adaptée aux besoins de l'enfant.

La matière carcérale restreint par essence les mouvements tandis que, paradoxalement, l'évolution de l'enfant suggère un mouvement expansif, un élan illimité. La première contradiction que l'administration pénitentiaire doit résoudre est celle-ci. Comment adapter le cadre carcéral et l'impératif sécuritaire en découlant aux besoins de l'enfant ? Un enfant n'est effectivement pas écroué. Il est toutefois dépendant de sa mère qui est elle-même détenue. Il n'est donc pas totalement libre de ses mouvements. Globalement, la conciliation des besoins matériels de l'enfant avec les contraintes sécuritaires liées au fonctionnement de l'établissement et à la prise en charge de la mère détenue est plutôt positive.

Le centre pénitentiaire de Nancy-Maxéville bénéficie de deux places en quartier nurserie. Nous sommes en gestion déléguée ce qui signifie que c'est un prestataire privé qui s'occupe de tout ce qui concerne la restauration et la blanchisserie des détenus. Dans ce cadre, il a été prévu par le protocole avec le partenaire privé que ce dernier doit fournir une alimentation adaptée à l'enfant. Concrètement, l'administration pénitentiaire, via ce prestataire privé, fournit le lait, toute la nourriture et un équipement adapté pour accueillir l'enfant. Une anecdote permet de rapporter néanmoins que, même si tout paraît bien réglé par des protocoles, la réalité est plus complexe. Aux termes d'un ancien protocole, le prestataire s'engageait à fournir un lit et un matelas. Lorsque je suis arrivée au sein de l'établissement, je me suis aperçue qu'il s'agissait de lits parapluie avec un matelas. Or, lorsqu'on connaît un peu les normes sécuritaires en matière de puériculture, on sait que c'est totalement inadapté. Il a fallu mettre en avant les normes de sécurité devant le partenaire pour obtenir des lits « en dur ». Ce sont ces petits exemples qui montrent que, si globalement on est bien équipé, il faut veiller à ce que le matériel reste correct, ne dépérisse pas et continue d'être aux normes pour les enfants.

Quant à la conjugaison entre les besoins sanitaires de l'enfant et les contraintes sécuritaires, elle pose beaucoup de questions. Concrètement, il faut permettre à l'enfant de se tourner vers l'extérieur, lui permettre de sortir de l'établissement. Une première solution apparaît lorsque la mère incarcérée a de la famille dans les environs. Dans le cadre de l'exercice de son autorité parentale, elle est tout à fait libre de décider de laisser sortir son enfant auprès de sa famille, même quelques jours. Elle peut également emmener l'enfant aux parloirs, la circulaire applicable en la matière ne l'interdisant pas. L'enfant qui n'est pas écroué peut rencontrer toute personne que la mère désire qu'il voit. Cette rencontre se fait alors au parloir, dans un cadre adapté. Une personne qui n'aurait pas de permis de visite pour la mère pourrait ainsi venir visiter l'enfant. Toutefois, de fait, il s'agit d'une impossible conciliation. En effet, il est des cas où la mère ne peut recevoir de visite. Cette interdiction peut être totale ou individuelle. Elle peut avoir de multiples causes et peut être prononcée, notamment, à la suite d'un incident disciplinaire. Selon les normes applicables et précédemment rappelées, la mère aurait néanmoins le droit d'accompagner son enfant qui, lui, n'est pas empêché. En pratique, la plupart des chefs d'établissement refuseront le parloir dans ces conditions. Il s'agit d'un exemple très concret confirmant que l'enfant subit, indirectement mais complètement, le régime d'incarcération de la mère.

Le problème est aggravé pour les femmes qui sont isolées, qui n'ont pas de famille et qui n'ont pas la possibilité de faire sortir leur enfant ; et il y en a beaucoup. Dans ces cas, il est difficile de répondre aux besoins de l'enfant. Bien sûr il y a des visites de la PMI, bien sûr on dispose (du moins au centre pénitentiaire de Nancy-Maxéville) du Centre médico-psychologique. Il ne s'agit toutefois que d'une visite de deux heures pour favoriser le lien mère-enfant et faire de la médiation. À l'âge de deux mois et demi de l'enfant, sous réserve de l'accord de la mère, l'enfant pourra sortir en crèche une journée par semaine. C'est peu ! Nous n'avons pu obtenir plus, il faut dire que l'on connaît les difficultés pour obtenir ces places en crèche à l'extérieur. Ainsi, je ne pense pas que nous sommes en mesure de répondre pleinement aux besoins sanitaires de l'enfant dans un établissement pénitentiaire ne possédant que quelques places.

Concernant le régime d'autonomie, une adaptation du cadre carcéral paraît s'imposer, ce qui est tout à fait permis par le régime différencié. Il n'y a pas de conflit réglementaire en la matière mais se pose quand même une question de fait : dans une structure où il y a dix ou quinze places il est certainement possible d'instaurer un vrai régime d'autonomie, mais dans des petites structures où il n'y a qu'une ou deux places, l'impératif de séparation stricte entre l'enfant et le reste de la détention conduit de fait à ce que la mère et l'enfant soient soumis à l'ouverture et à la fermeture des portes. À Nancy, il s'agit d'une aile qui est à l'écart et qui peut rester ouverte, ce qui permet à la mère et à l'enfant d'accéder librement à la salle de jeu ou à la cour de promenade (qui d'ailleurs ne fait que quinze mètres carrés). Toutefois, il faut aussi noter que, de fait, la mère détenue est toute seule ce qui limite le recours à cette autonomie.

Il importe également d'évoquer le fait que, si une circulaire décrit assez précisément la prise en charge, en tout cas en ce qui concerne l'administration pénitentiaire, c'est souvent l'empirisme qui fait loi. Avec autant de contextes de nurseries différentes sur les établissements pénitentiaires, il est inéluctable de faire différemment d'un établissement à l'autre. Il faut y associer la diversité et la complexité des situations individuelles des mères détenues. Selon la circulaire, la mère doit pouvoir exercer pleinement son autorité parentale. Outre les questions d'impératifs sécuritaires qui viennent un peu contredire ces préconisations, l'exercice de l'autorité parentale de la mère rencontre des limites en prison. Ces limites sont liées à sa situation pénale et à sa situation administrative. Ceci aura inévitablement un impact fort sur l'épanouissement de l'enfant et sur l'exercice effectif de l'autorité parentale.
À titre d'illustration, on a eu une maman qui est arrivée enceinte à l'établissement. Elle avait été transférée parce que l'établissement de Metz ne dispose pas de quartier nurserie. Elle était prévenue à son arrivée et son mari était également incarcéré, tous deux dans le cadre d'une grosse affaire de vol en bande organisée avec exploitation de mineurs. Elle accouche à la maternité (dans le cadre d'une garde statique-dynamique) puis revient à l'établissement. L'enfant a un très bon lien avec elle. Il ne pouvait pas sortir parce qu'elle était de nationalité étrangère et n'avait pas de famille à l'extérieur. On a réussi à le faire aller en crèche une demi-journée par semaine, ce qui a été très compliqué parce que l'accompagnement a dû se faire par des bénévoles d'une association. Ces bénévoles avaient des craintes parce qu'il s'agissait d'une grosse affaire. Ils avaient peur de complicités à l'extérieur et craignaient de faire de mauvaises rencontres. Avant que l'enfant n'arrive

à dix-huit mois, on a anticipé en saisissant les différents partenaires et le juge des enfants. Celui-ci n'a pas considéré que l'enfant était en danger puisque le lien était très bon avec la mère et qu'il pouvait voir son père dans le cadre de parloirs internes et d'unités de vie familiale. Le juge a donc estimé qu'il n'y avait pas lieu d'organiser un placement. On a alors organisé la prolongation de son admission auprès de sa mère pour six mois supplémentaires. À l'âge de deux ans, l'enfant s'est retrouvé du jour au lendemain séparé de ses parents dans le cadre d'un placement judiciaire en foyer. Ça a été extrêmement douloureux pour l'enfant, la mère ne pouvant même pas obtenir de permission de sortir pour aller le voir puisque sa situation administrative n'était pas régulière. Elle a ensuite eu un deuxième enfant en prison. Faisant l'objet d'un mandat d'arrêt européen pour une extradition vers les autorités italiennes, elle a réussi à être extradée en Italie avec son deuxième enfant toutefois, le premier enfant est resté en France parce qu'il était confié au juge des enfants. Il s'agit vraiment d'un exemple de situation extrêmement complexe et l'on voit qu'il est nécessaire que les magistrats y soient sensibilisés pour travailler ensemble dans l'intérêt de l'enfant.

Il existe, en outre, des difficultés institutionnelles. Il me semble que c'est aux différents services de l'État de se mobiliser. Aujourd'hui la circulaire est uniquement ministérielle, elle relève du Ministère de la Justice. Pourtant, quand il y a eu un groupe de travail en 1993, il s'agissait à la fois de services du ministère de la Santé et du ministère de la Justice qui avaient travaillé ensemble. Or, déjà à l'époque, ils avaient préconisé qu'il y ait une circulaire interministérielle. Il me paraît effectivement fondamental qu'une circulaire interministérielle soit établie. Un groupe de travail est actuellement mobilisé afin que les conditions de prise en charge des enfants laissés auprès de leur mère incarcérée soient améliorées. Le but est de favoriser la mobilisation de l'ensemble des services de l'État parce que l'intérêt de l'enfant ne peut pas être à la seule charge de l'administration pénitentiaire sur qui pèse aussi l'exécution des peines de prison. La réponse à la « commande judiciaire » qu'on lui impose de concilier avec une mission inédite – qui n'est pas la sienne – consistant à répondre aux besoins d'épanouissement d'un enfant constitue une conjugaison complètement paradoxale qui explique que l'empirisme fait loi, en fonction de la bonne volonté des agents. Or, ce n'est pas satisfaisant. S'il ne s'agit peut-être pas d'une situation de non-droit, il subsiste pourtant une espèce de vide qu'il faudrait combler.

Pour conclure, on dit souvent que la prison est le miroir de la société mais je trouve que l'enfant en prison en dit aussi beaucoup sur les rôles sociaux des uns et des autres, des parents notamment. Le traitement différencié permis par la circulaire doit aussi entrer dans la réflexion qui doit être menée sur l'évolution des rôles parentaux. La question des pères détenus mérite d'être soulevée puisqu'il y a des situations où des pères se trouvent incarcérés alors même qu'ils ont des enfants et que la mère n'est pas là pour s'en occuper. Pourtant, pour ces enfants, la question ne se pose pas et ils sont placés s'il n'y a pas de famille. Cette réponse est-elle toutefois la plus adaptée pour l'épanouissement de l'enfant ?

Section 4 : Un régime spécifique pour l'enfant en détention ou la conciliation des *best interests of the child* : l'exemple anglais saisi dans le paysage européen

Par Ariane Amado, Doctorante en Droit pénal et Droit pénitentiaire comparé, Université Paris 1 Panthéon-Sorbonne

« *L'unité nurserie existe* d'abord et avant tout *dans l'intérêt des enfants, qui ne sont pas détenus et n'ont commis aucune infraction.* »[44]

Cet extrait provient d'une décision de la *High Court of Justice* anglaise dans l'arrêt *Re WB&W* (2014) qui concernait le refus d'admission d'une mère et de son enfant au sein d'une unité nurserie. Cette citation illustre la reconnaissance affirmée d'une place pour l'enfant au sein du système carcéral anglais. Ainsi, l'Angleterre et le Pays de Galles font preuve de pragmatisme en conférant un réel cadre à l'enfant accompagnant sa mère en détention[45]. Le paradoxe est le suivant. D'un côté, l'enfant n'est pas détenu. Bien qu'il soit compliqué de définir son statut de manière positive, les textes internationaux et le droit an-

[44] Extrait de l'argumentaire de la High Court of Justice « the MBU exists first and foremost for the benefit of children who are not prisoner and have committed no offence » (souligné dans le texte), R (WB & W) v. Secretary of State for Justice [2014] EWHC 1696 (Admin), 2013 WL 1220029, paragraphe 50, et subséquemment abrégé par Re WB&W (2014).

[45] Si l'Angleterre et le Pays de Galles connaissent le même système juridique, seul l'Angleterre fera l'objet d'une étude au sein de cette présentation. En effet, toutes les six unités nurserie ont été construites et regroupées au sein des prisons anglaises si bien que le Pays de Galles ne connait à ce jour aucune unité nurserie au sein de ses établissements pénitentiaires.

glais restent clairs sur sa qualité de non-détenu[46]. Pour autant, il évolue au sein de la prison aux côtés de sa mère puisque la séparation à la naissance pourrait engendrer de sérieux troubles psychiques[47]. De l'autre côté, l'enfant a des besoins physiques, psychiques et développementaux très particuliers, si bien qu'il ne peut évoluer dans un environnement inadapté à sa personne sans en souffrir de graves atteintes. Or la prison semble a priori un endroit fort peu propice au bien-être des enfants. Tout le défi du régime juridique appliqué à l'enfant consiste à devoir tenir compte à la fois de sa spécificité en tant que personne non détenue et de ses besoins particuliers.

---

[46] Par exemple, la règle 49 des Règles des Nations Unies concernant le traitement des femmes détenues et les mesures non privatives de liberté pour les femmes délinquantes (Règles de Bangkok), Résolution 2010/16, adoptées par l'Assemblée Générale et approuvées par le Conseil économique et social des Nations-Unies (22 juillet 2010) ; la règle 36.1 des Règles Pénitentiaires Européennes, adoptées en 1973, révisées en 1986 puis dernièrement en 2006 par le Conseil de l'Europe ; ou encore, CEDH *Korneykov et Korneykova c/ Ukraine,* 24 mars 2016, req. n° 56660/12, paragraphe 132.

[47] Concernant les effets traumatiques de la séparation d'un enfant à la naissance, cf Myers B.J, Mackintosh V.H., Kuznetsova M.I., Lotze G.M., Best A.M, Ravindran N., « Teasing, bullying, and emotion regulation in children of incarcerated mothers », in Poehlmann J., Mark Eddy J. (dir.), *Relationship processes and resilience in children with incarcerated parents,* Malden, Wiley Edition, Collection monographs of the society for research in child development, Serial n°308, Vol 78, N°3, 2013, p.29 ; Bouregba A., « L'enfant de moins de trois ans et son parent incarcéré », in Collectif Fondation pour l'enfance, *L'enfant et son parent incarcéré*, Ramonville Sainte-Agne, Erès, 2013, p.49 ; Bouregba A., *L'enfant et son parent, l'histoire d'une empreinte,* Paris, Dunod, 2011, 192p; Johnston D., « Effects of Parental Incarceration », in Gabel K., Johnston D. (dir.), *Children of incarcerated parents*, New-York, Lexington books, 1995, p.55.

L'article 3, paragraphe 1, de la Convention internationale des droits de l'enfant de 1989 (ci-après, CIDE) constitue un principe intéressant dans la recherche d'un équilibre entre l'inadéquation du milieu carcéral aux besoins de l'enfant et la séparation traumatique avec sa mère à sa naissance. En effet, l'article 3 § 1 de la CIDE prévoit que l'intérêt supérieur de l'enfant doit être une considération primordiale dans toutes les décisions le concernant. Si le principe de primauté de l'intérêt supérieur de l'enfant a suscité de nombreuses polémiques en droit français quant à la signification exacte de l'adjectif « supérieur »[48], la formulation anglaise de l'article 3 § 1 de la CIDE offre un autre éclairage quant à la signification du principe. En effet, la notion de supériorité d'un intérêt n'existe pas dans la formulation anglaise de l'article 3 § 1 de la CIDE ; il s'agit des *best interests of the child,* c'est-à-dire des meilleurs intérêts de l'enfant au pluriel. D'ailleurs, la citation extraite de l'arrêt *Re WB&W* (2014) ne mentionne pas « l'intérêt supérieur de l'enfant » mais « l'intérêt de l'enfant ». Loin d'avoir une portée uniquement symbolique, la rédaction anglaise de l'article 3 § 1 de la CIDE semblerait s'attacher à la conciliation d'une pluralité d'intérêts. Le droit anglais s'efforce alors de respecter non pas un intérêt supérieur de l'enfant mais les meilleurs intérêts de l'enfant pris dans leur ensemble[49]. À notre sens, cette traduction évite de

---

[48] Neirinck C., « A propos de l'intérêt de l'enfant », in Neirinck C. et Bruggeman M. (dir.), *La Convention internationale des Droits de l'Enfant, Une Convention particulière*, Paris, Dalloz, Collection Thèmes Commentaires Etude, 2014, p.26 ; Renchon J-L, « Peut-on déterminer l'intérêt supérieur de l'enfant ? », *Petites affiches*, 07 octobre 2010, n° 200, p. 29 ; Dekeuwer- Défossez F., *Les droits de l'Enfant,* Paris, Collection : Que-sais-je ? Collection encyclopédique, n°852, 9ème édition, PUF, 2010, pp.8-39.

[49] D'ailleurs, le principe de primauté de l'intérêt supérieur de l'enfant

devoir trancher inutilement entre la séparation traumatique à la naissance d'un enfant et son évolution au sein d'un milieu contraint. Au lieu de trancher en faveur d'un intérêt supérieur et de faire fi des autres, la conciliation d'une pluralité d'intérêts permet de penser la présence d'un enfant en détention à condition d'adapter le régime qui lui soit appliqué. D'ailleurs, le préambule de la CIDE affirme que l'enfant doit bénéficier d'un traitement spécifique.

Cette conciliation est visible dans *Prison Rules* de 1999, qui consacrent à l'article 12(1) de la Partie II la possibilité pour les femmes détenues de garder leurs enfants en prison[50]. Cet article ajoute que l'enfant doit pouvoir bénéficier de tout ce dont il a besoin pour vivre auprès de sa mère en détention, selon certaines conditions établies par le ministère[51]. Une réglementation ministérielle réévaluée sporadiquement, le *Prison Service Instrument* (ci-après, PSI) 49/2014, guide de manière détaillée le fonctionnement des unités nurseries[52]. Fruit d'un compromis

---

a été retranscrit en droit anglais par la Section 1 du *Children Act* 1989 (CA 1989). Selon la section 1 du CA 1989, lorsque la Cour détermine une question concernant la prise en charge d'un enfant ou l'administration de ses biens ainsi que la considération de revenus éventuels qui pourraient dériver de ses biens, le bien-être de l'enfant devra être la considération première ; HL *J v C.* (1970) AC 668, 710-11. Il ne sera pas opportun de rentrer ici dans le débat concernant la différence sémantique entre « première » (*primary*) et « primordiale » (*paramount*), bien qu'il ait donné lieu à différentes interprétations de l'article 3§1 de la CIDE par rapport à la section 1 du CA 1989. Harris-Short S., Miles J., *Family Law- Text, Cases and Materials*, Oxford, Oxford University Press, 2007, p.587; Lowe N., Douglas G., *Bromley's Family Law*, Oxford, Oxford University Press, 11th edition, 2015, p.419; Freeman M., *The Moral Status of Children: Essays on the Rights of the Child*, The Hague, Martinus Nijhoff Publishers, Kluwer Law International, 2012, 420p.

[50] Art. 12(1), Partie II, The Prison Rules 1999, n°728.

[51] Art. 12(1), Partie II, The Prison Rules 1999, n°728.

[52] The Prison Service Instrument n°49/2014- *Mother and Baby Units*,

entre l'intérêt de l'enfant et les logiques carcérales, le modèle anglais a construit de petites unités nurserie spécifiques et autonomes pour répondre aux besoins de l'enfant, en marge du droit commun des personnes détenues.

La décision de la Cour européenne des droits de l'homme dans l'affaire *Korneykova et Korneykov c/ Ukraine* du 24 mars 2016, est la première –et l'unique– décision à ce jour en la matière. Les juges ont souligné l'importance d'adapter les installations pénitentiaires des Etats parties aux besoins de l'enfant accompagnant sa mère en détention[53]. Invoquant l'article 3 de la Convention, la Cour européenne a condamné l'Ukraine pour avoir infligé des mauvais traitements à une mère et son enfant lors de leurs séjours en détention. Par ailleurs, la Cour européenne a invoqué l'article 3 § 1 de la CIDE afin de justifier qu'il en allait de son intérêt de ne pas être séparé de sa mère et de l'accompagner en détention[54]. Au terme de cet arrêt ainsi que d'autres recommandations protectrices, cette recherche présentera la manière dont le droit européen s'est efforcé depuis quelques années d'inciter les États parties à établir un régime spécifique pour l'enfant en détention (I). Les unités nurserie du modèle anglais tendent à se conformer aux exigences européennes grâce au principe de l'intérêt de l'enfant dans sa traduction plurielle *the best interests of the child.* Ainsi, le droit anglais a bâti un régime spécifique en marge des règles pénitentiaires des personnes détenues, en utilisant comme pivot le principe de l'intérêt de l'enfant (II).

---

subséquemment abrégé par PSI 49/2014.

[53] Korneykov et Korneykova c/ Ukraine, 24 mars 2016.

[54] Korneykov et Korneykova c/ Ukraine, 24 mars 2016, paragraphe 130.

§1 : L'amorce européenne d'un régime spécifique

Le droit européen s'est montré protecteur de l'enfant en détention. Le Parlement Européen et le Conseil de l'Europe ont su émettre des instruments encourageant les Etats à établir un régime approprié pour accommoder l'enfant accompagnant sa mère (A). En outre, la Cour européenne des droits de l'homme constitue un important levier de protection concernant le régime spécifique qui doit être appliqué à l'enfant (B).

A. Les recommandations du Parlement européen et du Conseil de l'Europe

Les différentes instances européennes se sont prononcées en faveur d'une protection accrue de l'enfant accompagnant sa mère en détention. Si le Parlement européen a déjà émis plusieurs recommandations incitant les États à adapter le milieu carcéral aux besoins de l'enfant (1), le Conseil de l'Europe a insisté sur la nécessité d'installer des dispositifs spécifiques au sein des établissements pénitentiaires pour accueillir ce public singulier (2).

1. L'adaptation de l'infrastructure carcérale

Bien que la matière pénitentiaire ne soit traditionnellement pas incluse dans les fonctions de l'Union européenne, la coopération judiciaire et pénale entre les États membres participe à l'intention du Parlement de proposer des mesures pénitentiaires d'harmonisation du traitement des personnes détenues, en lien avec le champ de compétence du Conseil de l'Europe[55]. C'est à ce titre

[55] Scalia D., Droit international de la détention, des droits des prisonniers aux devoirs des Etats, Bâle, Helbing Lichtenahn, Paris, LGDJ, 2015, citation para 22, p.29 ; Van Zyl Smit D., Snacken S., Principles

que le Parlement européen a pu se baser sur l'article 3 de la CESDH et de la jurisprudence européenne pour affirmer que les États membres se devaient de répondre à des obligations tant négatives de ne pas procéder au traitement inhumain et dégradant des personnes détenues, que positives de mettre en place des conditions dignes de vie pour l'enfant en détention[56].

Ainsi, le Parlement Européen a produit en 1998 une première résolution sur les conditions carcérales dans l'Union européenne qui engage les États membres à installer des dispositifs adaptés aux besoins spécifiques des femmes enceintes et incarcérées avec leurs enfants[57]. Cette résolution a été renforcée en 2004 par une recommandation relative aux droits des personnes détenues. Dans cette résolution, l'accent a été mis sur la mise en place d'activités et d'espaces aménagés pour ces femmes et ces enfants[58]. Une deuxième résolution du Parlement Européen en 2011, venue réactualiser la résolution de 1998, a renforcé la protection des personnes détenues au sein de l'Union. Elle incite les Etats membres à prendre des mesures alternatives à la peine d'emprisonnement concernant les mères de jeunes enfants[59]. Cette reconnaissance au sein

---

of European Prison Law and Penology, Oxford, Oxford University Press, 2009, p. 47.

[56] Recommandation du Parlement Européen à l'intention du Conseil sur les droits des personnes détenues au sein de l'Union Européenne, 2003/2188 (INI), 2004 ; Scalia D., *op.cit.*, 2015, pp.47-49 ; Van Zyl Smit D., *op.cit.*, 2009, p. 29.

[57] Résolution Parlement Européen sur les conditions carcérales dans l'Union Européenne : aménagement et peines de substitution, Journal Officiel des Communautés Européennes, 17 décembre 1998, paragraphe 13.

[58] Recommandation du Parlement Européen à l'intention du Conseil sur les droits des personnes détenues au sein de l'Union Européenne, 2003/2188 (INI), 2004.

[59] Disposition 5, Résolution du Parlement européen du 15 décembre

d'un texte de l'Union témoigne de l'importance croissante que la problématique l'enfant en prison prend au sein des pays de l'Union européenne et de l'Europe de manière générale.

2. L'installation d'un dispositif spécial

Face aux enjeux prégnants du respect des droits fondamentaux de l'enfant, le Conseil de l'Europe a émis, en juin 2000, une recommandation fondamentale relative aux mères et à leurs enfants en prison[60]. Cette recommandation de 2000 insiste sur la gravité de ces situations et incite fortement les États membres à éviter l'incarcération des femmes enceintes ou mères de très jeunes enfants. Le cas échéant, elle engage les États membres à prévoir de petites unités nurserie au sein des prisons dans lesquelles l'environnement doit être conçu pour le bien-être de l'enfant[61].

Par la suite, le Conseil de l'Europe s'est saisi de cette question en prévoyant plusieurs dispositions au sein des règles pénitentiaires européennes[62]. Ainsi, et bien que succincte, la Section 36 réitère la qualité de non-détenu de l'enfant en prison et recommande l'instauration d'un régime spécifique à son égard[63]. En effet, la règle 36.1

2011 sur les conditions de détention dans l'Union (2011/2897(RSP)), 2013/C 168 E/11.

[60] Conseil de l'Europe, *Mères et bébés en prison*, Recommandation 1469 (2000), adoptée par l'Assemblée parlementaire le 30 juin 2000.

[61] Dispositions 5(1), 5(3), 5(7) de la Recommandation 1469 (2000) du Conseil de l'Europe. Vis R. (Rapporteur), *Mères et bébés en prison*, Rapport de la Commission des questions sociales, de la santé et de la famille, Conseil de l'Europe, doc n°8762, 9 juin 2000.

[62] Règle 34.3 et section 36 des Règles pénitentiaires européennes de 2006 ; Comité de Prévention de la Torture (CPT), 10ème rapport général sur l'activité du CPT, 1999, paragraphe 27.

[63] Section 36 des Règles pénitentiaires européennes de 2006.

prévoit que dans le cas où il en va de son intérêt, l'enfant qui accompagne son parent en prison ne doit pas être considéré comme une personne détenue. De plus, les règles 36.2 et 36.3 engagent les États parties à aménager l'espace carcéral par l'installation d'une infrastructure spéciale et d'équipements adaptés à l'enfant. Ainsi le Conseil de l'Europe semble-t-il conférer un régime particulier pour l'enfant en détention[64].

B. Les obligations positives de la Cour Européenne des Droits de l'Homme

Récemment, les juges de Strasbourg ont mis l'accent sur l'urgence pesant sur les États parties d'installer des dispositifs appropriés pour accueillir les enfants séjournant auprès de leurs mères en prison. Les juges ont interprété l'article 3 de la CESDH de manière à ce que l'enfant puisse vivre et évoluer au sein d'installations spécifiques en accord avec ses besoins (1). En outre, si l'article 8 de la CESDH est absent de l'argumentation de la Cour dans cet arrêt, la jurisprudence européenne constante en matière de protection de la vie familiale confère une assise légitime à l'enfant en détention (2). De ce fait, les deux articles paraissent complémentaires pour assurer une protection à l'enfant en prison. L'enfant a non seulement une place protégée auprès de sa mère en prison, mais il a le droit d'évoluer dans un espace respectueux de sa personne.

[64] En ce sens, la règle 36.1 des Règles pénitentiaires européennes tend à ressembler à l'article 23(2) de l'ensemble de Règles *minima* pour le traitement des détenus. Cet ensemble de Règles a été adopté par l'Assemblée Générale au premier Congrès des Nations Unies (NU) pour la prévention du crime et le traitement des délinquants à Genève en 1955 et approuvé par le Conseil économique et social dans ses résolutions 663 C (XXIV) du 31 juillet 1957 et 2076 (LXII) du 13 mai 1977.

L'article 3 et le droit à des conditions de vie adéquates

Le 24 mars 2016, par l'arrêt *Korneykov et Korneykova c/ Ukraine*, les juges de Strasbourg ont garanti explicitement les droits fondamentaux d'un enfant accompagnant sa mère en détention. En l'espèce, la requérante insistait sur quatre faits : sa comparution lors de ses auditions devant le tribunal ukrainien dans une cage en métal, en état de grossesse et après son accouchement ; les difficultés durant son accouchement ; son enfermement avec son enfant dans une cellule insalubre sans arrivée d'eau suffisante, tous deux malnutris et sans possibilité d'aération. Elle dénonçait finalement les carences sanitaires et médicales que son fils avait subies durant son séjour en détention. Au regard de ces quatre motifs, la Cour a unanimement condamné l'Ukraine pour une violation de l'article 3 de la CESDH interdisant tout traitement inhumain et dégradant. La Cour a développé des obligations positives à l'encontre des États afin qu'ils mettent en place des conditions de vie appropriées aux enfants au sein des établissements pénitentiaires.

Les juges de Strasbourg ont utilisé le fondement de l'article 3 traditionnellement invoqué pour juger des conditions matérielles de détention en matière pénitentiaire[65]. Rappelons brièvement que l'article 3 de la CESDH consti-

[65] *Kudla c/ Pologne*, 26 octobre 2000, req. n°30210/96 ; Simon A., *Les atteintes à l'intégrité des personnes détenues imputables à l'Etat*, Paris, Dalloz, Coll. Bibliothèque de la Justice, 2015, paragraphes 26 et suivants ; Belda B., *Les droits de l'homme des personnes privées de liberté*, Bruxelles, Bruylant, 2010, paragraphe 52 et 53 ; Ecochard B., « L'émergence d'un droit à des conditions de détention décentes garanti par l'article 3 de la Convention européenne des droits de l'homme », *RFDA*, 2003, p.99.

tue un droit absolu ou indérogeable[66] dont découlent deux types d'obligations à la charge des États : une obligation négative de ne pas infliger de mauvais traitement et une obligation positive d'instaurer des conditions de vie adaptées aux personnes à la charge des autorités publiques[67]. Alors que les États détiennent une obligation de résultat quant à l'obligation négative de ne pas entraver la dignité d'une personne, l'obligation positive de garantir des installations adéquates ne peut être qu'une obligation de moyen[68].

L'arrêt *Korneykova et Korneykov c/ Ukraine* se scinde en deux. Le port des menottes durant l'accouchement ainsi que l'enfermement dans une cage en métal de la requérante constituent deux violations de l'obligation négative de ne pas entraver la dignité de la personne humaine. A contrario, le défaut d'installations adéquates et l'absence de prise en charge médicale adaptée pour l'enfant s'assimilent à deux violations d'obligations positives. Au terme de ces deux motifs, la Cour européenne a explicitement énoncé l'importance fondamentale pour les États de mettre en place une infrastructure spéciale et une prise en charge complète pour l'enfant accompagnant sa mère en détention[69]. C'est pourquoi cet arrêt constitue un pilier normatif majeur dans la mesure où il pose une obligation

---

[66] En effet, l'article 15 de la CESDH exclue les articles 2, 3, 4(1) et 7 du caractère dérogeable de la Convention en cas d'état d'urgence. Concernant l'indérogabilité potentiellement relative de l'article 3, cf. Belda B., *op.cit*, 2010, paragraphe 93-97.

[67] Simon A., *op.cit.*, 2015, paragraphe 340.

[68] *Plattform « Artze Fur Das Leben » c/ Autriche*, 21 juin 1988, req. n°10126/82 ; Simon A., *op.cit.*, 2015, paragraphe 341 et 342 ; Céré J-P., « Le détenu malade : le traitement du droit européen », *AJ Pénal*, 2010, p.325 ; Simon A., *op.cit.*, 2015, paragraphe 344.

[69] *Korneykov et Korneykova c/ Ukraine,* 24 mars 2016, paragraphes 129-132.

positive pour les états de créer un régime approprié pour l'enfant en détention.

Notons par ailleurs que les juges de Strasbourg n'ont pas hésité à s'appuyer sur l'article 3 § 1 de la CIDE afin de justifier la condamnation de l'Ukraine[70]. Le principe de primauté de l'intérêt de l'enfant fait donc partie intégrante de l'argumentation de la Cour dans sa justification de la place de l'enfant en détention.

En somme, l'importance de l'arrêt *Korneykova et Korneykov c/ Ukraine* du 24 mars 2016 est considérable dans la mesure où pour la première fois, la Cour Européenne a reconnu et protégé les droits fondamentaux d'un enfant accompagnant sa mère en détention. Jusqu'ici, cette protection n'était assurée que de manière indirecte par la Cour européenne sur le fondement de l'article 8 protégeant la vie privée et intime de toute personne.

1. L'article 8 et la place légitime de l'enfant en détention

Jusqu'à l'arrêt *Korneykova et Korneykov c/ Ukraine*, l'article 8 de la CESDH légitimait, selon la doctrine, la place de l'enfant aux côtés de sa mère détenue. En effet, leur séparation aurait constitué une ingérence démesurée dans la vie familiale de l'enfant[71]. À la différence de

---

[70] Korneykov et Korneykova c/ Ukraine, 24 mars 2016, paragraphe 130.

[71] *Messina c/ Italie*, 28 septembre 2000, req. n° 25498/94, *JCP* 2001. I. 291, obs. F. Sudre ; *Lavents c/ Lettonie*, 28 novembre 2002, req. n° 58442/00, *JCP* 2003., I. 109, chron. F. Sudre ; *Nowicka c/ Pologne*, 3 decembre 2002, req. n° 30218/96 ; Bonfils P., Gouttenoire A., *Droit des Mineurs*, Paris, Dalloz, Coll. Précis Droit Privé, Deuxième Edition, 2014, p. 381. ; Herzog-Evans M., « Le séjour du petit enfant avec sa mère en détention », Cadiet L, Chauvaud F. et al., (dir.), *Figures de femmes criminelles, de l'Antiquité à nos jours*, Paris, Publications de

l'article 3, l'article 8 de la CESDH est un droit dérogeable dont découlent deux obligations positives à la charge des États. Au prisme de ces deux obligations, l'État doit s'efforcer de ne pas interférer dans l'exercice de la vie familiale des individus, et de permettre son respect effectif[72]. En d'autres termes, l'article 8 de la CESDH confère à l'État une obligation négative de ne pas intervenir dans les affaires familiales, ainsi qu'une obligation positive de protection effective de la vie intime. Dans la mesure où il s'agit d'obligations positives, elles ne sont que des obligations de moyen ; les États doivent s'efforcer de les respecter mais l'absence de résultat ne peut faire l'objet d'une sanction. En outre, l'article 8 constitue un cadre d'autant plus protecteur que la CEDH l'interprète « à la lumière de la CIDE »[73] et érige l'intérêt supérieur de l'enfant en principe fondamental[74]. Concernant son appli-

la Sorbonne, 2010, p. 205.

[72] *Marckx c/ Belgique*, 13 juin 1979 ; Sudre F., « CEDH- Droit au respect de la vie privée et familiale », *JCL. E.*, Fasc. 6525, paragraphe 19.

[73] *Wagner et JMWL c/ Luxembourg*, 28 juin 2007, req. n°76240/01, *D.*, 2007, p.2700, note F. Marchadier ; *RTD civ.* 2007, p.738, chron. J-P Marguénaud. Concernant l'utilisation de la CIDE dans la jurisprudence de la CEDH cf. Gouttenoire A., « La Convention Internationale des Droits de l'Enfant dans la jurisprudence de la Convention Européenne des Droits de l'Homme », *Le monde du Droit, Ecrits rédigés en l'honneur de Jacques Foyer,* Paris, Economica, 2007, p. 495 ; Gouttenoire A., « La relation parent-enfant dans la jurisprudence de la Cour européenne des droits de l'homme », *Informations sociales*, 2008/5 (n° 149), p. 40-51 ; Sudre F., « La convention relative aux droits de l'enfant au travers de la jurisprudence de la Convention Européenne des Droits de l'Homme », *Mélanges P. Tavernier*, Bruxelles, Bruylant, 2013, p. 993.

[74] *Johansen c/ Norvège*, 7 août 1996, req. n° 17383/90 ; *Mamousseau et Washington c/ France*, 6 déc. 2007, req. n° 39388/05 ; *Neulinger et Shruk c/ Suisse*, 6 juillet 2010, req. n° 41615/07, *JCP* 2001, p. 94, obs. F. Sudre.

cation au cas de l'enfant en détention, la Cour européenne avait depuis longtemps reconnu l'importance du rapprochement géographique de la famille : « pour un parent et son enfant être ensemble représente un élément fondamental de la vie familiale »[75]. De plus, l'article 8 avait pu servir de fondement à la CEDH pour reconnaître à l'enfant un droit d'être au contact de ses parents, quand bien même ils seraient incarcérés[76]. À ce titre, l'arrêt majeur *Messina c/ Italie* a non seulement affirmé que les personnes détenues bénéficiaient d'une vie privée et familiale, mais que l'administration pénitentiaire devait s'efforcer de préserver les liens familiaux des personnes détenues. Selon la doctrine, l'arrêt *Messina* a permis d'étendre le champ d'application de l'article 8 au cas de l'enfant présent en détention aux côtés de sa mère détenue[77]. Enfin, la CEDH avait affirmé dans son arrêt *K et T c/ Finlande* que le placement de l'enfant dès sa naissance en raison de l'état psychique de sa mère devait prendre en compte le traumatisme éventuel que la séparation pouvait lui causer[78]. Bien que vague, cette démonstration permettait de déduire l'équilibre nécessaire que la Cour européenne demande aux États parties de trouver lors de la séparation d'un enfant de sa mère.

Certes, l'arrêt de la CEDH du 24 mars 2016 n'a fait aucune mention de l'article 8. Ceci dit, les arrêts cités par la Cour pour légitimer la place de l'enfant en détention ren-

---

[75] *Olson c/ Suède*, 24 mars 1988, JDI, 1989, obs. P. Tavernier.

[76] *Messina c/ Italie*, 28 sept. 2000, JCP 2001. I. 291, obs. F. Sudre ; *Lavents c/ Lettonie*, 28 nov. 2002, JCP 2003. I. 109, chron. F. Sudre ; *Nowicka c/ Pologne*, 3 déc. 2002.

[77] Bonfils P., Gouttenoire A., *op. cit.*, 2014, p.381. ; Herzog-Evans M., *op.cit.*, 2010, p. 210.

[78] *K et T c/ Finlande*, 12 juillet 2001, JCP G, 2002, I, 105, obs. F. Sudre.

voient à l'article 8 de la CESDH[79]. Il est peu probable que l'arrêt *Korneykova et Korneykov c/ Ukraine* remette en cause l'invocation du fondement de l'article 8 pour le cas de l'espèce. En réalité, les deux fondements semblent plutôt complémentaires dans la garantie qu'ils offrent à l'enfant en détention. Ainsi, l'article 8 constituerait le fondement légitimant la place de l'enfant auprès de sa mère détenue et l'article 3 permettrait à la Cour européenne d'évaluer les conditions matérielles dans lesquelles l'enfant évolue. De toute évidence le dénominateur commun serait le principe de l'intérêt de l'enfant tel que prévu par l'article 3 § 1 de la CIDE.

§2 : La construction anglaise d'un régime spécifique

Le modèle anglais s'est efforcé de mettre en place un régime spécifique pour l'enfant accompagnant sa mère en détention. En effet, au terme d'une conciliation d'intérêts pluriels (*best interests of the child*), le droit anglais a créé un espace de vie idoine pour l'enfant en prison. Aussi, l'intérêt de l'enfant est devenu un fondement de référence dans la construction d'un régime spécifique pour l'enfant, en marge du droit pénitentiaire (A). De même, le principe de primauté des *best interests of the child* permet d'évaluer l'ensemble des intérêts en présence pour en dégager les meilleurs intérêts de l'enfant. L'admission en unité nurserie et la séparation des enfants de leurs mères s'effectuent au terme d'une évaluation casuistique des meilleurs intérêts de l'enfant (B).

[79] *Kleuver v. Norway*, 30 Avril 2002, req. n° 45837/99 ; *X v. Latvia [GC]*, 26 novembre 2013, req. n° 27853/09 ; cités par *Korneykov et Korneykova c/ Ukraine*, 24 mars 2016, paragraphe 130.

A. L'intérêt de l'enfant, un fondement de référence

La construction et le fonctionnement des unités nurserie ne sont pas entièrement régulés par les normes pénitentiaires. En effet, les unités nurserie anglaises se doivent de respecter les normes en vigueur en matière d'établissements d'accueil des enfants. Seul ce qui a trait au parcours de peine de la personne détenue relève du droit pénitentiaire. Le fondement de référence ne se rapporte pas aux règles pénitentiaires des personnes détenues mais aux standards de protection de l'enfance. C'est pourquoi, au terme d'une infrastructure totalement construite pour les besoins de l'enfant (2), leur fonctionnement se calque sur celui des crèches, haltes-garderies et autres établissements traditionnels d'accueil des enfants (1).

1. Un espace conforme aux standards de protection de l'enfance

Loin du cadre juridique pénitentiaire, le droit anglais inclut les unités nurserie pénitentiaires au sein des locaux spécialisés d'accueil des enfants de moins de cinq ans : les *childcare providers*[80]. Ainsi, les unités nurserie anglaises se regroupent au nombre de six et affichent une uniformité générale, quel que soit l'établissement. En d'autres termes, les unités nurserie restent uniformisées malgré leur intégration au sein d'établissements plus ou moins sécuritaires en fonction des publics incarcérés. Dans la mesure où elles font partie des *childcare providers*, elles doivent se conformer aux normes prévues par l'Agence de

---

[80] Traduit librement par l'auteur en « locaux spécialisés dans la protection de l'enfance ». Le terme *childcare providers* a volontairement été laissé dans sa langue originale, sa traduction étant peu satisfaisante à appréhender ce qu'il recouvre. Art. 3.29 du PSI 49/2014.

contrôle des standards minimum en matière de protection de l'enfance, l'OFSTED[81]. En effet, selon l'article 3.29 du PSI 49/2014, chaque prison dont dépend une unité nurserie doit s'enregistrer annuellement en tant que *childcare provider* auprès de l'agence de contrôle des standards minimums en matière d'enseignement et d'aide sociale à l'enfance appelée OFSTED[82]. L'OFSTED se présente comme une autorité non gouvernementale[83], chargée de la diffusion de standards en matière de protection de l'enfance ainsi que du contrôle des établissements et des services qui accueillent les enfants et les adolescents[84]. Dans le cas particulier des unités nurserie, elles s'assimilent à la catégorie des *childcare providers* des enfants en bas âge, c'est-à-dire aux établissements en charge d'enfants de la naissance jusqu'à la cinquième année[85]. Dans ce cadre, les unités nurserie doivent répondre

---

[81] Traduit librement de « The Office for Standards in Education, Children's Services and skills ». Art. 3.29 du PSI 49/2014; OFSTED, Statutory Framework for the Early Years Foundation Stage, Setting the standards for learning, development and care for children from birth to five, Department for Education, 2014.

[82] Art. 3.29 du PSI 49/2014.

[83] Concernant la décentralisation de certaines fonctions publiques à des entités autonomes au sein du gouvernement, cf. Wade H.W.R., Forsyth C., *Administrative Law*, Oxford, Oxford University Press, Tenth Edition, 2009, pp.120-122 ; Bradley and Ewing, *Constitutional and Administrative Law*, Harlow, Longman (Pearson publishing), 2010, pp.289 et suivants. Craig P., *Administrative Law*, Croydon, Sweet and Maxwell, Seventh Edition, 2012, paragraphes 4-004.

[84] En ce qui concerne la force contraignante de ces lignes directrices, le respect des règles édictées par l'OFSTED est rendu obligatoire par la réglementations *The Early Years Foundation Stage (Welfare Requirements) Regulations* 2012 (S.I. 2012/938) et *The Early Years Foundation Stage (Learning and Development Requirements) Order* 2007 (S.I. 2007/1772), tels que prévus par la s. 39(1)(a) et (b) du *Childcare Act* 2006.

[85] Art. 3.29 du PSI 49/2014; OFSTED, Statutory Framework for the

à des conditions sanitaires et sociales spécifiques aux besoins de l'enfant, et non à des normes pénitentiaires aménagées pour l'enfant. Néanmoins, les règles pénitentiaires régissent la partie carcérale de l'unité nurserie, telles que la formation et la gestion du personnel de surveillance. Aussi, les unités nurserie n'échappent pas au contrôle de l'Inspecteur en Chef des prisons concernant ces points particuliers[86]. D'ailleurs, l'OFSTED et l'Inspecteur en Chef des prisons travaillent en collaboration et en complémentarité s'agissant de ces endroits[87].

Early Years Foundation Stage, *op.cit.*, 2014.

[86] La compétence de l'Inspecteur en Chef des Prisons (*the Chief Inspector of Prisons*) est prévue par la Section 5A du *Prison Act* 1952 et modifiée par la Section 57 du *Criminal Justice Act* 1982.

[87] Le site de l'Inspecteur en Chef des Prisons indique explicitement cette collaboration étroite : http://www.justiceinspectorates.gov.uk/hmiprisons/about-hmi-prisons/. En outre, chacun des rapports mentionne explicitement la collaboration avec l'OFSTED. Par exemple, HM Chief Inspector of Prisons, *Report of unannounced inspection of HMP and YOI New Hall,* 2015, A8, p.10; HM Chief Inspector of Prisons, *Report of unannounced inspection of HMP and YOI Eastwood Park*, 2013, s.3.6, p. 44.

Les unités nurserie anglaises sont gérées de manière managériale, c'est-à-dire selon un modèle entrepreneurial. L'administration pénitentiaire contracte avec des entités, publiques ou privées, agissant en tant que prestataires de service afin de constituer une équipe de travail pluridisciplinaire propre à l'unité nurserie[88]. Compte tenu de la libéralisation du milieu pénitentiaire anglais[89], les cocontractants de l'administration pénitentiaire peuvent être multiples et comprendre des entités telles que des associations caritatives. En l'occurrence, la gestion de certaines unités nurserie anglaises est partiellement ou entièrement déléguée à des associations caritatives en

---

[88] Pour plus d'informations concernant le fonctionnement des entités publiques en Angleterre et au Pays de Galles cf. Wade H.W.R., Forsyth C., *Administrative Law*, Oxford, Oxford University Press, Eleventh Edition, 2014, pp.674-676; Cane P., *Adminisrative Law*, Oxford, Oxford University Press, Clarendon Law Series, Fifth Edition, 2011, pp. 399-402; Craig P., *Administrative Law*, Croydon, Sweet and Maxwell, Seventh Edition, 2012, paragraphes 5-011 et suivants.

[89] Il convient de rappeler néanmoins que la contractualisation partielle ou totale de ces espaces présente des enjeux importants d'un point de vue de la déresponsabilisation de l'Etat au profit des co-contractants. Concernant les polémiques relatives à la direction privée des établissements pénitentiaires anglais, cf. Ludlow A., *Privatising Public Prisons, Labour Law and the Public Procurement Process*, Londres, Bloomsbury publishing, 2015, 244p ; James A., Bottomley A. K., Liebling A., Claire E., *Privatizing prisons, Rhetoric and Reality*, Londres, Sage Publications, 1997, 194p ; Morgan R., « Imprisonment today and tomorrow, England and Wales », in Van Zyl Smit D., Dünkel F. (dir.), *Imprisonment today and tomorrow, International perspectives en prisoners' rights and prison conditions*, La Haye, Kluwer Law International, Second Edition, 2001, pp. 211-237 ; Jones T., « Governing security : pluralization, privatization, and polarization in crime control and policing », Maguire M., Morgan R., Reiner R. (dir.), *The Oxford Handbook of Criminology*, Fifth Edition, 2012, pp. 743-768.

charge de la protection de l'enfance[90]. Néanmoins, tous les agents opérant au sein du corps carcéral se voient dans l'obligation de coopérer et coordonner leurs missions afin de garantir une bonne administration des services publics ou privés[91]. De plus, les unités nurserie faisant partie des *childcare providers*, elles se doivent de suivre le fonctionnement institutionnel des établissements d'accueil de l'enfance, tant d'un point de vue éducatif qu'au niveau des conditions matérielles de vie. Ainsi, les unités nurserie sont gérées par une équipe pluridisciplinaire interne, laquelle est employée par l'établissement pénitentiaire ou le partenaire cocontractant.

Dans la mesure où l'unité nurserie est construite sur les besoins de l'enfant, l'équipe pluridisciplinaire se concentre sur la réponse à ses besoins[92]. Le PSI 49/2014 prévoit que chaque membre de l'équipe se voit attribuer une description précise de ses fonctions et de ses responsabilités[93]. En tant que *chilcare provider*, l'équipe de professionnels en charge de la petite enfance reprend le même modèle que celui des crèches ou des haltes-garderies traditionnelles[94]. Aussi, l'équipe inclut plusieurs assistants maternels (ou *childminders*)[95]. En l'espèce, les enfants sont déposés à la crèche par leurs mères qui

---

[90] Il en va par exemple de l'unité nurserie de la prison de HMP Styal entièrement déléguée à l'association *Action for Children*.

[91] S. 10 (1) et (2) du *Children Act* 2004. Standley K., Davies P., *Family Law*, Londres, Paperback, Coll. Palgrave Macmillan Law Masters, 8th Edition, 2013, p. 386; Harris-Short S., Miles J., George R., *Family Law, Text, Cases and Materials*, Oxford, Oxford University Press, Third Edition, 2015, paragraphe 12.3.3.

[92] Art. 3.13 du PSI 49/2014.

[93] Art. 3.31 du PSI 49/2014.

[94] Art. 3.16 du PSI 49/2014.

[95] OFSTED, Statutory Framework for the Early Years Foundation Stage, *op.cit.*, 2014, paragraphe 3.31 et 3.27.

partent travailler au sein de la détention classique[96]. À l'image du fonctionnement traditionnel d'une crèche, cette solution permet d'allier le régime carcéral de la mère avec les activités propres au développement de l'enfant. En outre, l'équipe prévoit la présence d'un personnel de surveillance spécifique et volontaire, après avoir suivi une formation adaptée au public spécial de l'unité nurserie[97]. Enfin, l'équipe se compose d'un responsable de l'unité nurserie, qualifié selon les standards du *National College for Teaching and Leadership*[98]. Le responsable de l'équipe joue un rôle fondamental dans le bon déroulement de l'unité nurserie dans la mesure où il fait le lien entre les différentes instances internes ou externes à la prison, comme les services sociaux, l'administration pénitentiaire locale ou encore les autorités ministérielles référentes en matière d'enfant en prison.

2. Un espace dédié aux besoins de l'enfant

L'article 3.1 du PSI 49/2014 définit l'unité nurserie comme « un espace de vie séparé et conçu à cette fin au

---

[96] Règle 31(1) des PR prévoit une obligation d'activités d'un maximum de dix heures par jour pour chaque personne détenue. Cette obligation se traduit par la nécessité pour chacun d'effectuer dix activités dans la semaine, correspondant aux dix demi-journées de la semaine travaillée. Les activités suivies par la personne incarcérée font parties de son plan de réinsertion individuel ou *Offending Behaviour Programme*, établi à partir d'une évaluation de son comportement au début de son incarcération et réévalué tout au long de celle-ci. Art. 1.2, PSI 41/2012 *Sentence planning*; Creighton S, Arnott H, *op.cit.*, 2009, pp. 173-174.

[97] Section R (k) du PSO 4800 *Women prisoners*. Albertson K., O'Keeffe C., Lessing-Turner G., Burke C., Renfrew M.J., *op. cit.*, 2012, p.28.

[98] OFSTED, Statutory Framework for the Early Years Foundation Stage, op.cit., 2014, paragraphe 3.23.

sein d'une prison pour femmes »[99]. Ainsi, les unités nurserie se trouvent dans des bâtiments spécifiques en dehors de la détention pour femmes, mais toujours inclues dans l'enceinte de l'établissement pénitentiaire[100]. Cette séparation physique de l'infrastructure permet aux enfants de ne jamais être confrontés au reste de la détention. D'une manière générale, chaque unité nurserie comporte entre neuf et treize places prévues pour les mères accompagnées de leurs enfants et les femmes enceintes[101]. Le bâtiment se divise en deux, une partie étant réservée aux chambres ainsi qu'à certaines pièces communes, l'autre étant réservée à la crèche. En ce qui concerne les chambres, les rapports de l'Inspecteur en chef des prisons et les rapports de l'OFSTED notent unanimement la bonne conformité des pièces au bien-être de la mère et de l'enfant[102]. Au

---

[99] Traduit librement par l'auteure et extrait de « A mother and baby unit is a designated separate living accomodation within a Women's prison… ». Art. 3.1 du PSI 49/2014.

[100] *R (P) v. Secretary of State for the Home Department, R (Q and another) v. Secretary of State for the Home Department* [2001] EWCA Civ 1151, [2001] 1 WLR 2002, subséquemment abrégé par *Re P&Q* (2001), paragraphe 44. Visite de l'unité nurserie de HMP Askham Grange (Yorkshire) le 9 et 11 décembre 2014 ; visite de l'unité nurserie de HMP Bronzefield (Surrey) le 27 mars 2015 ; visite de l'unité nurserie de HMP Styal le 16 septembre 2016.

[101] HMP New Hall et HMP Styal comportent neuf places, HMP Askham Grange dix places, et HMP Eastwood Park, HMP Bronzefield ainsi que HMP Peterborough douze places. NOMS, *All about Mother and Baby Units*, Novembre 2011 (livret distribué aux femmes incarcérées qui souhaiteraient demander une place en unité nurserie).

[102] Par exemple, OFSTED, Inspection report Little Acorns Nursery HMP Styal Mother and Baby Unit, 2016; OFSTED, Inspection report of Little Stars – HMP Bronzefield Mother & Baby unit, 2014; HM Chief Inspectorate of Prisons, Report of unannounced inspection of HMP and YOI Peterboroug, 2014, s.16, p.13; HM Chief Inspectorate of Prisons, Report of unannounced inspection of HMP Eastwoord Park, 2013, s.14, p.12.

point de vue sémantique, il n'est d'ailleurs pas question de « cellule » mais de « chambre »[103], afin de préserver l'habitat de l'enfant. Cette exception s'avère plus propice à la création d'un environnement spécifique à l'enfant et atténue le côté punitif de l'établissement[104]. Les chambres se composent d'un lit pour la mère et d'un petit lit pour l'enfant. Certaines sont équipées de sanitaires privatifs aménagés pour le lange[105] alors que d'autres utilisent un espace commun spécifique à la toilette de l'enfant[106]. De plus, les chambres ne se trouvent jamais bien loin d'autres parties communes, telles qu'une cuisine aménagée à la confection de repas et un salon avec télévision[107]. Par ailleurs, les unités nurserie anglaises prévoient toutes une crèche aménagée d'espaces de jeux, récréatifs ou pédago-

---

[103] Par exemple, « Les bébés et leurs mères ne doivent pas être enfermés dans leurs chambres », traduit librement de « *Babies and their mothers must not be locked in their rooms* », art. 3.6 du PSI 49/2014.

[104] De même, en lieu et place des numéros de matricule des personnes détenues, les portes des chambres de l'unité nurserie affichent les photos et les prénoms des enfants y résidant. Entretien auprès de Madame Karen Moorcroft, Responsable des services d'aide à l'enfance auprès d'*Action for Children* (*Children's Services Manager Prisons and Wakefield Cluster*), en charge des unités nurserie de la prison de HMP Styal (Lancashire) et HMP New Hall (Yorkshire) ainsi que des programmes nationaux relatifs aux enfants accompagnant leurs mères en prison, le 16 septembre 2016.

[105] Par exemple, les cellules de l'unité nurserie de la prison de HMP Bronzefield et Peterborough sont équipées en sanitaires privatifs. Visite de l'unité nurserie de HMP Bronzefield (Surrey) le 27 mars 2015; HM Chief Inspectorate of Prisons, *Report of unannounced inspection of HMP and YOI Peterboroug,* 2014, p.7.

[106] Il en va notamment des cellules de l'unité nurserie de la prison de HMP Askham Grange. Visite de l'unité nurserie de HMP Askham Grange (Yorkshire) le 9 et 11 décembre 2014.

[107] Visite de l'unité nurserie de HMP Bronzefield (Surrey) le 27 mars 2015 ; visite de l'unité nurserie de HMP Askham Grange (Yorkshire) le 9 et 11 décembre 2014.

giques, de sanitaires et même parfois d'une petite cuisine attenante[108]. Enfin, le bâtiment nurserie comporte un jardin ou une cour équipée d'agréés récréatifs pour les enfants. La particularité des unités nurserie anglaises s'affiche autant par leurs séparations franches avec la détention des autres femmes qu'au travers de leurs édifications spéciales pour les besoins de l'enfant. Selon le Défenseur des enfants anglais, le développement de l'enfant est devenu l'objectif principal de ces constructions[109]. Selon lui, seule une construction spécialement dédiée à l'enfant pourrait atténuer les effets néfastes que le milieu carcéral aurait sur son développement[110].

Pour répondre aux besoins développementaux de l'enfant, l'unité nurserie fonctionne en régime « portes ouvertes ». Cela signifie que les mouvements sont permis pendant une amplitude horaire assez large, couvrant généralement l'ensemble de la journée[111]. Bien que l'unité nurserie ne fonctionne plus en régime « portes ouvertes » pendant les nuits, les portes des cellules (ou chambres) ne doivent jamais être verrouillées, même durant les nuits[112]. Le verrouillage des portes étant considéré comme potentiellement dangereux pour l'enfant, un couvre-feu est mis en place au sein de ces établissements durant les nuits. L'alternative du couvre-feu – préférée au verrouillage des cellules – a été mise en place pour concilier les intérêts en

---

[108] Art. 5.21 du PSI 49/2014.

[109] Aynsley-Green A. (Children's Commissioner for England), « Prison Mother and Baby Units- do they meet the best interests of the child? », *11 Million children and young people have a voice in England*, 2008, p.39.

[110] Aynsley-Green A. (Children's Commissioner for England), *ibid.*, 2008, p.39.

[111] Herzog-Evans M., *Droit pénitentiaire*, Paris, Dalloz Coll. Dalloz Action, 2012, paragraphe 121.242.

[112] Art. 3.6 du PSI 49/2014.

présence, à savoir les intérêts de l'enfant et la discipline sécuritaire propre à l'institution carcérale.

Une fois encore, l'intérêt de l'enfant a servi de norme de référence. Toutefois, à la différence de la construction idoine d'une unité nurserie pour l'enfant, le couvre-feu constitue un compromis entre le droit pénitentiaire et les besoins de l'enfant. En d'autres termes, il s'agit plus d'une dérogation du droit commun pénitentiaire que de l'émergence d'un droit *sui generis*.

B. L'intérêt de l'enfant, l'évaluation des meilleurs intérêts

Fort du principe de primauté des meilleurs intérêts de l'enfant, ce fondement normatif est également utilisé en droit anglais afin d'évaluer l'ensemble des intérêts en présence. Tant au stade de l'admission de l'enfant et sa mère au sein de l'unité nurserie (1) qu'au moment de leur séparation (2), *the best interests of the child* constitue un fondement normatif utilisé tel un instrument de mesure des intérêts de l'enfant ou des enfants, selon les interprétations.

1. Une admission contrôlée au sein de l'unité

Toutes les femmes détenues ayant des enfants en bas âge ne peuvent bénéficier de ce dispositif. L'admission au sein d'une unité nurserie s'effectue après constitution d'un dossier par la requérante, examiné par une commission pluridisciplinaire[113]. Lorsque l'avis rendu est défavorable,

---

[113] Cette commission est composée d'un président indépendant en lien avec le département en charge de la coordination des unités nurserie au niveau national (*National Coordinator for Mother and Baby Units*), du responsable de l'unité nurserie, d'un officier de probation (*Community Offender Manager* ou à défaut *Supervisor*), et enfin de la

la requérante peut présenter un recours interne afin que son dossier soit réexaminé[114]. Quelle que soit l'issue de la procédure, la commission pluridisciplinaire se concentre sur une conciliation entre l'intérêt de l'enfant et les intérêts de tous les enfants de l'unité nurserie, parfois au détriment de l'intérêt individuel de l'enfant d'une requérante[115]. Selon les termes de Mrs Justice Elizabeth Laing dans son argumentaire de l'arrêt *Re WB&W (2014)*, « en temps normal, il en va des meilleurs intérêts de l'enfant de rester avec sa mère. Mais ce n'est pas le cas en prison. C'est irréel d'imaginer qu'il en va des meilleurs intérêts de tous les enfants de rester avec leurs mères durant leurs peines de prison »[116]. Par exemple, une admission peut être conditionnée par le sevrage d'une personne détenue ou rendue défavorable compte tenu du risque qu'elle pourrait poser à la sécurité de l'ensemble de l'unité. L'intérêt de l'enfant constitue ici une norme permettant de mesurer et d'évaluer les différents intérêts en présence pour rechercher les meilleurs intérêts de tous les enfants.

---

personne détenue requérante accompagnée si elle le souhaite de toute personne qu'elle désignera pour l'assister. D'ailleurs, si la requérante se voit dans l'impossibilité d'être présente au conseil, une visioconférence ou un appel téléphonique doit être mis en place, et en dernier recours une argumentation écrite transmise au conseil afin que sa parole soit entendue. Art. 2.11 du PSI 49/2014.

[114] Art. 2.42 du PSI 49/2014. Il s'agit en l'espèce, du *Prisoner Complaints System* PSI 02/2012.

[115] Art. 2.16 du PSI 49/2014.

[116] Traduit librement par l'auteur « In normal circumstances, in the community it is the best interets of the child to stay with its mother. But that is not so in prison. It is unrealistic to expect that it is in the best interests of all the children to stay with their mother during the sentence », Re WB&W (2014), paragraphe 50.

D'aucuns peuvent s'étonner de cette procédure, étant donné la nature des critères pris en compte dans la sélection, telle que la dangerosité supposée d'une personne détenue. Certes, cette procédure reflète la conciliation entre l'intérêt général de l'unité nurserie et de l'intérêt d'un enfant. Néanmoins, elle illustre aussi la résurgence des logiques carcérales qui n'ont pas totalement disparu de l'unité nurserie. En d'autres termes, l'unité nurserie reste incluse au sein d'un établissement pénitentiaire malgré son environnement calqué sur les besoins de l'enfant.

2. Une séparation flexible à 18 mois

La séparation de l'enfant s'effectue au moyen d'une procédure similaire à celle de l'admission de l'enfant au sein de l'unité. Un conseil de séparation (*Separation Board*) se réunit pour statuer sur la séparation d'un enfant d'avec sa mère. Ce conseil pluridisciplinaire évalue chaque enfant séparément en prenant comme considération primordiale ses meilleurs intérêts. Le principe de primauté de l'intérêt de l'enfant apparaît, ici encore, comme un instrument de mesure de chaque situation individuelle. À l'image du modèle français, la séparation de l'enfant se fait à ses 18 mois. Toutefois, cet âge ne constitue pas un seuil rigide au-delà duquel l'enfant devra être séparé de sa mère. Au contraire, l'âge des 18 mois se présente comme un curseur flexible qui peut être modulé au cas par cas, selon l'intérêt de chaque enfant[117]. La Cour d'appel n'a d'ailleurs pas hésité à insister sur la flexibilité d'interprétation du seuil des 18 mois dans son arrêt *Re P&Q* (2001)[118]. En outre, la *High Court of Justice* dans l'arrêt *Claire F* (2004) a préconisé l'interprétation du seuil

[117] Art. 2.18 et art. 6.1 du PSI 49/2014.
[118] *Re P&Q* (2001), paragraphe 105.

des 18 mois comme « un plafond et non comme une norme »[119]. En revanche, l'âge de deux ans a été convenu comme le seuil maximal au-delà duquel l'enfant ne peut rester au sein d'un établissement.

Toutefois, cette marge d'appréciation peut entraîner des discriminations de traitement entre les enfants des différentes unités nurserie. Par exemple, la capacité d'accueil d'enfants de plus de 18 mois au sein de chaque unité constitue un facteur important dans l'évaluation de chaque enfant à pouvoir rester auprès de sa mère. De ce fait, d'une unité nurserie à l'autre, les installations peuvent justifier une séparation plus ou moins tardive avec la mère de l'enfant. Aussi, l'utilisation des *best interests of the child* comme un instrument de mesure peut conduire à un traitement plus favorable de certains enfants selon la qualité des installations, l'organisation de sorties plus ou moins fréquentes ou encore l'habilitation du personnel de l'unité nurserie à s'occuper d'enfants plus âgés[120]. C'est pourquoi ces discriminations matérielles soulèvent la question de leur conformité à l'article 8 de la CESDH et la protection effective de la vie familiale de tous les enfants.

Pour résumer, le principe des *best interests of the child* s'assimile en droit anglais aussi bien à une norme-instrument afin d'évaluer et d'apprécier les meilleurs intérêts de l'enfant, qu'à un fondement de référence pour bâtir

[119] Traduit librement par l'auteur de « *as a ceiling, and not as a norm* », *Claire F. v. Secretary of State for the Home Department* [2004] EWHC 111 (Fam), abrégé par *Claire F.* (2004), paragraphes 89 et 93.

[120] Concernant les installations immobilières d'intérieur par exemple, sont distingués les besoins des enfants de moins de deux ans, ceux âgés de deux ans, et enfin ceux âgés entre trois et cinq ans. OFSTED, *Statutory Framework for the Early Years Foundation Stage, op.cit.*, 2014, art. 3.57.

un cadre juridique spécifique pour l'enfant en détention. De même, les instruments normatifs européens incitent fortement les États à établir un régime spécifique pour l'enfant accompagnant sa mère en prison, en marge de celui des personnes détenues. Sortir du référentiel du droit pénitentiaire permet d'établir de manière bien plus aisée un régime idoine pour l'enfant. Selon les mots du Professeur Adeline Gouttenoire, « L'étude de la jurisprudence européenne applicable aux enfants révèle un droit des mineurs qui transcende les clivages entre les systèmes juridiques. Cette matière n'appartient en effet, ni seulement au droit interne, pénal ou civil, ni seulement au droit international, et le recours à la CIDE dans la jurisprudence de la CEDH démontre bien qu'il ne s'agit pas seulement non plus de droit européen »[121]. Par un bouleversement normatif, l'enfant transcende les normes préétablies et nous oblige à repenser les cadres juridiques.

[121] Gouttenoire A., « La Convention Internationale des Droits de l'Enfant dans la jurisprudence de la Convention Européenne des Droits de l'Homme », *Le monde du Droit, Ecrits rédigés en l'honneur de Jacques Foyer,* Paris, Economica, 2007, p. 495, citation p. 506.

Chapitre 2 : La maternité incarcérée

Section 1 : Aménager la « peine » des enfants de détenus ?

Par Martine Herzog-Evans, Professeur de Droit privé et sciences criminelles, Université de Reims

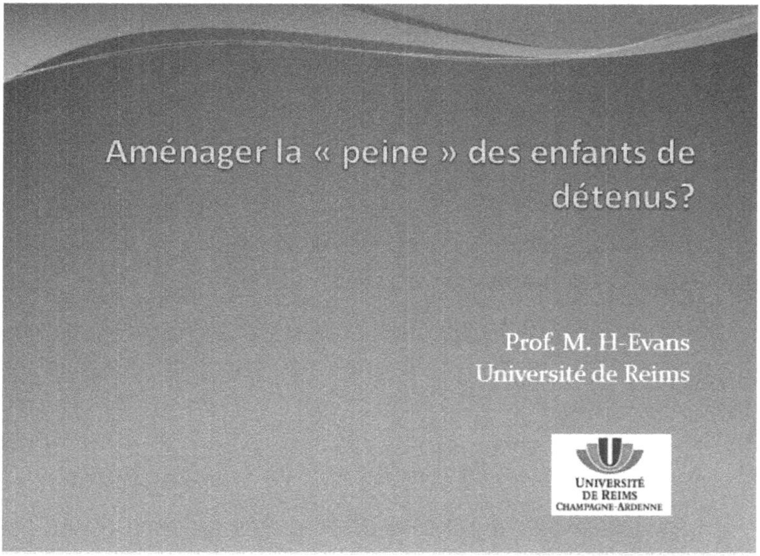

Pourquoi un tel aveuglement de la pratique et du droit français envers le sort des enfants de détenus ? C'est vrai que nous n'avons cessé de répéter qu'il n'y a pas beaucoup de publications, pas beaucoup de recherches, que l'on n'arrive pas à avancer sur ce sujet, que les femmes et leurs enfants sont toujours secondaires par rapport à nos préoccupations.

Pourquoi ? Je propose une petite liste à laquelle j'ajouterai un certain nombre d'items.

Il existe, dans la justice pénale, un fonctionnement que les Américains appellent le « Mc Justice », en forme de chaîne de montage, en plus d'une justice en temps réel (ou du moins qu'on souhaiterait en temps réel) et on a peu le temps finalement pour du sur-mesure, pour la prise en compte des individus, on a aussi très peu d'informations pour statuer de manière véritablement adaptée. La plupart du temps les magistrats ont très peu d'informations. Elles se limitent à : « M. X a deux enfants, un âgé de six ans, l'autre de neuf ans » ou encore a-t-il ou non un emploi. D'ailleurs, les rapports des agents de probation sont aussi souvent du même type, faute d'avoir eu le temps et la possibilité d'enquêter sérieusement. Il y a énormément d'études sur la manière dont les magistrats prennent des décisions et on sait que moins un magistrat a d'informations plus il est sévère et plus il aura tendance à fonctionner de manière juridique.

Il y a une dimension que l'on retrouve moins en pratique mais qui se retrouve chez ceux qui définissent les politiques pénales, soit l'idée selon laquelle : « ils ont des enfants mais il fallait qu'ils y pensent avant de commettre des infractions ». C'est une logique un peu autistique.

Je pense qu'il y a aussi le phénomène de séparation des disciplines juridiques : le civil ; le pénal ; la protection de l'enfance ; et les affaires familiales. Or, il s'agit là de pluridisciplinaire, de pluriproblématique. Si nous voulions véritablement traiter ces questions, il faudrait que tous les praticiens et toutes les institutions travaillent ensemble « mains dans le cambouis » autour d'une table à discuter des dossiers et surtout qu'il y ait un travail en commun, juge civil et juge pénal, juge de l'application des peines, etc.

Existe ensuite aussi la notion selon laquelle il y aurait une hiérarchie entre les disciplines. Historiquement le droit civil est une matière jugée supérieure au droit pénal mais, en réalité, le droit pénal est une matière d'ordre public, or l'ordre public prime sur les matières qui ne sont pas d'ordre public.

On a aussi évoqué que ce sont des questions genrées et que la perception des questions de genre varie aussi culturellement comme historiquement. Nous avons aussi cette problématique, ce n'est pas uniquement une question de nombre insuffisant de condamnées femmes. Les féministes, notamment anglophones, considèrent que ce n'est pas un hasard si l'on ne s'intéresse pas aux questions des femmes : les femmes intéressent moins que les hommes, de manière générale, dans nos sociétés.

Il convient aussi d'ajouter que les sources sont infranormatives. Il est souvent question non point de norme, mais d'une circulaire (celle de 1999) ; soit d'un texte qui n'e constituent pas juridiquement un support normatif. Il y a certes la loi pénitentiaire, mais elle ne régit pas la totalité du droit pénitentiaire et n'a rien dit des questions qui nous préoccupent.

Une autre explication du désintérêt pour la question des mères et enfants en détention tient à l'absence d'approche scientifique. Il est fait référence en droit positif à l'intérêt de l'enfant, mais ce, de manière assez éthérée, juridique ; il est très rarement fait véritablement référence aux sciences développementales et à ce qui constitue véritablement l'intérêt d'un enfant.

Il convient encore de faire état d'une difficulté très française : difficulté avec le partenariat et avec la collaboration. Le plus souvent, l'on travaille de manière séquencée, les uns après ou parallèlement aux autres et très peu de manière concertée et intégrée (: sur la base d'un programme).

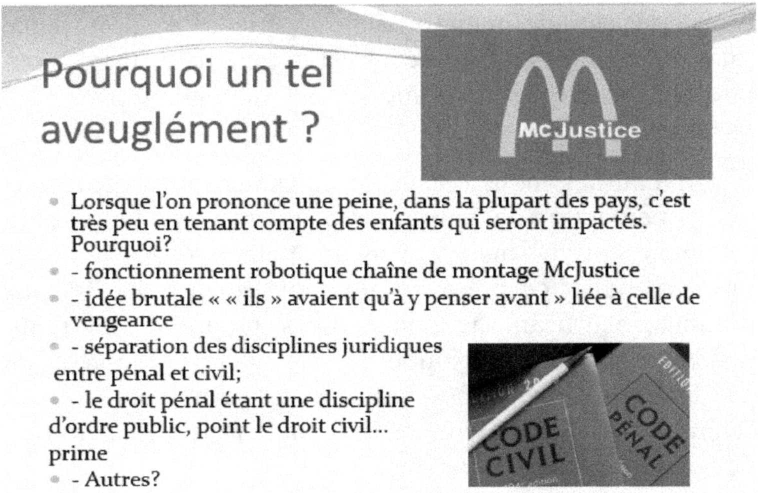

Pourquoi faut-il tenir compte des enfants ? (§1) Comment le faire ? (§2) Et que faudrait-il faire ? (§3)

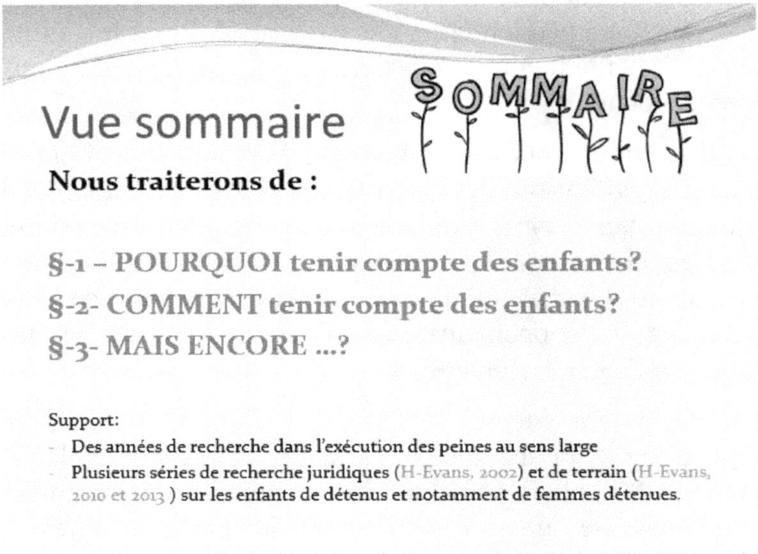

§1 : Pourquoi tenir compte des enfants ?

A. En opportunité

1. L'impact sur les enfants

Dans les lignes ci-après nous nous appuierons sur les revues de la littérature que nous avons réalisées dans le cadre d'études antérieures sur l'exécution des peines ainsi que sur les enfants et bébés en prison (H-Evans, 2002 ; H-Evans, 2010 et 2013).

Les théories de l'attachement sont connues depuis fort longtemps, notamment depuis Bolbwy (1969) et Ainsworth. On sait que l'attachement est essentiel au développement de l'enfant. Du point de vue criminologique, Fonagy a utilisé ces théories de l'attachement et a montré que lorsque l'attachement est insécure, lorsqu'il n'est pas solide, l'enfant ne développe pas une théorie de l'esprit qui est satisfaisante (Fonagy et al., 1997). La théorie de l'esprit est la capacité à identifier ses propres émotions, ses propres réactions, mais aussi celles des autres. Fonagy a fait le lien entre cela et le risque de devenir délinquant et la violence en particulier (Fonagy, 2003 ; Tremblay, 2004). Il existe désormais beaucoup d'études sur le lien entre attachement insécure et délinquance sexuelle (Maniglio, 2012 ; Smallbone et Dadd, 2001) (même si évidemment tous les enfants avec un attachement insécure ne vont pas devenir délinquants sexuels ; d'ailleurs le lien est parfois discuté). Des liens sont également faits avec le développement de la personnalité antisociale, si importante en matière de délinquance. On sait encore que l'attachement suppose une interaction quotidienne avec l'enfant, pas simplement de le voir une fois de temps, en autre au parloir. Les liens ne se font pas ou ils se délitent lorsqu'il n'y a pas de contacts quotidiens, réguliers avec un enfant pour le père et la mère.

Un *très* grand nombre de recherches a établi l'impact nocebo de l'incarcération sur l'enfant lui-même, les problèmes comportementaux (Fritsch and Burkhead, 1981 ; Bendheim-Thoman Center, 2008 ; Murray & Murray, 2010), les risques augmentés d'incarcération (Mac Lanahan &Bumpass, 1988 ; Robins and al., 1975), d'alcoolisme, d'abus de drogues, *etc.* (Murray and al., 2009). Le Conseil de l'Europe avait d'ailleurs fait une revue de la littérature en 2000 à l'occasion de sa recommandation « Mères et bébés en prison » (v. aussi Murray & Farrington (Ajpénal, 2011).

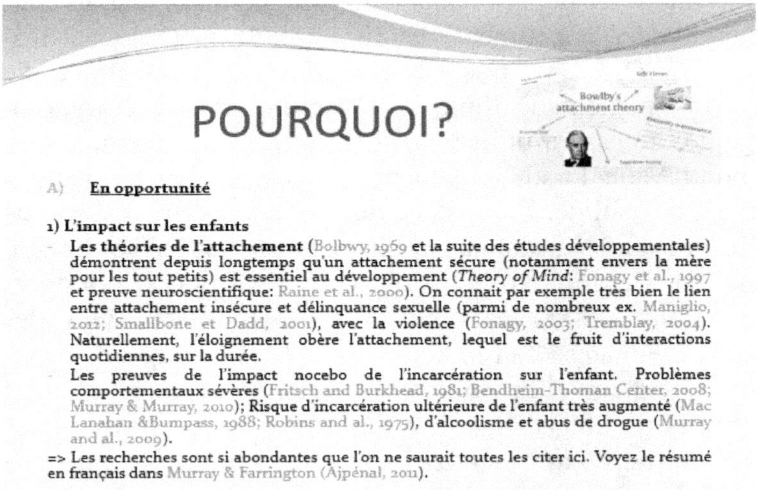

2. L'impact sur les femmes

Sur les femmes, il y a aussi un certain nombre d'études qui montrent que celles-ci ont une souffrance particulière par rapport aux hommes. Les hommes aussi souffrent de la séparation mais les femmes ont une souffrance augmentée. Certes, il peut être avancé que c'est parce que socialement la maternité est genrée. Cependant celle-ci est aussi biologique, s'il faut encore le rappeler ! (Greene et al., 2000). Il y a des dimensions en neurosciences actuellement étudiées qui sont intéressantes. Que ce soit social, que ce soit biologique ou les deux, toujours est-il que les femmes détenues ont cette souffrance particulière qui d'ailleurs est très souvent aussi liée à un sentiment de culpabilité du fait de leurs passages à l'acte et de leur l'incarcération. Il faut ajouter, c'est classique, que pour « fabriquer » une femme délinquante, il faut plus de « casseroles » crimino psychologiques que pour fabriquer un homme délinquant. Robert Cario disait que « les femmes résistent au crime » donc celles qui sont délinquantes et qui sont en plus incarcérées ont beaucoup plus de traumas, sont souvent atteintes du syndrome de stress post-traumatique (en mode complexe comme on dit en psychologie, c'est-à-dire de manière très difficile à prendre en charge (Slotnick, 1997 ; Jordan et al., 1996), mais aussi présentent souvent des personnalités borderline qui sont-elles aussi très difficiles à prendre en charge. Ces mères incarcérées ne sont pas simples à prendre en charge. Pour autant, elles commettent généralement des actes moins graves (Cario, 1997 ; Corston, 2007) ce qui signifie que la nécessité de les incarcérer n'est pas toujours caractérisée. Souvent, on les incarcère parce que l'on ne sait plus quoi en faire, par exemple tant elles ont réitéré même sans que leurs actes soient graves.

Pour les hommes, c'est moins étudié mais on commence à avoir une littérature intéressante sur leur souffrance par rapport à la séparation d'avec l'enfant (Boswell &Wedge, 2002). E). D'autres établissant que le lien avec l'enfant se délite aussi du fait de l'incarcération (Lanier, 1993). Cette souffrance touche peut-être moins l'identité des hommes mais elle est bien là quand même. Ce qui est problématique par contre, c'est l'hypermasculinité. Il y a beaucoup d'études également sur cette hypermasculinité comme étant un facteur de risque dans la délinquance (Dyer, 2005). D'autres études croisent avec le fait que l'incarcération augmente l'hypermasculinité parce qu'elle impose des modes de fonctionnement hypermachistes pour survivre à l'incarcération. Or, ces positionnements hypermachistes, hypermasculinisés, sont en contradiction avec le fait d'être père et avec la paternité. Si on voulait améliorer la situation des hommes, il faudrait déconstruire cette hypermasculinité et cela passe entre autres par l'acceptation et l'accompagnement de la paternité. Il y a d'ailleurs des programmes anti-hypermasculinité qui permettent de travailler sur cet état (Landreth et Lobaugh, 1998.

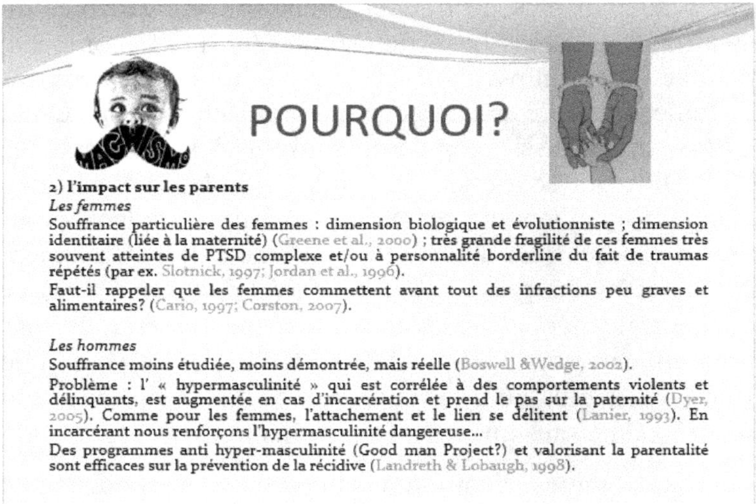

3. L'impact sur nous tous

L'autre « pourquoi » c'est le coût : le coût social, le coût économique. Les enfants ont souvent des problèmes scolaires, des problèmes de concentration, des problèmes psychologiques et/ou psychiatriques et la liste est longue. Il y a aussi ensuite des risques de déviance, d'alcoolisation, *etc.* On investit des sommes pour incarcérer des femmes mais les dégâts économiques et matériels que cela cause, les aides sociales, l'accompagnement, *etc.*, cela représente un coût aussi qu'il faut budgéter et penser.

Murray et Farrington (2011) ont mis en œuvre une étude longitudinale depuis une quarantaine d'années leur permettant, entre autres, d'étudier le devenir des enfants de délinquants, et même maintenant des petits-enfants de délinquant. Ils comparent des situations d'absence de séparation et de séparation : de séparations du fait d'un décès, de séparations du fait d'un divorce ou d'une séparation des parents et ensuite avec des situations d'incarcération d'un parent, avant la naissance et après la naissance. Or, les tableaux ci-après montrent bien quel est le devenir antisocial et délinquant de l'enfant du fait de l'incarcération après la naissance de celui-ci. On trouve également des données longitudinales similaires en ce qui concerne le devenir au regard de l'alcool et de la drogue, l'école buissonnière, un devenir scolaire faible avec là encore les mêmes différenciations et on retrouve là encore un impact important de l'incarcération.

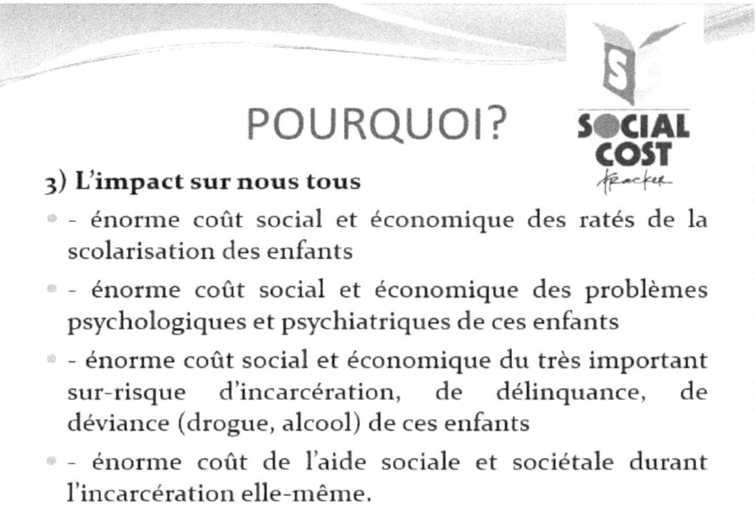

Murray, et Farrington, D.P. (2011). Les effets de l'incarcération parentale. *Ajpénal*, 398-403 :

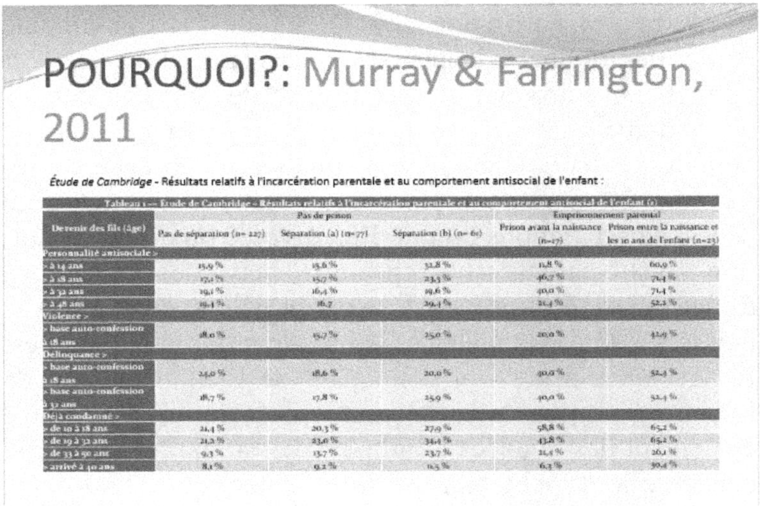

Tableau 1 — Étude de Cambridge – Résultats relatifs à l'incarcération parentale et au comportement antisocial de l'enfant (1)

Devenir des fils (âge)	Pas de prison			Emprisonnement parental	
	Pas de séparation (n= 227)	Séparation (a) (n=77)	Séparation (b) (n= 61)	Prison avant la naissance (n=17)	Prison entre la naissance et les 10 ans de l'enfant (n=23)
Personnalité antisociale >					
> à 14 ans	15,9 %	15,6 %	32,8 %	11,8 %	60,9 %
> à 18 ans	17,2 %	15,7 %	23,3 %	46,7 %	71,4 %
> à 32 ans	19,1 %	16,4 %	19,6 %	40,0 %	71,4 %
> à 48 ans	19,1 %	16,7	29,4 %	21,4 %	52,3 %
Violence >					
> base auto-confession à 18 ans	18,0 %	15,7 %	25,0 %	20,0 %	42,9 %
Délinquance >					
> base auto-confession à 18 ans	24,0 %	18,6 %	20,0 %	40,0 %	52,4 %
> base auto-confession à 32 ans	18,7 %	17,8 %	25,9 %	40,0 %	52,4 %
Déjà condamné >					
> de 10 à 18 ans	21,4 %	20,3 %	27,9 %	58,8 %	65,2 %
> de 19 à 32 ans	21,2 %	23,0 %	34,4 %	43,8 %	65,2 %
> de 33 à 50 ans	9,3 %	13,7 %	23,7 %	21,4 %	26,1 %
> arrivé à 40 ans	8,1 %	9,2 %	11,5 %	6,3 %	30,4 %

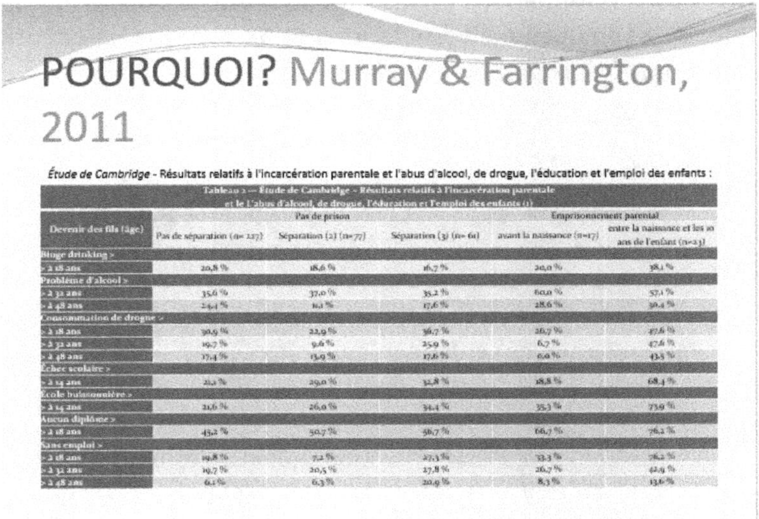

Tableau 2 — Étude de Cambridge – Résultats relatifs à l'incarcération parentale et le l'abus d'alcool, de drogue, l'éducation et l'emploi des enfants (1)

Devenir des fils (âge)	Pas de prison			Emprisonnement parental	
	Pas de séparation (n= 227)	Séparation (2) (n=77)	Séparation (3) (n= 61)	avant la naissance (n=17)	entre la naissance et les 10 ans de l'enfant (n=23)
Binge drinking >					
> à 18 ans	20,8 %	18,6 %	16,7 %	20,0 %	38,1 %
Problème d'alcool >					
> à 32 ans	35,6 %	37,0 %	35,2 %	60,0 %	57,1 %
> à 48 ans	24,1 %	16,1 %	17,6 %	28,6 %	30,4 %
Consommation de drogue >					
> à 18 ans	30,9 %	22,9 %	36,7 %	26,7 %	47,6 %
> à 32 ans	19,7 %	9,6 %	25,9 %	6,7 %	47,6 %
> à 48 ans	17,4 %	13,9 %	17,6 %	6,0 %	43,5 %
Échec scolaire >					
> à 14 ans	21,1 %	29,0 %	32,8 %	18,8 %	68,4 %
École buissonnière >					
> à 14 ans	21,6 %	26,0 %	34,4 %	35,3 %	73,9 %
Aucun diplôme >					
> à 18 ans	43,2 %	50,7 %	56,7 %	66,7 %	76,2 %
Sans emploi >					
> à 18 ans	19,8 %	7,2 %	27,3 %	33,3 %	76,2 %
> à 32 ans	19,7 %	20,5 %	27,8 %	26,7 %	42,9 %
> à 48 ans	6,1 %	6,3 %	20,9 %	8,3 %	13,6 %

B. En droit

Du point de vue juridique, existe au niveau du Conseil de l'Europe une recommandation « Mères et bébés en prison » qui a réussi à être pédagogue tout en faisant une revue de la littérature (qui malheureusement s'arrête en 2000). Il y a en outre évidemment la CIDE qui prime et qui a, pour certaines de ses stipulations, un effet direct.

Nous raisonnons cependant de manière « subliminale », avec nos réflexes de juristes classiques et tendons à penser de manière simple, comme indiqué *supra* : le droit pénal est d'ordre public ; point le droit civil, donc l'intérêt de l'enfant doit passer à la trappe dès lors que l'on se situe dans le champ pénal. C'est toutefois oublier qu'il ne s'agit pas ici de droit civil, mais de protection de l'enfance. En réalité, dans la plupart de ces situations il convient bel et bien de raisonner au regard de la protection de l'enfance. Or, c'est un droit d'ordre public également. On est donc en présence d'un conflit de normes d'ordre public et non d'un conflit hiérarchique entre disciplines. Lorsqu'on lit d'ailleurs l'avis du Conseil de l'Europe c'est bien la logique qui prévaut. Cela ne signifie pas qu'il ne faut pas prendre en compte les contraintes de sécurité internes et externes. Au contraire ; cela veut dire que l'intérêt de l'enfant vaut au moins autant que ces considérations ; qu'il n'est pas inférieur.

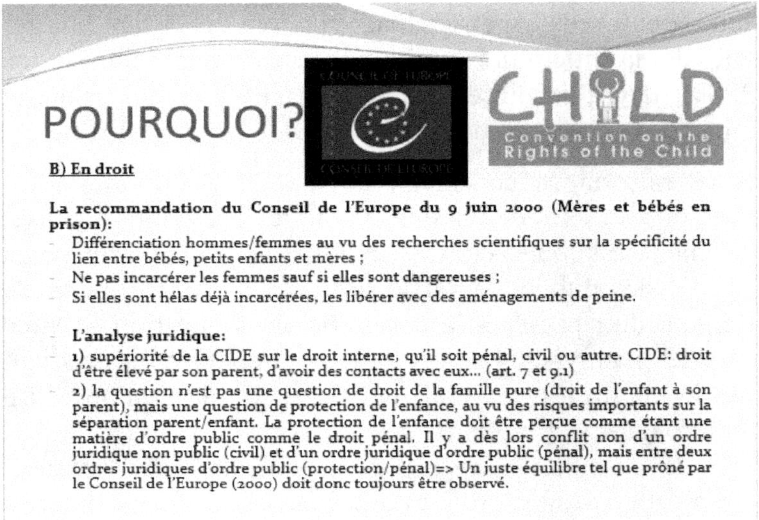

§2 : Comment ?

1. Pre-sentenciam

S'agissant du « comment », il y a les aménagements de peine certes mais il faut rappeler que, dans la phase préparatoire, nous pouvons aussi nous appuyer sur l'article 144 du Code de procédure pénale relatif aux conditions du placement en détention provisoire versus le contrôle judiciaire ou surveillance électronique. Les enfants ne sont certes pas visés dans ce texte, mais on a fait des progrès dans la prise en compte des enfants dans le prononcé de la détention provisoire grâce à cette hiérarchisation beaucoup plus claire entre le contrôle judiciaire, la surveillance électronique et la détention provisoire. Il faut d'ailleurs remercier la Cour de cassation qui à un moment donné a décidé de vraiment vérifier que cette hiérarchie était respectée et que les magistrats motivaient correctement. Reste qu'il est vrai que l'intérêt de l'enfant ne figure pas au nombre des critères de l'article 144. Il n'est pas encore « dans le radar » juridique ni dans les normes –même si les magistrats le prennent un peu en compte –, et il devrait l'être.

Ensuite, il y a l'article 138 du Code de procédure pénale relatif au contrôle judiciaire qui permet d'imposer un certain nombre d'obligations ; lui aussi est hélas tout aussi muet quant à l'intérêt de l'enfant. On pourrait adopter une réforme législative simple en retouchant ces deux textes et en incluant l'intérêt de l'enfant au titre des différents éléments à prendre en considération pour la prise de décision dans la phase pré-sentencielle.

2. Sentenciam

Dans la phase sentencielle, ce sont les juridictions qui tiennent ou ne tiennent pas compte, ou tiennent moyennement compte, de l'intérêt de l'enfant. Il est vrai qu'elles peuvent aménager *ab initio* ; elles peuvent prononcer une semi-liberté, un placement à l'extérieur, un PSE. D'ailleurs, les normes qui en traitent figurent dans le code pénal (C. pén., art. 132-25 et s.) ; elles autorisent à prononcer un tel aménagement lorsqu'il s'agit d'une peine égale ou inférieure à deux ans lorsqu'il s'agit d'un primo-délinquant et à un an lorsqu'il s'agit d'un récidiviste. Ce qui est intéressant c'est que, dans ces articles 132-25 et suivants du Code pénal, figure le critère de la famille même si on n'a pas l'enfant en tant que tel. Les rédacteurs du Code pénal ont toutefois vraiment pensé à l'enfant. La famille sert donc de critère à ces mesures. Hélas, cela ne concerne que ces mesures sous écrou, pas d'autres peines en milieu ouvert, ce qui est regrettable. Il faut en outre être honnête : ces peines, lorsqu'elles sont prononcées à ce stade, sont très rarement aménagées par la juridiction correctionnelle. C'est quelque chose qui intervient essentiellement après, lors de la phase d'aménagement de peine par le JAP, sur le fondement de l'article 723-15 du Code de procédure pénale.

L'autre problème c'est l'absence d'informations. Les rapports pré-sentenciels se sont développés dans de nombreux pays, justement parce qu'on sait qu'un magistrat qui a un bon rapport pré-sentenciel incarcère beaucoup moins (Boone et H-Evans, 2013 a ; H-Evans, 2015). Il y a énormément d'études sur ce sujet, il y a même des recherches en criminologie qui se focalisent exclusivement sur les rapports pré-sentenciels (comment les rédiger, *etc.*). Si on voulait vraiment limiter l'incarcération d'une manière générale et aussi lorsqu'il y a des enfants, il faudrait qu'il y ait vraiment des rapports pré-sentenciels de qualité où véritablement la situation familiale aurait été investiguée. Je rappelle que les POP (Permanence d'orientation pénale) sont à soixante-dix euros et avec cela on ne va pas très loin. Il faudrait peut-être aussi, comme en Irlande, mettre en place des déclarations sur l'impact sur les enfants de l'incarcération, « *Children Impact Statement* » (Donson et Parkes, 2016) (un peu comme pour le « *Victim Impact Statement* » où la victime explique les conséquences de l'incarcération pour elle). Il y a un représentant de l'enfant qui prend la parole à l'audience pour expliquer la situation de l'enfant et ce qui se passerait si l'enfant était incarcéré. C'est une piste très intéressante.

3. Phase de mise à exécution

Il y a ensuite la phase de la mise à exécution avec l'article 708 du Code de procédure pénale. Celui-ci permet théoriquement au parquet de suspendre la mise à exécution de la peine qui a été prononcée pour des raisons d'ordre médical, social ou familial. Il pourrait donc parfaitement inclure des considérations tenant à l'enfant ; reste que c'est encore une disposition qui n'est hélas quasiment pas utilisée.

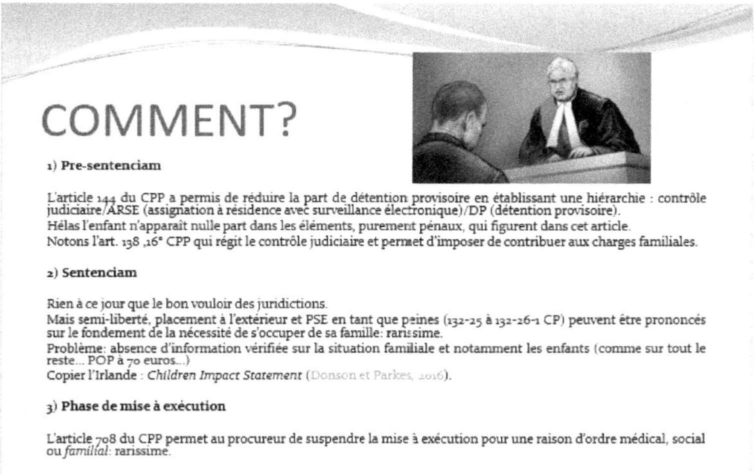

4. Aménagement post sentenciam « *ab initio* » : 723-15

Ce qui en revanche est très efficace est l'article 723-15 du Code de procédure pénale qui nous économise quand même vingt à trente mille incarcérations par an (Synergia, 2016). Si nous ne l'avions pas, nous aurions probablement un taux d'incarcération similaire à l'Angleterre (: plus de 85 000 détenus), peut-être même plus élevé encore. C'est une procédure qui permet, lorsqu'une peine a été prononcée, de faire intervenir le juge de l'application des peines à nouveau. Il s'agit là aussi du même seuil que pour les mesures sous écrou c'est-à-dire peines inférieures ou égales à deux ans pour les primodélinquants et à un an pour les récidivistes. Toutefois, il faut que la personne ne soit pas incarcérée, la logique étant que si la personne est déjà incarcérée les dégâts ont déjà eu lieu donc l'on va pouvoir prendre son temps et prononcer un aménagement de peine classique. Il faut donc qu'il n'y ait pas de mandat de dépôt, ce pour des raisons similaires. Cette absence de mandat de dépôt permet aussi de répondre aux personnes qui sont très répressives et qui s'insurgeraient contre l'article 723-15. En effet, si la juridiction veut vraiment incarcérer la personne il lui suffit de délivrer un mandat de dépôt et, ainsi, la personne partira réellement avec les menottes dans le fourgon pour la prison. Ce n'est donc pas toutes les personnes condamnées à moins de deux ans qui ne font pas l'objet d'une incarcération. Il y a de plus une appréciation. Cela ressemble à ce qui se passe dans certains pays anglophones où il existe une césure entre, d'une part, le prononcé de la culpabilité et, d'autre part, le prononcé de la peine au cours d'une seconde audience. La France a fait un peu la même chose, mais en faisant intervenir le JAP en seconde intention. En effet, puisque la juridiction correctionnelle statue sur la culpabilité et prononce une peine « patron » (comme en couture, donc trop large et non encore ajustée à la personne), le JAP, lui, intervient en second lieu et fait du sur-mesure. C'est à ce moment et à ce moment seulement que l'on va disposer d'un rapport pré-sentenciel, puisqu'en France il n'existe quasiment en correctionnelle. Au stade où le JAP intervient, il peut y avoir un rapport du SPIP, d'une association. Parfois encore c'est l'avocat qui effectue ce travail en apportant beaucoup d'informations au JAP. Tout dépend des situations et des localités mais cela permet d'avoir plus d'informations que ce qu'on pouvait avoir en correctionnelle.

Lorsqu'on utilise cette procédure, un certain nombre de mesures peuvent être prononcées, notamment la libération conditionnelle parentale, les mesures sous écrou, la conversion-STIG, la conversion-JA. D'ailleurs, pourquoi ne pas étendre le seuil de la conversion-STIG et de la conversion-JA dont le seuil est actuellement de six mois alors que l'article 723-15 (C. proc. pén.) pose un seuil de deux ans. En effet, la conversion-STIG est une très bonne peine en ce qu'elle permet de donner du temps (par exemple dix-huit mois de traitement), or on a justement beaucoup de femmes avec des addictions, des problèmes de santé mentale, *etc.* et avec des aménagements de peine de courte durée, ce n'est pas forcément la solution la plus adéquate.

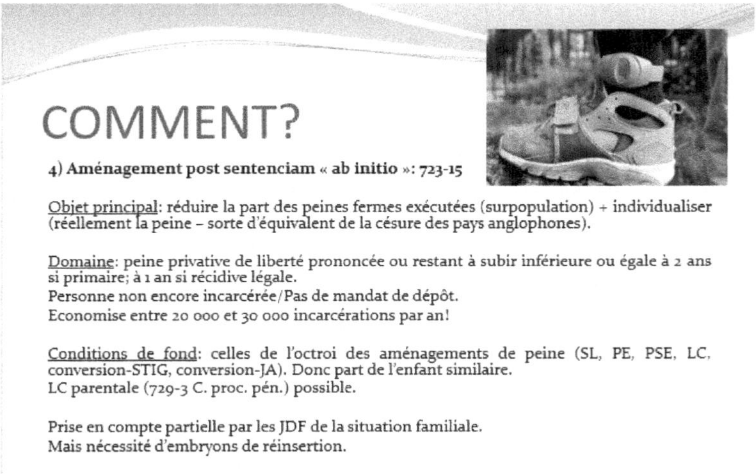

5. Durant l'exécution

Pendant l'exécution de la peine, il existe toute une série d'aménagements de peine (il y a d'ailleurs de quoi écrire des traités) : on retrouve le « triptyque » des mesures sous écrou (semi-liberté, placement à l'extérieur et placement sous surveillance électronique mobile) et la libération conditionnelle parentale. D'ailleurs la LC parentale a été la conséquence des recommandations du Conseil de l'Europe et elle constitue réellement un aménagement pour l'enfant, tout du moins dans son optique. La peine ou le reliquat de peine doit être inférieur ou égal à quatre ans, il ne doit pas y avoir eu condamnation pour crime ou délit sur mineur et il faut l'exercice de l'autorité parentale sur le ou les enfants en cause. Ce qui est plus compliqué est d'interpréter la condition de résidence habituelle avec l'enfant. Le législateur n'a pas été très clair sur ce point puisqu'il est impossible d'avoir une résidence habituelle avec l'enfant lorsqu'on est incarcéré et que l'enfant est, par hypothèse quant à lui en milieu libre. En réalité, ce critère se traduit à la sortie : lorsque le père ou la mère sortira, où va-t-il résider : avec l'enfant ? Si ce n'est pas le cas, les juridictions rejettent les demandes de LC parentale, ce qui est discutable. Il existe des situations où véritablement on pourrait avoir une implication forte d'un parent, avec un droit de visite relativement extensible. Ce critère n'est donc pas vraiment adapté. Parmi les autres critères, il faut avoir l'autorité parentale sur un mineur de dix ans. Comme pour tous les seuils d'âge, ce sont des arbitrages en partie culturels, en partie juridiques, en partie matériels (H-Evans, 2013 a). Les Italiens ont retenu un seuil de seize ans. Ce seuil est sans doute plus adapté. En France, le seuil n'est hélas que de dix ans alors que l'on voit souvent en pratique des adolescents en difficulté qui auraient bien besoin que leurs parents fassent l'objet d'une LC parentale. Le droit français a toutefois fort heureusement ajouté avec la loi « Taubira » la considération de la grossesse. Ainsi, une condamnée peut-elle bénéficier d'une LC parentale lorsqu'elle est enceinte de plus de douze semaines (c'est évidemment le seuil de l'IVG qui a été retenu). La question juridique qui a pu se poser était de savoir si l'on devait respecter à la lettre toutes les conditions juridiques d'octroi de la LC de droit commun, en plus des conditions de la LC parentale, s'agissant donc des parents d'enfants entrant dans les seuils de l'article 729-3. Or, les solutions de la Haute juridiction ne sont pas nettes : il faudrait remplir les conditions de droit commun mais de manière atténuée (les juges devant donc être moins exigeants quant à leur caractérisation : Crim. 24 janv. 2007, no 06-82.217, NP; *D.* 2008. Pan. 1023, obs. M. Herzog-Evans – Crim. 7 nov. 2007, no 07-82.598, *Bull. crim.* no 270; *AJ pénal* 2008. 44, obs. M. Herzog- Evans) mais une affaire assez récente de 2010 semble infléchir ou du moins apporter une petite contradiction par rapport à cette notion

(Crim. 3 févr. 2010, no 09-84.850, NP; *AJ pénal* 2010. 334, obs. M. Herzog-Evans). En somme, on ne sait plus vraiment quelle est la bonne interprétation. Les juges de fond se sont, au contraire, bien approprié cette LC parentale et rendent de « belles » motivations mettant en avant l'intérêt de l'enfant et dans le détail de la situation de tel enfant, avec telle mère, et dans tel contexte. La Cour de cassation a en revanche affirmé très clairement que c'est effectivement l'intérêt de l'enfant qui doit être pris en compte pour la LC parentale (Crim. 3 févr. 2010, no 09-84.850, NP; *AJ pénal* 2010. 334, obs. M. Herzog-Evans). Au moins a-t-elle fixé la ligne directrice au cas où on aurait été tenté de penser essentiellement à d'autres facteurs (et en pénal on peut évidemment être tenté de penser à d'autres facteurs).

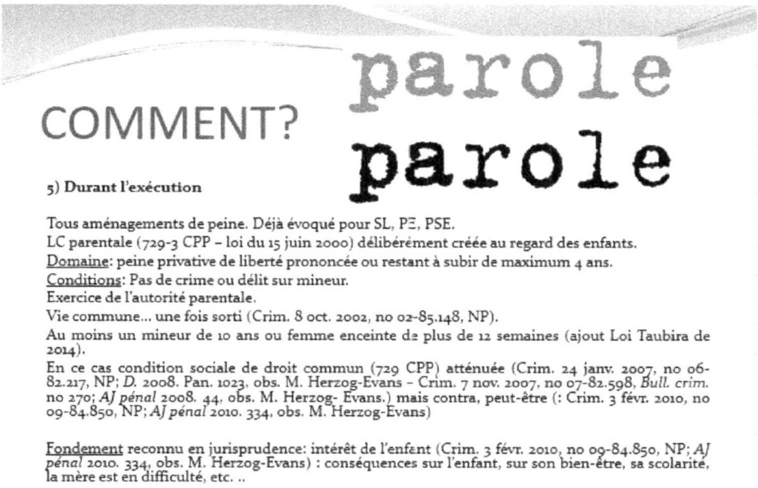

§3 : Mais encore… ?

Nous faisons ici tous preuve d'un certain angélisme romantique ; « les pauvres enfants, les pauvres mamans, les pauvres papas », mais il faut aussi penser à la sécurité publique, il faut penser au fait que ce sont des condamnées, qui ont (et c'est pire pour les femmes) des troubles de la personnalité, qui ont des cognitions, des attitudes, des pensées antisociales, qui ont des addictions, souvent des comorbidités avec plusieurs pathologies. Or, quand on lit la littérature, quand on connaît le terrain et qu'on voit ce que donne une parentalité avec de l'addiction, ce n'est pas drôle pour les enfants : il y a des maltraitances, des abus, des agressions, des instrumentalisations (McKeganey, 2011) ; ce qui ne veut pas dire d'ailleurs que ces femmes ne sont pas aimantes par ailleurs. Il ne faut pas se contenter de les laisser sortir en croyant avoir réglé la difficulté, il faut vraiment que nous allions au-delà de ce mode de raisonnement et que nous ne raisonnions pas uniquement en juristes (ce qui est souvent inévitable).

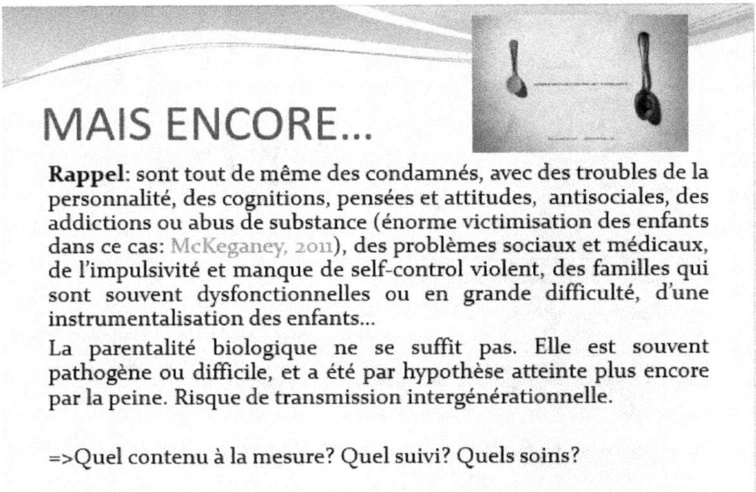

Que nous dit le droit positif sur le contenu de nos aménagements de peine ? Ne nous permet-il pas de trouver de quoi travailler sur les problématiques évoquées ?

L'article 132-45 du Code pénal est le texte qui liste les obligations que l'on peut rattacher à une peine en milieu ouvert ou à un aménagement de peine ou même à une mesure de sûreté ; il y en a vingt-deux depuis la loi Taubira. Les magistrats français sont d'ailleurs très raisonnables puisqu'ils prononcent en moyenne deux obligations (ils oscillent entre deux et trois, jusqu'à cinq pour les délinquants sexuels) (H-Evans, 2013 b), ce qui est très raisonnable car plus on en met, moins ils les observent. Concernant la famille, on retrouve la contribution aux charges de la famille, interdiction de contacts notamment avec des mineurs, la remise des enfants (notamment dans les cas de non-représentation), l'interdiction de paraître au domicile, aux abords de la résidence, *etc.* ; et puis aussi l'obligation de soins.

Le problème de l'obligation de soins c'est qu'il s'agit de l'un des textes les plus abscons que l'on peut être amené à lire (C. pén., art. 132-45, 3°), il faudrait qu'il soit totalement réécrit afin que les condamnés y comprennent quelque chose parce qu'ils ressortent du bureau du juge ou du SPIP en se disant « finalement je fais quoi ? ». Par exemple, j'ai vu un condamné aller voir un kinésithérapeute parce qu'il avait une obligation de soins et mal au dos ; il ne comprenait pas pourquoi on voulait le révoquer ! Cela pose d'ailleurs des problèmes juridiques : peut-on révoquer lorsqu'une obligation est tellement peu claire que le condamné n'a rien compris ?

Quant à l'interdiction de fréquenter les débits de boisson, il faut bien comprendre qu'on ne peut pas contrôler sérieusement la consommation d'un addict à l'alcool. On peut au mieux faire faire, de temps en temps, des analyses. Dans la plupart des pays, on en est à des programmes avec deux à quatre analyses par semaine. En France, on veut que les gens traitent de manière sérieuse leur addiction alors qu'on ne sait pas où ils en sont dans leur consommation et qu'ils peuvent parfaitement remplir leur caddie d'alcool au supermarché en respectant leurs horaires d'assignation ! Clairement, on s'interdit de régler nos problèmes. Il y a des questions de budget certes mais il y a aussi des questions de travail.

Concernant les programmes anti-violences au sein du couple, je ne suis pas très optimiste car rien ne semble fonctionner en ce domaine (même si je ne peux développer davantage dans ce cadre (v. par ex. Akoensi et al., 2013 ; Smeldsund et al., 2011).

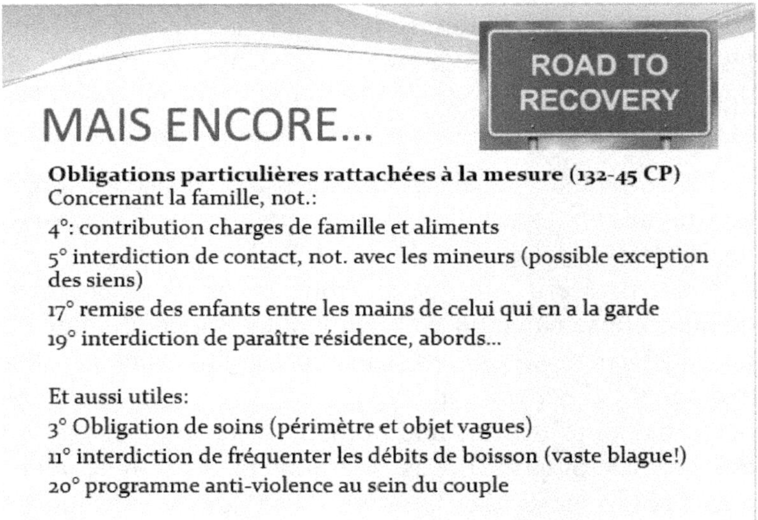

Alors que faudrait-il faire ? Voici quelques idées :

- Des programmes de parentalité. Cela existe dans de nombreux pays, que ce soit en détention ou en milieu ouvert. Ces programmes ont été évalués à l'étranger et ont montré des résultats positifs notamment sur la récidive donc on obtient en plus des résultats sur cet aspect.
- Des programmes qui remettent en cause les cognitions antisociales et hypermasculines.

- Des thérapies familiales (car les familles dans lesquelles ces enfants vont retourner ne sont pas toujours très solides et souvent en difficulté). On a isolé en criminologie que certaines avaient des résultats spécifiquement bons sur la récidive, notamment la thérapie multisystémique (Andrews et Bonta, 2010, spe. pp. 253 s.)

- Une vraie surveillance des non-contacts. En effet, comment vérifie-t-on l'absence de contacts ? Les découvertes de non-contacts sont souvent le fruit du hasard absolu. Les victimes se plaignent aussi le cas échéant. C'est très compliqué à mettre en place.

- Arrêter de penser que le mari violent est un bon père. Il y a très peu de pays qui raisonnent sur l'idée qu'un mari violent peut être un bon père. Un homme qui frappe régulièrement une femme alors qu'il y a des enfants dans la maison n'est pas un bon père et il faut s'ôter l'idée saugrenue selon laquelle il peut avoir un droit de visite étendu et surtout qu'il puisse venir chercher l'enfant chez madame, lui donnant ainsi l'occasion de victimisations répétées durant des années : 70 % des homicides conjugaux ont lieu à l'occasion de l'exercice du droit de visite ! En Australie et au Canada, par exemple, on a créé une présomption simple que lorsqu'un homme est violent avec sa femme il est présumé (présomption simple) ne pas pouvoir bénéficier d'un droit de visite et, lorsque la présomption est renversée (preuve contraire), que ce droit de visite doit se dérouler dans un lieu protégé (sur tous ces points : Harne, 2011 ; Bancroft et al., 2012). Avec les profils de psychopathes, très nombreux, ou a minima d'antisociaux qui sont fréquents en la matière (Johnson, 2006) il faut compter avec des manipulations, mensonges, minimisation, rationalisation de la violence, et surtout : instrumentalisation des enfants.

- Surveiller réellement la consommation d'alcool et de drogue. Toutes les personnes qui travaillent sur le traitement de l'addiction savent qu'il faut d'abord que les addicts soient honnêtes envers eux-mêmes vis-à-vis de leur addiction.

- Adopter des techniques de traitement des addictions qui soient véritablement scientifiques.

- Travailler ensemble. Il faut arrêter de travailler de manière séquencée, parallèle, avec des référencements. Notre aménagement de peine classique c'est : « monsieur, vous allez au SPIP, vous allez en pathologie et puis vous irez pointer à Pole Emploi ». Mais un addict ne se lève pas le matin en sortant son agenda, en se disant : « je vais prendre mon bus A et aller au SPIP, puis prendre mon bus B et aller à l'autre bout de la ville. » Les délinquants ne fonctionnent pas comme cela et les toxicomanes en particulier. On a une déperdition monumentale : on perd 50 % des probationnaires à chaque fois qu'on augmente de quatre kilomètres la distance ente le lieu de soins et le domicile de la personne. D'où l'importance de la proximité. Il y a aussi des expériences à l'étranger où tout est dans un lieu unique ce qui conduit à avoir plus de chances que la personne se soumette à ses obligations.

- Il faudrait évidemment que nos agents de probation n'aient pas officiellement quatre-vingt-dix dossiers, en réalité cent vingt ou cent trente (j'ai même vu jusqu'à deux cents dans certains ressorts). Ce serait bien qu'ils en aient trente.

- Il conviendrait également que nos agents de probation soient formés à la protection de l'enfance, comme c'est le cas en Australie (Trotter, 2013) ou à tout le moins qu'ils aient une obligation de collaboration avec celle-ci.

- On a parlé des mouvements de l'enfant vers l'extérieur d'où l'intérêt aussi des prisons ouvertes. Il en existe beaucoup dans les pays nordiques, en Allemagne, aux Pays-Bas. Pourquoi est-on obligé de penser la prison comme étant un lieu avec des barreaux ? La prison peut s'ouvrir de l'intérieur vers l'extérieur, les femmes ne s'évadent quasiment jamais (et quand elles s'évadent c'est pour aller voir leur conjoint, leur mère, aller au cimetière, donc on les récupère très vite). On peut donc les laisser sortir. En Allemagne, elles sortent avec les poussettes et vont elles-mêmes déposer l'enfant à la halte-garderie, elles vont elles-mêmes se déplacer pour faire leurs activités, c'est vraiment possible. Il existe d'ailleurs déjà en France des centres de semi-liberté donc des prisons ouvertes ; mais pourquoi n'y a-t-il pas de centre de semi-liberté pour femmes ? C'est une solution simple.

- On a parlé de l'accouchement mais j'ai vu des lieux dans lesquels on déclenchait l'accouchement de femmes et ce n'est pas sans conséquences médicales. Il existe des risques médicaux au déclenchement, cela rend en particulier les accouchements hypermédicalisés. Ce n'est pas anodin comme geste. Et pour les hommes aussi dont la femme va accoucher. Il est vrai que la difficulté est que les permissions de sortir sont à date. On pourrait envisager dans ce genre de situations des permissions sans date.

- Il existe aussi aux États-Unis des « juridictions famille » qui permettent de décloisonner le civil et le pénal. Ce sont des juridictions dans lesquelles on va traiter globalement de toute la problématique : à la fois du droit civil, du droit de la famille, de la protection de l'enfance, du pénal, de l'aménagement de peine, du soin, de l'addiction. On réfléchit en termes de problèmes et on met le droit autour au lieu de faire l'inverse.

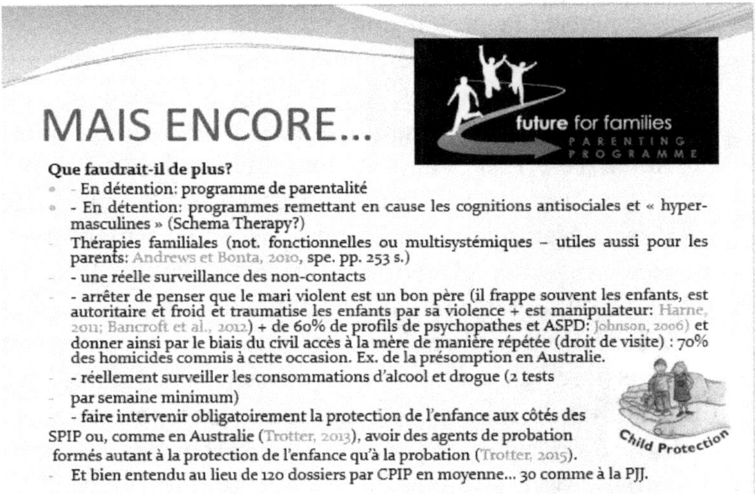

Et la France dans tout cela ? Il n'y a qu'un aspect positif mais extrêmement important : 3,2 % de femmes détenues aux dernières statistiques et le chiffre est stable.

En négatif par contre nous avons des paradoxes : nous sommes latins mais freudiens donc nous partons du principe qu'il faut « couper le cordon », selon la formule fortement teintée de patriarcat, mais la vie biologique et humaine est plus compliquée et les théories de l'attachement doivent être prises en compte. L'autre problème est que les juristes sont souvent focalisés sur des enjeux assez formels par rapport à l'égalité : l'égalité y est évanescente, on est souvent dans la philosophie de l'égalité mais pas vraiment dans le réel de l'égalité et il serait bien que nous raisonnions de manière plus pragmatique. Il existe des différences à prendre en compte et notamment des stades de vie pour l'enfant. Enfin, il faut revoir l'habitude que nous avons de traiter chacun des problèmes avec de nouvelles réformes. J'ai pointé l'idée de quelques changements législatifs mais on ne réforme pas le monde par l'intermédiaire du droit à lui seul. Il conviendrait donc que nous réfléchissions plus au regard de la science, de la dimension globale et holistique des problèmes, avec une logique de programmes et nous serions, je pense, beaucoup plus efficaces.

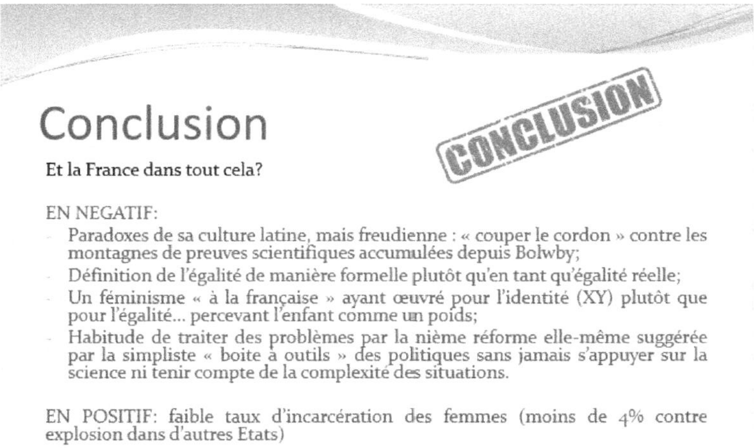

Références :

- Akoensi, T.D., Koehler, J.A., Lösel, F., David, K., and Humphreys, D.K. (2013). Domestic violence perpetrator programs in Europe, Part II : A systematic review of the state of evidence. *Int J Offender Ther Comp Criminol*, *57(10) :* 1206-1225.

- Andrews D. and Bonta, J. (2010). *The Psychology of Criminal Conduct*, LexisNexis, 5e ed., 2010. – traduction en français par C. le Bossé et M. Herzog-Evans : *Le comportement délinquant. Analyse et modalités d'intervention,* Les Presses de l'Enap, 2015
- Bancroft, L., Silverman, J.G. & Richie, D. (2012). *The Batterer as Parent* 2, Sage.
- Bendheim-Thoman Center for Research on Child Well-Being, (2008). *Parental Incarceration and Child.* Princeton university and Columbia Population Research Center, Columbia University
- Bolwby, J. (1969). *Attatchment and Loss.* New York : Basic Books.
- Boone M. et Herzog-Evans M. (2013), « Decision-Making and Offender Supervision", in F. McNeill et K. Beyens (dir.), *Offender Supervision in Europe*, Palgrave McMillan : 51-96.
- Boswell G. & Wedge, P. (2002). *Imprisoned Fathers and their Children,* London, Jessica Kingsley Publishers.
- Caddle, Diane. *Age Limits for Babies in Prison, Some Lessons From Abroad.* Home Office
- Cario, R. (1997). *Les femmes résistent au crime*, L'Harmattan
- Corston. (Baroness J) (2007). *The Corston Report, A Report of a Review of Women with Particular Vulnerabilities in the Criminal Justice System.* Home Office. UK : March
- Donson, F. & Parkes, A. (2016). Weighing in the balance : Reflextions on the sentencing process

from a children's rights perspective. *Probation Journal, 63(3)* : 331-346.

- Dyer, W. J. (2005). Prison, Fathers and identity. A Theory of How Incarceration Affects Men's Paternal Identity", *Fathering : A Journal of Theory, Research and Practice About Men as Fathers*, 3(3) : 201-219
- Fonagy, P., Target, M., Steele, M. Steele, H., Leigh, T., Levinson, A. & Kennedyy, R. (1997). Morality, Disruptive Behaviour, Borderline Personality Disorder, Crime, and their Relationships to Security of Attachment, in Atkinson L. et Zucker K. J. (eds.), *Attachment and Psychopathology*, the Guilford Press : 223-274
- Fritsch, T.A. &Burkhead, J.D. (1981). Behavioral reaction of children to parental absence due to imprisonment", *Family Relations. 30.1* : 83-88. Print.
- Fonagy, P. (2003), 'Towards a developmental understanding of violence', *British Journal of Psychiatry*, n° 183 : 190-193
- Greene, S. Haney, C.. Turtado, A (2000). Cycles of pain; Risk factors in the lives of incarcerated mothers and their children. *The Prison Journal*, *80* : 3-23
- Harne, L. (2011). *Violent fathering and the risks to children. The need for change*. The Policy Press.
- H-Evans, M. (2002). Droit civil commun, droit européen et incarcération. *Droit au respect de la vie familiale au sens de la Convention européenne des droits de l'homme.* Ed. Frédéric Sudre. Paris : Bruylant : 241-285.

- H-Evans, M. (2010). Le séjour du petit enfant avec sa mère en détention. in Loïc Cadiet, Frédéric Chauvaud (dir.) *Figures de femmes criminelles de l'Antiquité à nos jours*. Paris : Publications de la Sorbonne : 205-222.
- H-Evans, M. (2013 a). Mothers and babies in French prisons : Cultural and legal variables. in G. Eldjupovic and R. Jaremko-Bromwich (eds.), *Incarcerated Mothers. Oppression and Resistance*, Demeter : 70-81
- H-Evans, M. (2013 b). *Le juge de l'application des peines : Monsieur Jourdain de la désistance*. Paris : L'Harmattan.
- H-Evans, M. (2015). Qu'est-ce que choisir une peine? Un état des savoirs. *Les Cahiers de la Justice*, n° 4 : 661-684
- Johnson, M.P. (2006). Conflict and control : Gender symmetry and asymmetry in domestic violence. *Violence Against Women, 12(11)* : 1003–1018
- Jordan, K.B.. Schlenger, W.E. Fairbank J.A, Caddell, J. M. (1996). Prevalence of psychiatric disorders among incarcerated women : Convicted felons entering prison", *Archives of General Psychiatry, 53(6) :* . 513-519
- Landreth G. L. &. Lobaugh, A. F (1998). Filial Therapy With Incarcerated Fathers : Effects on Parental Acceptance of Child, Parental Stress, and Child Adjustment, *Journal of Counseling and Development, 76(2),* pp. 157-165
- Lanier C. S. Jr. (1993). Affective states of fathers in prison", *Justice Quarterly, 10* : 49-65

- Maniglio R;.(2012), 'The Role of Parent-Child Bonding, Attachment, and Interpersonal Problems in the Development of Deviant Sexual Fantasies in Sexual Offenders', *Trauma, Violence & Abuse*, n° 13(2) : 83-96
- Mac Lanahan S. & And Bumpass L. (1988). Intergenerational consequences of family disruption. *American Journal of Sociology, 94* : 130-152
- McKageney, N. (2011). *Controversies in Drugs Policy and Practice*. Palgrave Macmillan.
- Murray, J. , Farrington, D.P. et al. (2009).. Effects of parental imprisonment on child antisocial behaviour and mental health : a systematic review. Campbell Systematic Review. Sept.
- Murray, J. et Murray, L. (2010). Parental Incarceration, attachment and child psychopathology." *Attachment and Human development. 12.4* : 289-309.
- Murray, et Farrington, D.P. (2011). Les effets de l'incarcération parentale. *Ajpénal* : 398-403
- Raine, A., Lencz,T., Bihrle, S., et al (2000) Reduced prefrontal graymatter volume and reduced autonomic activity in antisocial personality disorder. *Archives of General Psychiatry*, 57,1196127
- Robins, L., West, P. A. & Herjanic, B.L. (1975).Arrests and Delinquency in Two Generations : A Study of Black Urban Families and Their Children." *Journal of Child Psychology and Psychiatry, 16.2 :* . 125-140

- Schwartz J. & Steffensmeir, D. (2007). The nature of female offending : pattern and explanation. in R.T. Zaplin (dir.), *Female Offenders : Critical Perspectives and Effective Intervention*, Boston, MA, Jones and Bartlett, 2e ed.
- Slotnick, C. (1997). Postraumatic Stress Disorder (PTSD), PTSD Comorbidity, and Childhood Abuse among Incarcerated Women", *Journal of Nervous and Mental Disease*, *185(*2) : . 761-763.
- Smallbone S.W. & Dadds M. R. (2001), 'Further Evidence for a Relationship Between Attachment Insecurity and Coercive Sexual Behavior in Nonoffenders', *Journal of Interpersonal Violence*, n° 16(1) : 22-35.
- Smedslund, G., Dalsbø, T.K., Steiro, A.K., Winsvold, A., and Clench-Aas, J. (2011). *Cognitive Behavioural Therapy for Men Who Physically Abuse their Female Partner.* Oslo : Campbell Systematic Reviews.
- Synergia (2016). Report. Reducing Prison population. UE *(*Grant : JUST/2013/JPEN/AG/4489
- Tremblay Richard E. (2004), 'Understanding development and prevention of chronic physical aggression : towards experimental epigenic sudies', *Philosophical Transaction of the Royal Society*, n° 3663 : 2613-2622
- Trotter, C. (2013). *Collaborative Family Work : A Practical Guide to Working with Families in the Human Services*. Allen & Uwin.
- Trotter, C. (2014). *Working with Involunttary Clients. A guide to Practice.* Routledge.

Section 2 : Le quotidien en quartier nurserie

Par *Fadila Doukhi, Surveillante pénitentiaire, Centre pénitentiaire de Nancy-Maxéville*

Nous, agents pénitentiaires, travaillons dans l'ombre. Personne ne sait réellement ni ce que l'on fait ni ce que l'on apporte à la société. Pourtant, on garantit en premier lieu la sécurité publique. On garde « ceux que la société ne veut pas ». Nous sommes des humains qui gérons des humains, dans un temps et dans un espace limité. En moyenne, il y a un humain-surveillant pour quatre-vingts humains incarcérés. Or, aucun humain ne peut subvenir de manière satisfaisante aux besoins de quatre-vingts autres. Nous avons en second lieu un rôle spécial en tant qu'agents affectés au sein d'un établissement pénitentiaire. Nous sommes les premières personnes qu'un détenu voit au lever ; nous sommes les dernières qu'il voit au coucher. Nous, agents pénitentiaires, sommes d'incontestables acteurs actifs au sein de l'administration. Nous avons toutefois besoin de travailler avec d'autres partenaires, de travailler ensemble, avec eux.

Ces quelques propos introductifs doivent être lus à travers la réalité de la situation carcérale. La présente intervention s'efforcera de décrire ce qu'il se passe concrètement sur le terrain. Il ne sera toutefois pas question de revenir sur l'ensemble de la situation pénitentiaire (dont il y aurait fort à dire). Nous nous concentrerons aujourd'hui sur la situation réelle d'un quartier particulier : le quartier nurserie.

Les surveillants pénitentiaires (hommes et, surtout, femmes) ne sont pas des nounous. Ils sont, dans le quartier nurserie comme dans les autres, en tenue et rangers ; ils ne sont pas en blouse et en pantoufles. Il s'agit là du respect de la règle et rien ne saurait la remettre en cause. En pratique toutefois, il y a quelques « adaptations ». Au quartier femmes à Nancy, quand un enfant est détenu avec sa mère, il est placé au rez-de-chaussée avec elle. Il est ainsi isolé du reste de la population carcérale qui le dérange moins. Les surveillantes reconnaissent volontiers s'occuper des enfants alors même que le règlement affirme qu'« *il est interdit au personnel de porter les enfants et de s'en occuper* ». Elles ne sont certes pas contraintes de le faire mais, en tant que parents et humains, elles deviennent généralement vite « gagas » avec les petits. Voilà ce qu'il se passe réellement en prison, malgré les règles édictées.

La prise en charge de l'enfant présent au côté de sa mère par les surveillantes pénitentiaires évolue en fonction de l'âge de l'enfant. Il y a, concrètement, une grande étape qui marque cette évolution : l'apprentissage de la marche. S'il m'est permis de faire part de l'une de mes expériences personnelles avec un enfant, c'était à Charles III à l'époque[122] que je me suis rendu, malgré l'insuffisance d'effectif ce jour-là, dans la coursive pour lui apprendre à marcher avec le *yupala*. Cette expérience n'est pas extraordinaire, nombreuses sont les surveillantes pénitentiaires du quartier nurserie à la vivre. Ces surveillantes remarquent que, d'évidence, tant que l'enfant ne marche pas, il ne se rend pas compte de l'endroit où il est. Concernant la prise en charge de cet enfant, c'est jusque-là plus facile. Lorsqu'il commence à marcher, il faut commencer à refermer les portes. Fermer les grilles au nez d'un enfant de quelques mois à peine est une vraie déchirure humaine. Quand l'enfant a quinze, dix-huit ou, parfois même, vingt-quatre mois et qu'il tape à la porte

[122] Charles III était l'ancienne prison de l'agglomération nancéienne avant la construction du Centre pénitentiaire de Nancy-Maxéville.

pour qu'on lui ouvre et ce, alors que les surveillantes n'ont pas les clés en service de nuit, cela est un véritable problème.

Au regard de ces premières considérations, s'il fallait demander aux surveillants pénitentiaires leur avis concernant la limite d'âge, ils répondraient certainement qu'ils préféreraient plutôt la restreindre un peu. Il y a trop de sens qui se développent chez l'enfant à cette période, et passées certaines étapes de son apprentissage, il veut sortir.

Outre la question de la limite d'âge, se pose en pratique celle de la prise en charge des personnes concernées.

Une précision d'abord : l'enfant n'est pas écroué. D'un point de vue administratif, il n'est donc pas comptabilisé dans les effectifs. Pourtant, en pratique, on veille à faire figurer son nom sur la porte de la cellule. S'il se passe quelque chose de grave (nécessitant l'intervention du SAMU ou des pompiers, par exemple), il faut absolument savoir qu'un enfant est présent.

Un constat général ensuite : le système est schizophrène. D'un côté, il est interdit aux surveillants de s'occuper des enfants. Il nous est interdit d'améliorer leurs conditions de vie, de les porter ou de les emmener en promenade. Mais d'un autre côté, on ne peut pas laisser un enfant et sa mère seuls. À titre d'illustration, je me souviens d'une détenue qui a eu son premier enfant en prison alors qu'elle souffrait de troubles psychologiques ou psychiatriques. Elle avait donc beaucoup de mal à s'occuper du bébé. Les surveillantes le voyaient bien et ne pouvaient que réagir. En conséquence, ce sont les agents pénitentiaires qui le changeaient et faisaient les biberons. À un moment, parce qu'elles s'occupaient régulièrement de l'enfant, ces surveillantes se sont rendus-compte que l'enfant n'avait plus de cheveux derrière le crâne. Parce qu'elle connaissait le cadre de vie de l'enfant, une surveillance a remarqué qu'il perdait ses cheveux car il restait constamment allongé lorsqu'il était seul en cellule avec sa mère. Sa mère ne le portait en effet jamais. Un signalement a dû être fait car c'est au moins vingt heures sur vingt-quatre qu'un enfant est seul avec sa mère, généralement en cellule. À la suite de ce signalement, il est apparu que la mère ne supportait pas l'enfant alors qu'elle ne supportait pas non plus qu'il ne soit pas avec elle. La prise en charge de l'enfant doit être humaine mais, parfois, des mesures doivent être prises par les agents lorsqu'ils craignent qu'il arrive quelque chose à l'enfant.

Si les surveillants pénitentiaires font un travail remarquable, notamment dans le quartier nurserie, ils sont parfois épaulés par d'autres.

Je voulais à ce titre faire partager mon expérience avec des sœurs qui ont travaillé à Nancy. Je tiens à les saluer parce qu'elles sont remarquables. Elles ont aujourd'hui 86 et 82 ans. Elles ont travaillé plus de vingt ans bénévolement au sein de la nurserie du quartier femmes de Nancy. Elles se sont occupées de sept enfants, le plus grand a dix-sept ans aujourd'hui. Elles venaient chercher les enfants en détention, du lundi au dimanche. Elles les emmenaient au parc de la Pépinière, elles les faisaient jouer au petit train. Au premier anniversaire des enfants, elles les emmenaient chez elles pour fêter cela dignement et elles réalisaient un album photo. Les histoires avec les sœurs sont innombrables. Elles m'ont raconté un jour qu'une petite fille avait le regard totalement vide alors qu'elles partaient se promener à l'extérieur. Les sœurs ont vite remarqué que l'enfant était perturbé par l'immensité du dehors. Il faut dire qu'en prison, la cour de promenade fait quinze mètres carrés. L'enfant n'avait rien vu jusque-là, à l'exception de ces murs et des détenues n'ayant aucune activité. La sœur chanta alors, l'enfant la fixa du regard et il fut rassuré. Une autre histoire : un jour, le quartier femmes de Charles III a été inondé. Il était inconcevable d'y laisser les enfants mais que faire ? Les sœurs les ont tout naturellement recueillis chez elles, pendant quatre jours.

C'est vrai, elles n'avaient pas le droit de faire tout cela. L'intérêt et le gain tirés de tels moments sont toutefois incontestables. Les sœurs permettaient ainsi aux enfants de se familiariser avec l'extérieur. Les jeunes enfants voyaient et entendaient les voitures mais aussi d'autres choses, plus simplement encore telle la voix des hommes. L'un des enfants, pourtant âgé de plusieurs mois déjà, hurlait dès qu'il entendait des surveillants-hommes parler dans les couloirs ou des détenus crier par la fenêtre. Il fallait l'habituer à côtoyer des hommes et ainsi préparer sa sortie. Pour un enfant en prison, hormis la tenue, les clés et le « Motorolla », il n'y a pas grand-chose. Les sœurs ont fait un travail remarquable jusqu'en 2009. Puis la prison a déménagé, et de ce fait, elles n'ont plus eu le droit de s'occuper ainsi des enfants. Parce qu'elles sont exceptionnelles, elles interviennent encore aujourd'hui au quartier femmes. Elles font des activités avec les détenues deux fois par semaine et toujours bénévolement. Elles – ou d'autres ayant la même force et courage – pourraient toutefois apporter encore beaucoup aux enfants, si on les laissait faire, comme avant. Les surveillantes pénitentiaires, qui travaillent pourtant tous les jours au contact des enfants, ne décident pas. Ils reflètent et appliquent les décisions prises par la direction. Si, avant, cette dernière accordait ces bénéfices aux enfants, aujourd'hui ce n'est plus le cas. Certains directeurs imposent un strict respect de la réglementation ; d'autres sont plus conciliants. Entre la théorie et la pratique il y a, dans ce domaine, une marge considérable. Une surveillante m'a dit un jour : « il y a une ligne, on ne peut pas marcher dessus mais on doit rester au plus proche ». Cette phrase résume parfaitement la situation que suivent les surveillants pénitentiaires, dans le quartier nurserie spécialement.

Je ne peux pas, aujourd'hui, faire de propositions aux termes desquelles des solutions adéquates seraient appliquées. Je n'en ai pas et je pense que personne n'en a réellement. S'il est certain qu'il ne faut pas couper le lien mère-enfant, c'est un juste milieu qu'il faut trouver avec la possibilité de la prise en charge de cet enfant non écroué. Cet arbitrage dépend de deux éléments.

D'abord, le choix doit dépendre de l'intérêt de l'enfant exprimé par la mère. Je peux vous faire part à ce titre de deux témoignages de détenues ayant eu un enfant en prison. Une première, qui a accouché il y a peu à Nancy, m'a rapporté qu'elle avait expressément refusé que son enfant reste avec elle en prison. Elle estimait que ce n'était pas un lieu pour lui. Son mari a pu prendre la relève après son accouchement et emmène régulièrement l'enfant au parloir pour qu'il voie sa mère. À l'inverse, une jeune fille de l'Est me disait avoir été contente d'avoir eu son deuxième enfant en prison. Elle se disait rassurée car la prise en charge était totale, mieux que ce qu'elle aurait eu si elle était à l'extérieur. À Nancy en effet, la prise en charge matérielle est très favorable. Ainsi, des situations identiques donnent lieu à des perceptions différentes : si pour la première mère, l'intérêt de l'enfant était de quitter au plus vite la prison, pour la seconde mère, celui-ci était assuré en y demeurant à ses côtés et en profitant d'une bonne prise en charge.

Ensuite, le juste milieu souhaité dépend de la structure d'accueil. À Nancy, la structure ne permet pas de confronter l'enfant à d'autres publics. Le quartier nurserie est un quartier isolé. C'est à ce niveau qu'est l'une des lacunes du Centre pénitentiaire de Nancy. Ce qui existe en Angleterre semble parfait[123] mais je ne vois pas un homme politique avoir le courage de révolutionner le système en France. La prise en charge de l'enfant est différente selon chaque structure. Tout dépend de la structure elle-même, du personnel pénitentiaire (certaines surveillantes ne veulent pas toucher l'enfant ni s'en occuper), du service médical (l'unité sanitaire ne veut pas forcément s'occuper de l'enfant qui n'est pas écroué, en cas de souci de jour ou de nuit c'est au SAMU de le prendre en charge et on a déjà vu des infirmières de l'unité médicale refuser de donner de l'éosine à un enfant qui avait les fesses rouges). Tout est question d'humanité et de prise en charge. Par exemple, la prison de Borgo que je connais bien dispose d'un quartier femmes qui a 17 places et une seule cellule mère-enfant avec des lits superposés. Quand le quartier de Nice a été désengorgé il y a peu, une femme enceinte a été incarcérée à Borgo (s'il y a en avait eu une deuxième, elles auraient été toutes les deux dans la même cellule et avec leurs enfants). Cette femme est complètement isolée avec son enfant. Il a une heure de promenade le matin et le mercredi matin il peut aller à la crèche, c'est tout ce qu'il a. Sa mère ne peut pas sortir et ne peut avoir d'activité. La PMI à Borgo n'intervient qu'une fois par semaine. Les surveillantes de Borgo estiment que c'est trop peu et qu'il n'y a pas assez de partenariats et de présence pour l'ouverture de l'enfant vers le monde. Une « détenue nounou » a certes été choisie ; il s'agissait toutefois d'une toxicomane qui dormait toute la journée. En tant que surveillant, on n'a pas pu laisser faire car cette personne n'était pas fiable.

[123] V. à ce propos l'intervention de A. Amado, « Tour d'horizon des pratiques européennes ».

Pour conclure, il est à retenir que, en réalité, les surveillantes ont tendance à s'immiscer dans la prise en charge de l'enfant voire dans son éducation. Même si ce n'est pas notre rôle, on a parfois peur de certaines décisions prises par la mère. Les surveillantes ne sont pas formées pour la prise en charge de l'enfant. Pour autant, un enfant en prison c'est quelque chose de très particulier y compris pour les surveillantes qui s'y attachent. Aujourd'hui, le droit permet de laisser l'enfant jusqu'à dix-huit mois alors que les moyens permettant son épanouissement manquent. À défaut de nouveau moyen, la pratique pénitentiaire pourrait inviter à revoir ce seuil qui semble un peu trop élevé au regard de l'évolution de l'enfant.

Section 3 : Regard sur les évolutions actuelles

Par *Florence Lafine, Sociologue, École des Hautes Études en Sciences Sociales (EHESS)/ Institut Marcel Mauss (IMM)/ Centre d'Étude des Mouvements Sociaux (CEMS)*

Anciennement infirmière en néonatalogie pendant près de 20 ans, et maintenant docteure en sociologie, ses travaux portent sur les processus de socialisation chez le bébé avant le langage, et plus particulièrement sur la construction, l'apprentissage et la transmission d'une normativité sociale dans le cadre des interactions parent-bébé. On n'apprend pas au bébé à voter à droite ou à gauche, en revanche on contribue à lui faire reconnaître les choses à faire ou à ne pas faire auxquelles le parent, la figure de référence tentent de lui faire ajuster sa conduite (*fais pas ci, fais pas ça*). Autrement dit, il s'agit de voir la façon dont le bébé est *socialement* incliné selon les conditions de possibilités et d'impossibilités que crée son environnement, et ce à travers le filtre de son jeu sensoriel, puisqu'il n'a pas encore accès à un langage linguistique.

§1 : Orientations scientifiques et matériel de départ

En partant du recensement des toutes dernières expériences de recherches très concrètes en psychologie du développement, relatives aux capacités sensorielles du fœtus et à celles du nouveau-né, il s'est agi de regarder comment fonctionne réellement un bébé. Notamment, comment se construit la capacité de reconnaissance, au centre de toutes les expériences sur les bébés, qui s'origine *in utero* et se poursuit à la naissance (par exemple, le bébé d'une à quelques heures de vie reconnaît la voix de sa mère parmi d'autres voix). D'où un travail de modélisation, basé sur cette capacité de discrimination, mis au point et visant à généraliser ce que mettent en évidence les résultats expérimentaux et fournir un des cadres théoriques de la recherche (Lafine F., 2015, *Du sensoriel au sens social. Naissance de la pertinence et de la normativité sociale chez le bébé*, Paris, L'Harmattan). Il restait alors à repérer les différents facteurs qui vont contribuer à l'apprentissage et la construction de cette fameuse normativité sociale. En particulier la mise en place des cinq sens constitue ce que F. Lafine appelle un *génotype sensoriel*, c'est-à-dire un support matériel commun à tous les bébés, et sur lequel va venir se greffer un *phénotype sensoriel*, représenté par toutes les modalités sensorielles auxquelles le bébé est soumis (rythmes internes de la mère, voix du père, musiques écoutées, etc.).

A. Une sensorialité familière

Les cinq sens ont en commun de fonder chez le bébé *une capacité de discrimination* entre ce qui lui est *familier versus non familier*, et ce déjà *in utero*. Or le bébé procède par différenciation, ce qui signifie qu'il lui faut avoir une première grille sensorielle de référence. Et c'est précisément ce que crée l'expérience intra-utérine : elle façonne *un fond familier de reconnaissance* d'origine sensorielle, propre au bébé, et composé des bruits organiques maternels, dits endogènes, qui induisent un bruit de fond utérin (respiration, bruits vasculaires et intestinaux de la maman) et de la répétition de régularités sensorielles, dites exogènes car elles sont relatives à un monde extérieur tout en ayant une survenance régulière dans l'environnement du bébé. Ces régularités exogènes sont provoquées par les actions maternelles (claquements des talons sur le sol, bruits du moteur de la voiture ou du roulement du métro, bruits des différentes activités domestiques, professionnelles, etc.) ou bien produites autour de la maman (comme les voix du père et des autres membres de la famille, ou encore les musiques entendues ou écoutées, etc.). En outre, toutes ces régularités sensorielles présentent un rythme, avec des variations, des intensités, des amplitudes, ce qui expliquerait la préférence des nouveau-nés pour les mouvements.

Aussi, cette sensorialité familière n'est pas innée ou cognitive, mais elle se coconstruit entre le bébé, sa maman et son environnement, elle est évolutive puisqu'elle est orientée par le biais des parcours sensoriels que la maman et l'environnement proposent (ingérer tel aliment plutôt qu'un autre, écouter tels sons plutôt que d'autres, etc.). Elle suppose nécessairement un processus mémoriel : le bébé doit s'en souvenir, il doit donc en tenir compte pour la mobiliser en permanence, comme un arrière-plan grâce à quoi il manifestera une orientation, *une tendance à* que l'on retrouvera à la naissance (par exemple, le bébé de quelques heures de vie reconnaît l'odeur de curry, d'ail ou d'anis si la maman en a consommé l'arôme sous forme de bonbons, biscuits, sirop, surtout pendant le dernier trimestre de la grossesse ; les bébés de 2 à 4 jours préfèrent entendre les sons auxquels ils ont été exposés au stade fœtal, et sont capables de reconnaître, outre la voix de leur mère, des séquences plus complexes comme une histoire, une comptine que leur mère leur a lue ou chantée lors de leur séjour utérin). Bref, c'est la constitution d'un tel fonds familier qui permet au bébé de connaître puis reconnaître, mais aussi de s'orienter, communiquer et échanger avec l'extérieur. Néanmoins, la matière qui va être fournie pour un tel mécanisme de construction dépend étroitement des conditions dans lesquelles le bébé se trouve, et de la manière dont il vit ces conditions, tant sur le plan sensoriel que sur le plan corporel et affectif.

B. L'affect comme système de sanctions/récompenses

L'important ici, à travers l'analyse des diverses situations relationnelles dans lesquelles se trouve le bébé à un instant 't', est la façon dont le parent utilise l'affect comme un système de récompenses et de sanctions qui fixe des limites. En effet, la mise sous tension affective dans les interactions parent-bébé va délimiter un horizon de possibles et d'interdits, l'affect en quelque sorte va constituer l'apport énergétique nécessaire permettant que des situations relationnelles, linguistiques et culturelles, en référence au monde social du parent, se trouvent retraduites dans l'univers du bébé à travers une interaction qui lui est familière. On construit donc un espace de négociations où la signification sociale va être négociée en fonction de l'attente du parent et selon la norme culturelle implicitement transmise, plus ou moins inconsciemment. Et ce qui importe chez le bébé ce sont les limites de cet espace dans la mesure où leur franchissement suppose une perte de l'objet aimé ou son éloignement. On a donc un espace où avant même de vouloir l'éduquer, il s'agit d'éveiller d'abord l'attention du bébé sur le consensus explicite, la stratégie parentale prescriptive que l'on veut lui faire connaître, puis reconnaître, pour ensuite les lui faire partager (comme la prescription *ne pas mettre ses doigts dans la bouche, ne pas tirer la langue*...). Donc le bébé apprend ce par quoi il pêche : on utilise cette énergie vitale qu'est l'affect dont le bébé dépend pour lui faire apprendre quelque chose partagé par un groupe.

C'est pourquoi, avant de fonctionner sur des réalités sociales, le bébé fonctionne sur des réalités sensorielles, corporelles et affectives à travers les interactions parents-bébés les plus familières, *a priori* anodines.

§2 : Enjeux des nurseries carcérales

À partir de là, il s'agit de mener une démarche comparative dans le cadre d'un monde d'ordinaire clos et interdit au regard d'autrui, où les interactions se déroulent sous un certain nombre de contraintes tangibles particulièrement prégnantes. D'une certaine manière, le lien social va se construire *contre et avec* le milieu carcéral, *à l'épreuve et avec l'influence* de l'enfermement et de la vulnérabilité. Mon intervention consiste à montrer les conditions et avant tout la possibilité de construire une normativité sociale dans un contexte *a priori* jugé comme anomal par le sens commun, du moins un contexte d'exception. Mais comment cela marche-t-il ?

a/ F. Lafine s'appuie également sur les données interactionnelles obtenues au sein d'un programme de recherche dit PILE (Programme International de Recherche de l'Enfant) effectué à l'hôpital Necker de Paris de 2004 à 2008, et basé sur des séquences vidéo portant sur les interactions de bébés âgés de 3 à 9 mois avec le parent. Portées à l'analyse mathématique, ces dernières ont permis de décrire statistiquement le comportement du bébé en interaction avec le parent en analysant les mouvements du bébé qui l'organisent (le comportement du bébé vis-à-vis de son corps) et construisent l'échange avec le parent, tout en regardant la qualité rythmique (réception et émission des rythmes par le bébé). On a donc analysé les mouvements des mains&pieds, des regards&vocalises. Les résultats indiquent que la mise en place du système perceptif (ou sensoriel) et la qualité de la transmission du rythme sont centrales à la fois dans l'appropriation de son corps par le bébé et dans la construction de l'échange avec autrui. C'est-à-dire, avant de pouvoir se construire sous le regard et l'action d'autrui sur son corps (dimension distale), **le bébé se construit d'abord en se touchant**, découvrant ainsi les éléments de son propre corps (dimension proximale). Or, de ce point de vue, lorsqu'on est amené à visiter régulièrement la nurserie de Fleury-Mérogis (F. Lafine s'y rend depuis deux ans), on s'aperçoit que peu de différenciation manifeste au niveau des comportements des bébés apparaît (voir l'article écrit avec l'éducatrice Jeunes Enfants pour montrer toute la richesse et la complexité de son travail : cf. Lefebvre A., Lafine F., 2016, "*En direct des pratiques*. Nurserie carcérale : processus de socialisation et enjeux sensoriels et psychomoteurs au sein d'un quartier 'mère-enfant' pénitentiaire", *Enfances & Psy*, 2 (70), pp. 109-119).

b/ D'où le parti pris adopté comme point de départ :

La socialisation du bébé en nurserie carcérale, si elle est singulière comme l'est toute socialisation, n'est ni déviante, ni anormalement affectée par les conditions de détention de la maman.

Mais alors quelles sont les conditions de possibilité pour qu'un lien affectif et un sens social se construisent au sein de cet interstice vu comme un espace paradoxal, où l'intérêt et le développement de l'enfant sont à la fois rendus possibles et entravés ?

c/ Pour cela il faut que plusieurs facteurs soient réunis : **créer un lieu impossible et des pratiques inédites**

- La volonté institutionnelle qui préside à la création d'une nurserie peut se voir comme placée sous le coup d'une double intention contradictoire qu'il revient à l'institution pénitentiaire de résoudre : *une contrainte d'ordre institutionnel* qui juxtapose la détenue mère avec un régime de privation de liberté/un enfant non détenu qui vit dans la même structure, laquelle doit s'adapter à cette présence improbable tout en évitant, ou limitant, la privation de liberté, et plus encore, la sensation perceptive du nouveau-né dans l'univers carcéral ; et *une contrainte d'ordre affectif consistant à* éviter une fusion-confusion par la fabrique de petites séparations en vue de la sortie, et s'assurer que la socialisation du bébé et son développement psychomoteur ne soient pas perturbés, en tout cas le moins possible.
- Pour résoudre ce paradoxe, il lui a *fallu créer un lieu impossible*, c'est-à-dire un lieu qui ne devrait pas exister, *un univers dédié à des pratiques qui n'ont pas lieu d'être* au sein d'un tel établissement.

d/ D'où l'intérêt de tenter de décrypter en premier lieu les pratiques 'intra-nurserie' et en faire une analyse :

- en particulier **un travail spécifique de la part de l'équipe des surveillantes pénitentiaires affectées en nurserie**, car si elles ont une mission de sureté pénitentiaire avec un travail clinique, c'est-à-dire d'observation et d'écoute, elles ont affaire à un public pour lequel elles ne sont pas formées initialement. Or, on ne peut pas affecter n'importe laquelle des surveillantes, en quelque sorte on crée une fonction qui n'a pas lieu d'être, où il faut savoir travailler avec souplesse d'exécution et flexibilité ;

- **la présence d'une équipe Petite enfance** (dite UMME, à la nurserie de la Maison d'arrêt de Fleury-Mérogis, pour Unité mobile mère-enfant) étant un autre des facteurs indispensables pour une gestion des incertitudes : s'il s'agit de responsabiliser la mère enfermée avec son bébé, et pourtant l'éloigner par la fabrique des petites séparations, l'UMME apporte un soutien permanent et surtout une disponibilité rapide qui contribue à gérer l'indétermination au quotidien.

La mise en présence de ces deux types d'équipe (UMME et Pénitentiaire) passe par une fonctionnalité collective : quand bien même chacun a sa mission, pour mettre en œuvre et accomplir leur mission complètement, il faut que les équipes soient réceptives à la fonction de chacun. Autrement dit, chacun son rôle, mais il faut un réseau émancipant. Et dans un tel espace sous haute tension, du fait de la présence des bébés, on note une autonomisation plus marquée des tâches, les procédures sont simplifiées (notamment si la personne détenue sollicite un entretien ou du matériel pour le bébé), et on travaille en horizontalité, avec une synergie dans les relations transversales où la fonction prime sur le grade. En regardant les discours et les pratiques concernant l'organisation de la vie quotidienne et les relations entre détenues et personnels, on voit combien cela constitue un espace de socialité opérant, de façon à ce que la maman puisse choisir, savoir pourquoi. Car en réalité on n'apprend pas aux détenues à devenir mères, mais on crée un espace qui vise à les responsabiliser, les faire participer le plus possible afin de leur donner des moments d'interfaces, de coopération et de soutien dans leur maternalité de façon à ce qu'elles soient le plus autonomes possible, et on a un espace où on peut travailler ce lien mère/bébé qui, comme à l'hôpital, peut être difficultueux.

e/ Le féminin maternel

Comme rappelé, bien plus que les hommes, **les femmes détenues sont d'abord définies dans leur rapport à la filiation**. Quel que soit le motif de leur incarcération, on ne peut pas faire l'économie du féminin-maternel qui paraît fonctionner comme une catégorie normative à toutes les étapes du pénal comme du pénitentiaire. Or cette catégorie est d'autant plus opérante qu'elle est mobilisée autant par les détenues, qui mettent en avant ce rôle de mère et de femme, que par le personnel de surveillance. En effet, les surveillantes de nurserie ont essentiellement travaillé d'abord en détention classique et uniquement dans des quartiers femmes, et la nurserie est comme un « retour aux sources », disent-elles, « on travaille avec du personnel petite enfance et entourée de bébés ». Ainsi, quand bien même les femmes détenues sont sous haute surveillance, à travers cette catégorie normative, on crée un lien social non négligeable entre personnel de surveillance et personnes détenues, on crée des modes de coordination et d'existence collective et individuelle au sein même d'un univers pourtant clos et extrêmement codifié. On crée en somme une « commune humanité », selon l'expression du sociologue Luc Boltanski, principe qui suppose que les êtres humains ne sont pas des choses : ils ne peuvent être ni des esclaves, ni des sous-hommes. Tous les êtres humains partagent donc en commun le statut de personne. Et l'on crée non pas un lien de confiance, mais un lien de réassurance.

f/ La longue nuit carcérale

Sur un plan anthropologique, c'est quelque chose d'*exorbitant* au sens où il n'y a pas d'autres situations qui pourraient s'en rapprocher, peut-être l'hospitalisation mère-enfant ou la situation actuelle des enfants en centres administratifs de rétention. Pourrait-on assouplir cette si longue nuit d'enfermement qui dure tout de même près de 14 heures ?

§3 : Points de la circulaire d'août 1999 que l'on pourrait amender

- S'il semble important de conserver la couverture géographique des nurseries sur la France, il faudrait travailler sur le nombre minimal de places en nurserie. D'une part, pour que la femme détenue ne se retrouve pas isolée, et lui permettre un contact avec des membres de la parenté à l'extérieur. D'autre part, en dépit des disputes, des conflits, on crée un groupe qui amène de l'entraide : s'il y a des alliances improbables, lors de moments clés tels que l'anniversaire de un an du bébé ou bien la sortie de l'enfant, toutes les femmes sont là, toutes embrassent le bébé et soutiennent la maman qui pleure.

- Pérenniser la présence référente puéricultrice/éducatrice jeunes enfants, dont il faudrait, dans toutes les nurseries carcérales, pouvoir développer le rôle en interface avec l'extérieur pour générer des situations de stabilité et d'entraide. La professionnalisation de cette fonction paraît primordiale, car il ne s'agit pas seulement de « sortir » les enfants *hors* la nurserie. En particulier, il y a tout un travail *dans* la nurserie de psychomotricité avec le bébé et de guide pour les mamans, travail qui permet aussi de repérer des conflits psychiques que le bébé rejoue. En outre, lors des sorties de l'enfant, une restitution complète est faite à la maman au retour, dans une pièce à part, c'est son moment à elle.

- À la différence de l'Angleterre ou bien du Danemark où les nurseries carcérales fonctionnent plutôt en mode ouvert, les nurseries carcérales françaises œuvrent en mode fermé (bien que certaines bénéficient de réels espaces géographiques aménagés et distincts, avec un régime de fonctionnement propre comme à la Maison d'arrêt de Fleury-Mérogis ou au Centre pénitentiaire de Rennes, pour d'autres, la topographie de l'unité nurserie est simplement matérialisée par une vitre au sein même de la détention femmes). Pourtant, elles peuvent aussi être vues comme des espaces de soutien, de gestion du collectif, d'ajustement des conduites. Mais pour créer les conditions de possibilité d'une socialisation qui ne soit pas différente en soi des autres (qu'elle ne soit pas marquée par l'univers carcéral), il faut donner une marge de manœuvre exceptionnelle aux acteurs pour leur permettre justement de mettre en œuvre tout le dispositif, toutes les attitudes, toutes les pratiques qui vont permettre d'édifier un monde normalisé au sein d'un univers qui *a priori* n'est pas fait pour ça. Il est tout à fait possible de travailler sur la mise en place d'un lien psychoaffectif et social de qualité, à défaut de prisons ouvertes.

— Je laisse la parole à Céline Herrero, Infirmière-puéricultrice et référente équipe petite enfance à la nurserie de Fleury-Mérogis, afin qu'elle puisse vous donner un aperçu significatif de l'utilité et du fonctionnement de l'UMME.

Par Céline Herrero, Infirmière puéricultrice, Unité Mobile Mère Enfant - Centre Hospitalier Sud-Francilien - Maison d'arrêt des femmes de Fleury-Mérogis

UMME

Centre Hospitalier Sud Francilien

-Unité Mobile Mère Enfant- Quartier Nursery de la Maison d'Arrêt des Femmes de Fleury-Mérogis

La maison d'arrêt des femmes de Fleury-Mérogis dispose d'un quartier nurserie qui est en forme de losange et qui mêle les mineures et les majeures en comprenant à la fois une aile de douze cellules pour les femmes enceintes et une aile de douze cellules, dont une double, pour les mères avec leur enfant. L'affectation en nurserie est automatique au sixième mois pour des raisons de sécurité mais si les mères veulent venir avant, à partir du quatrième mois, elles ont le droit de l'intégrer.

L'ENTREE DE LA NURSERY

L'entrée se fait par une première grille qui nous sépare des autres quartiers de la maison d'arrêt. Dans ce quartier, ce premier couloir dessert une salle de consultation, diverses réserves, la salle de repos et la chambre des surveillantes, le bureau de l'équipe de petite enfance, la buanderie et le cellier qui sont destinés aux jeunes enfants.

LES CELLULES

Toutes les cellules mesurent environ 11,7 m² – et non pas 15 m² ; on aimerait bien plus mais on ne peut pas faire autrement pour l'instant. Elles disposent d'une fenêtre sans barreaux. Elles sont équipées d'un lit une place, un bureau avec une chaise, un placard, un coin toilette avec un bidet et un lavabo.

C'est exactement la même cellule pour les mères sauf que l'on rajoute un lit (un vrai et non un lit-parapluie) et une commode faisant office de table à langer. Il n'est malheureusement pas possible d'isoler le coin enfant pour l'instant. Le bébé subit donc les nuisances de la télévision, par exemple. Mais, au vu la configuration des lieux, il est impossible de faire autrement.

La nurserie de Fleury-Mérogis est relativement ouverte par rapport aux autres nurseries de France. Il y a des espaces communs, notamment une salle de bain commune. Les mères peuvent faire le bain en cellule mais elles le font le plus souvent en journée dans la salle de bain commune, plutôt que le soir lorsque les cellules sont fermées.

LES ESPACES COMMUNS:
SALLE DE BAIN

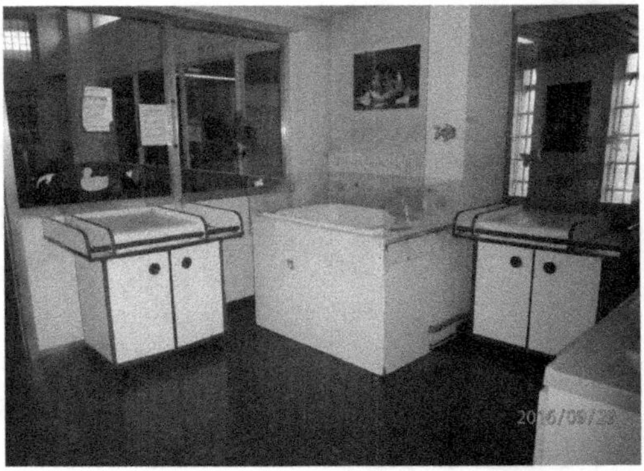

Il y a également une salle de jeux qui se situe au milieu des deux ailes et qui est tout le temps ouverte. Les jeux sont en accès libre mais uniquement réservés aux mères avec leurs enfants ; les femmes enceintes n'ont pas le droit d'accéder cette salle.

SALLE DE JEUX

À côté de la salle de jeux se trouve la salle de réfectoire qui mesure 60m² avec un coin salon avec, normalement, une télévision. Le réfectoire donne directement sur la salle de jeux. Les femmes qui n'y ont donc pas accès peuvent rester assises à cet endroit et poursuivre leur conversation avec les mères qui, elles, sont dans la salle de jeux avec leur enfant.

SALLE COMMUNE CôTé SALON

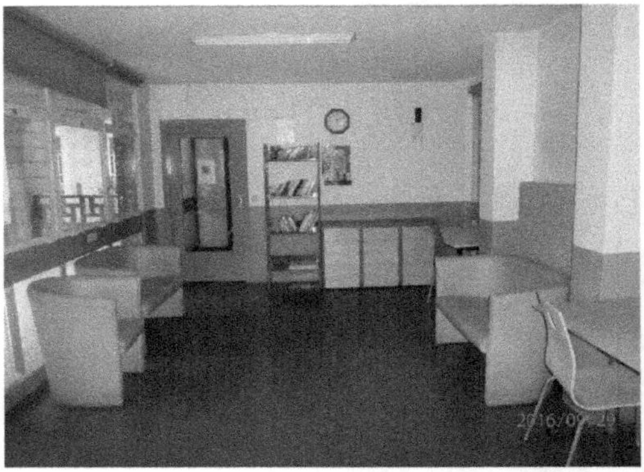

SALLE COMMUNE Côté REFECTOIRE

Nous avons également la chance d'avoir un extérieur qui mesure plus de 15 m² avec un grand jardin et des jeux. Cet extérieur permet aux mères de fumer tout en évitant aux enfants d'être enfumés dans l'air de jeux.

EXTERIEUR: JEUX ENFANTS

Concernant l'unité Mobile Mère-Enfant (l'UMME), elle a été créée le 2 février 2004 aux termes d'une convention tripartite entre le département de l'Essonne, l'administration pénitentiaire et le centre hospitalier Sud-Francilien Corbeil-Essonnes. Cette convention précise que la prise en charge sanitaire des femmes incarcérées est confiée au Centre hospitalier, notamment par l'intervention au sein de la MAF d'une équipe pluridisciplinaire. La mise en place de l'UMME renforce le dispositif existant mis en œuvre par les professionnels pénitentiaires et de la petite enfance. Le conseil général rembourse à l'Hôpital la rémunération versée aux personnels hospitaliers de notre unité. L'UMME est constituée d'une équipe pluridisciplinaire détachée de l'hôpital avec une sage-femme, deux gynécologues, une psychologue, une éducatrice de jeunes enfants et une infirmière puéricultrice. Le binôme éducatrice et infirmière-puéricultrice compose l'équipe « petite-enfance » qui assure au sein de la nurserie une présence permanente hors week-end et jours fériés. Notre projet pédagogique s'articule autour de la dyade mère-enfant afin que leur quotidien au sein de la nurserie ressemble le plus possible à celui qu'il serait s'ils étaient à l'extérieur. L'enfermement imposé aux enfants ne doit pas avoir de conséquence sur leur développement psychomoteur ou psychique. Nos missions sont simples : développer les facultés motrices, sensorielles et cognitives de l'enfant ; son éveil à la vie extérieure ou préparer la sortie ; et autonomiser les mères. Pour cela, on essaie d'organiser nos semaines en mêlant diverses activités.

Les activités sont similaires à celles que pourrait connaître l'enfant placé en crèche ou chez une assistante maternelle : peinture à doigts, jeux d'eau ; semoule. Notre programme annuel suit les fêtes traditionnelles : Noël, la fête de l'automne, Pâque, etc. Elles dépendent du calendrier.

EXEMPLE ACTIVITE FETE DES MERES

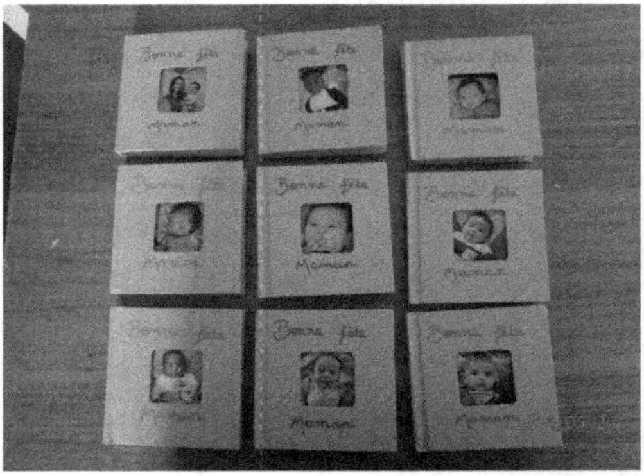

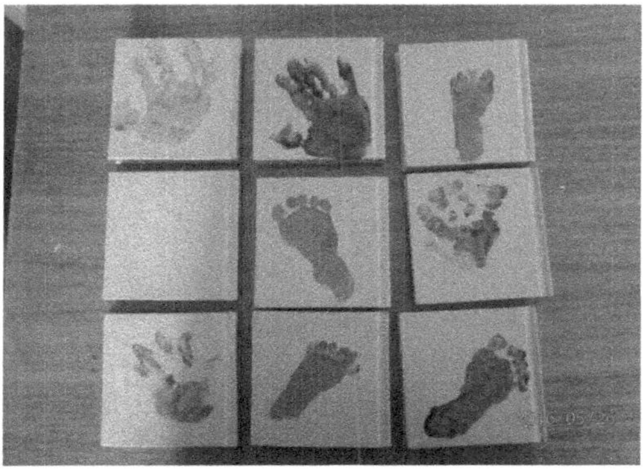

On crée aussi des séparations de l'enfant avec sa mère tant pour le besoin des enfants que pour la mère. L'enfant doit voir d'autres personnes et notamment des hommes. Il faut casser cette fusion qu'il y a avec la mère et ils doivent voir autre chose que la nurserie même si, sur le papier, elle est jolie. La mère, de son côté, peut ainsi se reposer, aller au sport ou en cours (étant précisé qu'elles n'ont pas le droit d'aller travailler dans notre établissement).

Nous disposons aussi de places, à l'année, à la halte-garderie la plus proche de la maison d'arrêt. Les enfants y vont alors environ deux matinées par semaine.

Notre objectif est de sortir, au minimum, chaque enfant au moins une fois par semaine à partir de ses 2 mois et demi : dans les parcs, marchés, dans les animaleries, une médiathèque. Pour cela, nous disposons aujourd'hui d'un véhicule de service qui est bien pratique. Avant, c'était un personnel et un véhicule de l'administration pénitentiaire qui nous conduisait : cela n'était pas du tout adapté et le personnel était peu disponible. C'était donc difficile à organiser. Aujourd'hui c'est nous qui gérons et c'est beaucoup plus simple.

Des projets sont en cours telle l'activité piscine si les mères l'acceptent ; ou la médiation animale (ce qui est déjà fait au quartier des mineures ; ce dispositif serait alors étendu en faisant venir les animaux jusqu'à la nurserie).

L'UMME gère aussi les retours de maternité et suivi médical des enfants avec le souci du quotidien (courbes de poids, aide à l'alimentation…). On travaille en parallèle avec la PMI qui vient tous les 15 jours faire des consultations avec un pédiatre et une infirmière puéricultrice. On travaille aussi sur des actions de prévention ou de sensibilisation, soit à l'oral autour d'activités diverses soit à l'écrit au moyen d'un affichage dans le hall.

Pour la gestion de l'alimentation, on essaie que les mères s'autonomisent au maximum. Elles font, dans la grande majorité des cas, le repas aux enfants. Un robot cuiseur vapeur est à leur disposition à cette fin. On profite des marchés internes à la maison d'arrêt pour les produits disponibles. Et pour le reste, je vais l'acheter au supermarché pour proposer un panel correct aux mères.

Pour les couches et le lait, ce sont des marchés similaires à ceux des structures de la petite enfance et cela fonctionne bien.

Pour les produits pharmaceutiques et parapharmaceutiques, nous travaillons avec la pharmacie la plus proche. En plus, on propose une cantine extérieure aux mères afin qu'elles puissent participer. Ce système fonctionne bien, surtout que cela leur permet de s'investir davantage dans le bien-être de l'enfant.

Notre présence permet d'avoir un soutien quotidien tant sur le plan éducatif que paramédical. Les locaux et nos emplois du temps rendent possible une prise en charge rapide et adaptée.

Un point négatif persiste toutefois : aucun médecin ne peut/veut se déplacer à la nurserie. Donc lorsqu'un enfant est malade, il est soit immédiatement amené aux urgences, soit les pompiers sont appelés (même pour un simple rhume…).

Depuis l'existence de l'UMME, les consultations médicales sont passées de 145 par an à 53 l'année suivante puis 12 l'année d'après, pour aujourd'hui moins de 10 !

On tente de transformer cette période spéciale en « parenthèse positive » ; ce travail est possible de par la confiance que les mères nous accordent mais aussi grâce à notre étroite collaboration avec les surveillantes pénitentiaires qui, je le précise, sont toujours les mêmes. Ces surveillantes ont donc l'habitude et on travaille très bien avec elles.

2ème PARTIE

L'OPPORTUNITÉ DE L'ENFANT EN PRISON

Chapitre 1 : L'opportunité de la présence d'enfants en prison

Section 1 : L'intérêt supérieur de l'enfant en prison

Par André Moine, Maître de conférences en Droit public, Université de Lorraine

Le choix d'accepter ou non qu'un enfant en bas âge vive en prison avec sa mère suppose la détermination de ce qui est en l'occurrence son intérêt supérieur. Pour la Cour européenne, il existe en effet « un large consensus [...] autour de l'idée que dans toutes les décisions concernant des enfants, leur intérêt supérieur doit primer »[124]. Toutefois, cette affirmation suppose, avant son application à une situation particulière, la définition de ce qu'est l'intérêt de l'enfant en général, l'identification de la fonction normative de ce concept et enfin l'analyse de sa primauté affirmée.

Le concept d'intérêt supérieur de l'enfant est, selon le Comité des droits de l'enfant, « [...] souple et adaptable » et « il devrait être ajusté et défini au cas par cas [...] »[125]. Il

---

[124] CEDH, X c. Lettonie, 2013, §96. Dans le domaine familial, l'intérêt de l'enfant est pris en considération pour son adoption (CEDH, 10 janv. 2008, *Kearns c. France*, n° 35991/04 ou CEDH, 15 mars 2012, *Gas et Dubois c. France*, n° 25951/07), sa garde (CEDH, 6 déc. 2007, *Maumousseau et Washington c. France*, n° 39388/05), son placement en structure d'accueil (CEDH, 12 oct. 2006, Mubilanzila Mayeka et Kaniki Mitunga c. Belgique, n° 13178/03) ou encore en cas de gestation pour autrui (CEDH, 6 oct. 2011, *Mennesson c. France*, n° 65192/1).

[125] Comité des droits de l'enfant, 29 mai 2013, Observation générale no 14 (2013) sur le droit de l'enfant à ce que son intérêt supérieur soit

appartient dès lors aux sujets de droit et au juge qui contrôle leur comportement de prendre en compte et de définir l'intérêt de l'enfant dans chaque situation. Ainsi, il revient au législateur, aux parents, aux acteurs sociaux et aux juges éventuellement saisis de déterminer s'il est dans l'intérêt supérieur de l'enfant de vivre aux côtés de sa mère en prison ou si son intérêt supérieur est de ne pas vivre en prison, fut-ce aux côtés de sa mère. Le Comité des droits de l'homme propose une « recette » – dont le caractère « indigeste » est révélateur de la difficulté – permettant d'évaluer cet intérêt supérieur de l'enfant : « [...] l'évaluation de base de l'intérêt supérieur de l'enfant est une évaluation générale de l'ensemble des éléments pertinents dudit intérêt supérieur, le poids de chacun de ces éléments étant fonction des autres. Tous les éléments ne présentent pas un intérêt dans chaque cas et les divers éléments peuvent être appréciés différemment dans différents cas. La teneur de chaque élément varie nécessairement d'un enfant à l'autre et d'un cas à l'autre, en fonction du type de décision à prendre et des circonstances concrètes de l'espèce, de même que varie le poids de chaque élément dans l'évaluation globale »[126]. Ces indications, aussi vagues qu'incontestables, témoignent, au vu de cette accumulation d'« éléments » à prendre en compte et de ces formulations empreintes de relativités, de la marge voire de la liberté d'appréciation que possèdent les personnes qui évaluent et déterminent dans une situation donnée l'intérêt – terme qui ouvre en lui-même une marge d'incertitude – de l'enfant[127]. Cet intérêt a pourtant une fonction normative.

---

une considération primordiale (art. 3, par. 1), CRC/C/GC/14, §32.

[126] *Ibid.* §80.

[127] Le contenu est considéré par différents auteurs comme « variable », « flou », « magique », « insaisissable »... cf. à cet égard les remarques

Le nécessaire respect de l'intérêt supérieur de l'enfant apparaît comme un outil favorisant son « bien-être »[128]. Les États parties à la Convention relative aux droits de l'enfant[129] (CIDE) doivent donc intégrer la prise en compte de cet intérêt dans leur législation et dans leurs décisions afin que les enfants soient protégés physiquement et moralement tant dans la société qu'en famille. Le recours à l'intérêt de l'enfant peut dans la pratique garantir le respect de certains droits de l'enfant ou permettre de déroger à des règles générales. Ainsi, dans la situation étudiée, il favorise le droit de l'enfant à une vie familiale et justifie une exception à l'isolement familial, en l'occurrence de sa mère, normalement provoqué par l'incarcération. Le recours à l'intérêt de l'enfant permet aussi d'arbitrer entre plusieurs solutions lorsque des prétentions juridiquement fondées s'opposent et dont l'une correspond à l'intérêt d'un enfant. Celui-ci peut de plus

---

de T. Dumortier in « *L'intérêt de l'enfant : les ambivalences d'une notion "protectrice"* », La Revue des Droits de l'Homme, 3/2013, https://revdh.revues.org/189. Cf. également V. Edel, « *L'intérêt supérieur de l'enfant : une nouvelle maxime d'interprétation des droits de l'enfant* », Revue de la recherche juridique, 2009, n° 2, p. 579 ou G. Lebreton, « *Le droit de l'enfant au respect de son "intérêt supérieur". Critique républicaine de la dérive individualiste du droit civil français* », Cahier de la Recherche sur les Droits Fondamentaux, n° 2, 2003, p. 79.

[128] *Cf.* la Charte des droits fondamentaux de l'Union européenne qui énonce à l'article 24 § 1 « Les enfants ont droit à la protection et aux soins nécessaires à leur bien-être [...] ».

[129] La Convention internationale des Droits de l'Enfant (CIDE), ou Convention relative aux Droits de l'Enfant, est un traité international initialement adopté par l'Assemblée Générale des Nations Unies, le 20 novembre 1989. Article 3.1 : « Dans toutes les décisions qui concernent les enfants, qu'elles soient le fait des institutions publiques ou privées de protection sociale, des tribunaux, des autorités administratives ou des organes législatifs, l'intérêt supérieur de l'enfant doit être une considération primordiale ».

être présent dans les options entre lesquelles il faut choisir ; ce qui conduit à arbitrer entre plusieurs intérêts de l'enfant. Ainsi dans la situation étudiée, il faut arbitrer, et donc hiérarchiser, entre l'intérêt de l'enfant à vivre avec sa mère et l'intérêt de l'enfant à ne pas vivre en prison.

Outre sa fonction normative, le rôle décisionnel de l'intérêt de l'enfant résulte de sa prévalence. L'intérêt de l'enfant jouit d'une prééminence non juridique issue d'une légitimité sociale. Dans la société contemporaine, se préoccuper et privilégier l'intérêt des enfants est considéré comme légitime par principe, du fait sans doute de leur innocence, de leur fragilité ou de leur dépendance. Ce consensus social sur la nécessaire protection des enfants et de leurs intérêts explique que l'intérêt de l'enfant jouisse *a priori* d'une triple primauté juridique. En premier lieu, une double supériorité est énoncée à l'art 3 de la CIDE : « Dans toutes les décisions qui concernent les enfants, [...] l'intérêt supérieur de l'enfant doit être une considération primordiale ». L'affirmation figure également dans l'article 24 de la Charte des droits fondamentaux de l'Union européenne : « Dans tous les actes relatifs aux enfants, qu'ils soient accomplis par des autorités publiques ou des institutions privées, l'intérêt supérieur de l'enfant doit être une considération primordiale »[130]. L'intérêt est donc supérieur et la considération primordiale. « Intérêt supérieur », la formule laisse, dans un premier temps au moins, dubitatif puisqu'elle suscite spontanément l'interrogation suivante : supérieur à quoi ? Supérieur à d'autres intérêts concurrents ? L'affirmation de son caractère primordial serait alors redondante – bien que d'une moindre portée – même s'il est souvent compris en ce

[130] Charte des droits fondamentaux de l'Union européenne, 18 décembre 2000, article 24 § 2.

sens[131]. Ou supérieur par nature du fait d'une qualité inhérente au concept, l'intérêt de l'enfant étant toujours supérieur. Cette propriété serait dès lors sans conséquence. Cette supériorité ne peut donc, pour avoir une portée, s'appliquer qu'aux situations où l'enfant a plusieurs intérêts divergents et où il est nécessaire de déterminer celui qui est supérieur[132]. Telle peut être la situation du nourrisson qui *a priori* a intérêt à être avec sa mère et intérêt à ne pas vivre en prison[133]. En dehors de ces éventuels intérêts divergents de l'enfant, l'intérêt de l'enfant sans énoncé de sa supériorité pourrait suffire[134]. L'intérêt supérieur de

---

[131] *Cf.* par exemple le rapport du CGLPL de 2010 : « Sur le plan du droit international, l'intérêt privilégié, dans l'hypothèse de séparation d'avec ses parents, est celui de l'enfant au travers de la notion d'intérêt « supérieur » de l'enfant », Contrôleur général des lieux de privation de liberté, *Rapport d'activité 2010*, § 1.6.2., p.192.

[132] Comme en matière d'attribution de la garde d'un enfant.

[133] Dans une affaire portant sur un autre enjeu, la Cour européenne considère que les juridictions internes n'ont pas excédé la marge d'appréciation en jugeant que « l'intérêt supérieur de l'enfant se trouvait moins dans le maintien de la filiation établie par la reconnaissance de paternité [...] que dans l'établissement de sa filiation réelle [...] » articulant ainsi les intérêts concurrents ou divergents de l'enfant, CEDH, 14 janvier 2016, *Affaire Mandet contre France*, n°30955/12.

[134] Si la Cour de Cassation, dans le marquant arrêt du 18 mai 2005 (n°02-20613), énonce « Attendu que dans toutes les décisions qui concernent les enfants, l'intérêt supérieur de l'enfant doit être une considération primordiale ; », elle aurait pu, délaissant la formule de la CIDE, sans que la portée du principe en fut affectée, énoncer « Attendu que dans toutes les décisions qui concernent les enfants, l'intérêt de l'enfant doit être une considération primordiale ; ». Toutefois, une proposition de loi récente, relative à la protection de l'enfant entend remplacer cette expression dans les différents articles du Code civil par celle d'« intérêt supérieur de l'enfant ». Cette proposition de loi visant la protection de l'enfant du 13 juillet 2016 a toutefois peu de probabilité d'être adoptée, non du fait de cette disposition, mais parce qu'elle vise aussi et notamment à remplacer le mot « parent » par « le père et la mère » ou à ajouter la disposition suivante : « Le principe de

l'enfant est de plus une considération primordiale selon l'article 3-1 de la CIDE. « Une » considération primordiale – c'est-à-dire de grande importance, essentielle – et non « la » considération primordiale ; le texte conventionnel retient donc la relativité de cette priorité[135]. Les juridictions ont souvent à articuler des intérêts divergents parmi lesquels figure celui d'un enfant. Elles doivent porter à ce dernier une attention particulière, mais sans rejeter totalement les autres. À titre d'exemple, la Cour de cassation considère que même si la demande par un père de l'établissement de sa filiation biologique peut contredire l'intérêt de l'enfant, cela n'entraîne pas le rejet de principe de la prétention[136]. Le troisième facteur de prévalence résulte de la supériorité formelle de la disposition relative à l'intérêt supérieur de l'enfant. Affirmé dans une norme conventionnelle, la Convention relative aux droits de

---

direction conjointe de la famille est mis en œuvre dans le respect mutuel des époux, mari et femme. »

[135] Pour le Comité des droits de l'enfant, « en matière d'adoption (art. 21), le principe de l'intérêt supérieur de l'enfant est encore renforcé ; il ne doit pas être simplement « une considération primordiale », mais « la considération primordiale ». L'intérêt supérieur de l'enfant doit, de fait, être le facteur déterminant dans les décisions relatives à l'adoption [...] », Comité des droits de l'enfant, 29 mai 2013, *Observation générale no 14 (2013) sur le droit de l'enfant à ce que son intérêt supérieur soit une considération primordiale (art. 3, par. 1)*, CRC/C/GC/14, § 38.

[136] « Alors que toute personne a droit au respect de sa vie privée et familiale ; qu'il ne peut être porté atteinte à ce droit que pour un motif légitime ; qu'en affirmant que la demande de M. Z... était contraire à l'intérêt supérieur de l'enfant sans expliquer en quoi il était de l'intérêt supérieur de ce dernier de le laisser dans l'incertitude sur l'identité exacte de son père biologique, la cour d'appel a privé son arrêt de base légale au regard des articles l'article 8 de la convention européenne de sauvegarde des droits de l'Homme et des libertés fondamentales et 3 § 1 de la Convention internationale des droits de l'enfant du 20 novembre 1989 ; », Cass, civ, 13 juillet 2016, n°15-22848.

l'enfant, l'intérêt supérieur de l'enfant a ainsi, la France ayant ratifié ce traité, une autorité supérieure à celle de la loi[137]. Les juridictions nationales, administratives et judiciaires, l'appliquent considérant que l'article 3-1 est d'applicabilité directe[138]. Les Cours européennes font également application de ce principe[139]. Ainsi, pour la Cour européenne des droits de l'homme, « en ce qui concerne [...] les obligations positives que l'article 8 [consacrant le droit au respect de la vie familiale] fait peser sur les États contractants en la matière, celles-ci doivent s'interpréter à la lumière de la Convention relative aux droits de l'enfant du 20 novembre 1989 »[140].

L'intérêt supérieur de l'enfant est donc un principe juridique dont l'application est obligatoire mais dont le contenu est aléatoire. L'intérêt pour un enfant en bas âge de séjourner ou non auprès de sa mère en prison en est

---

[137] En vertu de l'article 55 de la Constitution de 1958.

[138] Cass. civ., 18 mai 2005, n°02-20.613 et CE, 22 septembre 1997, n° 161364. Conseil d'Etat pour lequel il résulte des stipulations de l'article 3-1 de la Convention internationale des droits de l'enfant du 26 janvier 1990, « qui peuvent être utilement invoquées à l'appui d'un recours pour excès de pouvoir, que, dans l'exercice de son pouvoir d'appréciation, l'autorité administrative doit accorder une attention primordiale à l'intérêt supérieur des enfants dans toutes les décisions les concernant ».

[139] *Cf.* par exemple, CJUE, 22 décembre 2010, C491/10 « [...] l'article 24, à son paragraphe 1, exige que les enfants puissent exprimer librement leur opinion et que cette opinion ainsi exprimée soit prise en considération pour les sujets qui les concernent, uniquement "en fonction de leur âge et de leur maturité", et, à son paragraphe 2, impose de tenir compte, dans tous les actes relatifs à un enfant, de l'intérêt supérieur de celui-ci, cet intérêt pouvant dès lors justifier qu'il ne soit pas procédé à une audition de l'enfant ».

[140] CEDH, 28 juin 2007, *Wagner et JMWL c/ Luxembourg*, n° 76240/01, § 120.

l'illustration. Les autorités réglementaires[141], administratives ou juridictionnelles ont à arbitrer entre des exigences contradictoires. Elles doivent notamment prendre en compte l'intérêt qu'aurait l'enfant de vivre avec sa mère bien qu'enfermée, celui qu'il aurait de ne pas vivre en prison fut-ce avec sa mère ou encore l'intérêt qu'aurait l'enfant à ce que sa mère ne soit pas incarcérée malgré sa condamnation pénale. Bien que l'évaluation de ce qu'est en l'occurrence l'intérêt « supérieur » des enfants concernés soit difficile, il doit être pris en compte et il est déterminant dans ces arbitrages. Selon le Comité des droits de l'enfant, « pour les décisions relatives à des cas individuels, l'intérêt supérieur de l'enfant doit être évalué et déterminé en tenant compte de la situation concrète de l'enfant concerné. Pour ce qui est des décisions générales – telles que celles émanant du législateur –, l'intérêt supérieur des enfants en général doit être évalué et déterminé au vu de la situation du groupe concerné et/ou des enfants en général »[142]. Le rôle de l'intérêt supérieur de l'enfant apparaît en effet dans la réglementation générale (I) et

[141] La réglementation relative à la présence des enfants auprès de leur mère détenue figure dans la partie réglementaire du Code de procédure pénale (articles D400 et suivants) et dans la Circulaire du Garde des sceaux du 18 août 1999, « Les conditions d'accueil des enfants laissés auprès de leur mère incarcérée », JUSE9940062C. Une refonte de celle dernière est annoncée. « [...] la direction de l'administration pénitentiaire indique que, consciente des améliorations à apporter sur l'ensemble des thèmes soulevés par l'avis du CGLPL, elle a entamé un travail de refonte de la circulaire du 16 août 1999 relative aux conditions d'accueil des enfants laissés auprès de leur mère incarcérée [...] », prend acte le Contrôleur général des lieux de privation de liberté dans son Rapport d'activité 2016 (Dalloz, 2017, p.82).
[142] Comité des droits de l'enfant, 29 mai 2013, Observation générale n° 14 (2013) sur le droit de l'enfant à ce que son intérêt supérieur soit une considération primordiale (art. 3, par. 1), CRC/C/GC/14, § 32.

dans les décisions individuelles (II) relatives au placement du tout petit enfant auprès de sa mère emprisonnée.

§1 : L'intérêt des enfants en bas âge à séjourner en prison avec leur mère

Selon la Commission des questions sociales, de la santé et de la famille du Conseil de l'Europe, les experts conviennent qu'« une séparation précoce d'avec la mère engendre chez l'enfant des difficultés durables, dont une incapacité à s'attacher aux autres, une inadaptation affective et des troubles de la personnalité [...] ». Mais ils considèrent aussi que « le développement des nourrissons est retardé par leur accès limité à des stimuli variés dans les établissements pénitentiaires clos » et que « le milieu carcéral n'est pas un environnement sain pour les nourrissons et les jeunes enfants. La mère est inévitablement an-angoissée, les prisons ont tendance à être bruyantes et ne favorisent pas l'intimité »[143].

Le choix d'autoriser ou de refuser aux enfants en bas âge la possibilité de séjourner avec leur mère en prison est donc délicat, les « intérêts » de ces enfants étant en l'occurrence opposés (A), sauf à retenir des alternatives à l'incarcération (B).

A. L'intérêt de l'enfant dans le choix d'autoriser ou non la présence des petits enfants auprès de leur mère détenue

Il n'y a donc pas de consensus sur l'intérêt du nourrisson à séjourner en prison avec sa mère. L'arbitrage entre

---

[143] Commission des questions sociales, de la santé et de la famille, *Rapport du 9 juin 2000, Mères et bébés en prison* (Doc.8762), précédant la Recommandation 1469 (2000) de l'Assemblée parlementaire du Conseil de l'Europe.

des exigences contradictoires n'aboutit dès lors dans cette situation qu'à de mauvaises solutions[144] : placer un nourrisson en prison ou le priver de sa mère.

La plupart des États prévoient la possibilité que les nourrissons puissent rester avec leur mère, pour celles qui accouchent en prison, ou, plus rarement, l'accompagner en prison lorsqu'elle est incarcérée après la naissance. Si l'intérêt de la mère est pris en compte, celui de l'enfant est primordial dans les raisonnements. Il aurait un intérêt de principe à être avec sa mère sans que celui-ci soit nécessairement évalué, le code de procédure pénale ne prévoyant pas à cet égard de conditions à remplir ou de critères déterminants. Les justifications généralement proposées sont le lien ou l'attachement du tout petit enfant à sa mère, l'allaitement éventuel et la construction de la personnalité dans cette période de la toute petite enfance où se crée ou créerait le lien mère enfant. Ce peut être plus généralement l'intérêt de l'enfant à bénéficier d'une vie familiale notamment consacré à l'article 8 de la Convention européenne des droits de l'homme et 9 de la Convention internationale des droits de l'enfant, soit en l'occurrence d'une vie maternelle. Dès lors que l'existence d'un lien familial avec un enfant se trouve établie, l'État doit agir « de manière à permettre à ce lien de se développer et accorder une protection juridique rendant possible l'intégration de l'enfant dans sa famille »[145], affirme en ce

---

[144] « Lorsque des parents sont privés de liberté, le choix ou bien de les séparer de leurs enfants ou bien, pour éviter les effets de la séparation, d'associer ces derniers à la privation de liberté est une alternative en soi insatisfaisante », Contrôleur général des lieux de privation de liberté, *Avis du 8 août 2013 relatif aux jeunes enfants en prison et à leurs mères détenues*, JORF n°0204, 3 septembre 2013.

[145] CEDH, 28 juin 2007, *Wagner et JMWL c/ Luxembourg*, n° 76240/01, § 119.

sens la Cour européenne des droits de l'homme. Elle considère qu'il s'agit d'un droit de l'enfant « à des mesures propres à le réunir à son parent »[146]. Dans le même sens, le juge aux affaires familiales doit, selon le Code civil, veiller « spécialement à la sauvegarde des intérêts des enfants mineurs » et prendre « les mesures permettant de garantir la continuité et l'effectivité du maintien des liens de l'enfant avec chacun de ses parents » [147]. Selon la Charte des droits fondamentaux de l'Union européenne, « tout enfant a le droit d'entretenir régulièrement des relations personnelles et des contacts directs avec ses deux parents, sauf si cela est contraire à son intérêt ». En effet, l'intérêt de l'enfant peut éventuellement s'opposer à cette possibilité. L'enfant peut n'avoir pas d'intérêt à être pris en charge par une mère qui le rejette ou qui ne pourra pas ou mal s'en occuper du fait notamment d'un défaut de maturité ou d'une violence chronique. Il peut aussi avoir un intérêt à vivre avec un père « libre » et soucieux d'assurer son rôle parental. Il peut encore ne pas avoir un intérêt à être mal accueilli dans un univers carcéral inadapté. Selon le Conseil des droits de l'homme, il appartient aux États : « De veiller à ce que l'intérêt supérieur de l'enfant soit une considération primordiale lorsqu'il s'agit de déterminer si les enfants de femmes incarcérées doivent séjourner avec elles en prison, et pour quelle durée [...] »[148]. En France, le pouvoir réglementaire en prenant la décision de permettre à la mère d'avoir la garde de l'enfant en prison a considéré que l'intérêt supérieur de l'enfant était, sauf contre-indication, de ne pas être séparé de sa mère malgré les inconvénients de l'enfermement. Ainsi selon l'article

[146] CEDH, 7 mars 2013, *Raw et autres c/ France*, n° 10131/11, § 79.

[147] Article 373-2-6 du Code civil.

[148] Conseil des droits de l'homme, 19 avril 2012, Résolution19/37 sur les Droits des enfants, A/HRC/RES/19/37, § 69.

D 401 du Code de procédure pénale, « les enfants peuvent être laissés auprès de leur mère en détention jusqu'à l'âge de dix-huit mois. »[149]. L'expression « être laissés » n'est pas très heureuse mais reflète sans doute l'idée qu'il s'agit de leur « place logique ». Quant à la durée de ce séjour et donc de l'âge auquel l'enfant doit ou devrait quitter la prison, les différences d'âge de sortie retenues par différents pays européens (un an, dix-huit mois, deux ans, trois ans, voire six…) témoignent du manque de certitudes psychosociales à cet égard. En France, il a donc été décidé qu'à dix-huit mois, l'enfant devait quitter la prison. Le Contrôleur général des lieux de privation de liberté (CGLPL) considère que « cette limite de dix-huit mois est nécessairement arbitraire » mais que « personne ne la remet sérieusement en cause » car « l'âge auquel l'enfant commence à se mouvoir aisément coïncide avec la prise de conscience de l'enfermement »[150].

Dans ces deux choix, celui initial de permettre aux enfants de vivre ou non au côté de leur mère incarcérée et celui de l'âge auquel cette situation doit cesser, le caractère contingent l'intérêt supérieur de l'enfant est tangible. D'une part, parce que les États divergent sur cette possibilité et sur sa durée, n'évaluant donc pas de la même manière ce qu'est l'intérêt supérieur de l'enfant en l'occurrence et d'autre part, du fait qu'il ne s'agit que d'une possibilité, « les enfants peuvent être laissés », et qu'il est

[149] Dans la pratique, à titre d'exemple, l'unité nurserie de Fleury-Mérogis a, en 2008, sur quinze femmes ayant accouché pendant leur incarcération, accueilli douze enfants alors que deux ont été confiés à des familles d'accueil et un à la famille de la mère (cf. le rapport d'activité 2010 du Contrôleur général des lieux de privation de liberté, §1.6.2, page 191).

[150] Contrôleur général des lieux de privation de liberté, *Avis du 8 août 2013 relatif aux jeunes enfants en prison et à leurs mères détenues*, JORF n°0204, 3 septembre 2013.

donc des hypothèses dans lesquelles son intérêt pourra être autre car, comme l'affirme la Cour européenne des droits de l'homme, « l'intérêt supérieur de l'enfant ne se confond pas avec celui de son père ou de sa mère »[151]. Dans ces choix, l'intérêt de la mère, *a fortiori* du père, n'est pas contrairement à celui de l'enfant primordial. Cependant, la volonté de la mère est la condition de la réalisation de cette option de vie commune en prison. La volonté de la mère doit converger en l'occurrence avec l'intérêt de l'enfant retenu dans le décret. Ce choix réglementaire laisse toutefois subsister des réticences à ce placement en prison au sein desquelles l'intérêt de l'enfant est central. À titre d'illustration significative de ces réserves, pour le CGLPL, « lorsque l'incarcération n'a pu être évitée, les obligations qui s'imposent aux pouvoirs publics dans la manière dont s'organise la vie de la mère et de l'enfant en prison ont pour fin : d'aider à la prise en charge effective de l'enfant par sa mère ; de s'abstenir de toute mesure qui pourrait nuire au développement normal de l'enfant ; de faciliter les relations entre l'enfant et ses parents, y compris son père, dès lors du moins que celui-ci a reconnu l'enfant ainsi qu'avec le reste de la famille ; de ne laisser corollairement aucun des besoins essentiels de l'enfant sans satisfaction ; de faire jouer aux services de droit commun en matière de petite enfance tout leur rôle, en particulier dans les domaines sanitaire et social »[152]. S'ajoute à ces recommandations, la recherche d'un emprisonnement de l'enfant « en alternance » telle la sortie de l'enfant les week-ends et les vacances ou son accueil régulier dans des crèches ou des haltes-garderies extérieures (cf. *infra*).

---

[151] CEDH, 26 novembre 2013, *X. c. Lettonie*, n°27853/09, § 100.

[152] Contrôleur général des lieux de privation de liberté, *Avis du 8 août 2013 relatif aux jeunes enfants en prison et à leurs mères détenues*, JORF n°0204 du 3 septembre 2013.

Cependant la plupart des organisations, gouvernementales ou non, qui interviennent dans ce domaine proposent de privilégier les alternatives à l'incarcération de la mère.

B. L'intérêt de l'enfant dans les alternatives au choix de la cohabitation carcérale

La principale proposition alternative est de ne pas incarcérer la mère. Cette possibilité est controversée même si l'enfant a *a priori* un intérêt constant à ce que sa mère ne soit pas incarcérée ; l'intérêt de l'enfant est en effet une considération primordiale mais non absolue (cf. *supra*). En matière de rétention administrative, la Cour européenne des droits de l'homme a considéré que le gouvernement français devait, dans l'intérêt des enfants concernés, maintenir l'unité familiale mais que cet élément n'était pas « de nature à exempter les autorités de leur obligation de protéger les enfants » et donc, en l'occurrence, de limiter leur placement en rétention[153].

Relativement au placement de l'enfant en bas âge auprès de sa mère emprisonnée, l'Assemblée générale des Nations unies considère qu'il « faudrait privilégier les mesures non privatives de liberté lorsque cela est possible et approprié, et n'envisager l'incarcération qu'en cas

[153] CEDH, 19 janvier 2012, *Affaire Popov c. France*, n° 39472/07, §91. La Cour conclut sur ce point (§ 103) : « Ainsi, compte tenu du bas âge des enfants, de la durée de leur détention et des conditions de leur enfermement dans un centre de rétention, la Cour estime que les autorités n'ont pas pris la mesure des conséquences inévitablement dommageables pour les enfants. Elle considère que les autorités n'ont pas assuré aux enfants un traitement compatible avec les dispositions de la Convention et que celui-ci a dépassé le seuil de gravité exigé par l'article 3 de la Convention. Partant il y a eu violation de cet article à l'égard des enfants ».

d'infraction grave ou violente »[154]. Le Conseil des droits de l'homme estime qu'il faudrait « donner la priorité, [...] à des mesures non privatives de liberté, en gardant à l'esprit la gravité de l'infraction et après avoir pris en considération l'intérêt supérieur de l'enfant »[155]. Le Conseil de l'Europe propose pour sa part d'« éviter le recours à la détention » ou de n'y recourir « qu'en dernier ressort »[156]. Dans cette recommandation du 30 juin 2000 relative aux mères et bébés en prison, il ajoute que les alternatives peuvent être « des mesures de liberté surveillée, d'intérêt

---

[154] L'Assemblée générale des Nations unies « Souligne qu'au moment de déterminer la peine à imposer à une femme enceinte ou à une femme qui est le seul ou le principal soutien d'un enfant, ou de décider des mesures à appliquer à son égard avant le procès, il faudrait privilégier les mesures non privatives de liberté lorsque cela est possible et approprié, et n'envisager l'incarcération qu'en cas d'infraction grave ou violente ; » Assemblée générale des Nations unies, 21 décembre 2010, *Résolution 65/229*, adoptant les « Règles des Nations Unies concernant le traitement des détenues et l'imposition de mesures non privatives de liberté aux délinquantes (Règles de Bangkok) », Règle 9.

[155] Le Conseil des droits de l'homme demande aux États « a) De donner la priorité, lorsqu'il s'agit de condamner une femme enceinte ou une personne qui est le pourvoyeur de soins principal ou unique d'un enfant ou de prendre à son égard des mesures avant jugement, à des mesures non privatives de liberté, en gardant à l'esprit la gravité de l'infraction et après avoir pris en considération l'intérêt supérieur de l'enfant; », Conseil des droits de l'homme, *Résolution 19/37*, 2012, Droits de l'enfant, §69.

[156] La recommandation du Conseil de l'Europe du 30 juin 2000 (*recommandation 1469*) relative aux mères et bébés en prison invite notamment (§ 5.1 et 5.3) les Etats membres : « à instaurer et à appliquer aux mères ayant de jeunes enfants des peines à purger au sein de la communauté, et à éviter le recours à la détention » et encore « à reconnaître qu'il ne faudrait recourir à la détention pour les femmes enceintes et les mères de jeunes enfants qu'en dernier ressort, dans les cas où ces femmes sont reconnues coupables de délits très graves et représentent un danger pour la société ».

général et des mesures de réparation comme la médiation, la compensation des victimes, ou des peines d'emprisonnement avec sursis à purger seulement en cas de récirécidive ». Le CGLPL estime, dans le même sens, qu'« une réflexion doit être engagée sur l'absence d'incarcération des mères accompagnées de très jeunes enfants, prenant la forme ou bien d'une impossibilité se traduisant par un aménagement de peine, ou bien à tout le moins, d'une suspension de peine pour motif de maternité »[157]. Le législateur a pris acte de ces considérations en 2014 en adoptant l'article 708-1 du Code de procédure pénale : « Lorsque doit être mise à exécution une condamnation à une peine d'emprisonnement concernant une femme enceinte de plus de douze semaines, le procureur de la République ou le juge de l'application des peines s'efforcent par tout moyen soit de différer cette mise à exécution, soit de faire en sorte que la peine s'exécute en milieu ouvert ». Les résultats de ces « efforts » requis par le Code de procédure pénale devront être évalués afin de déterminer leur efficacité sinon leur effectivité. De plus, la durée de ce report n'est pas déterminée[158] dans le texte. Or la suspension de la peine pendant quelques mois n'est pas nécessairement une mesure souhaitable si elle implique une rupture mère enfant à l'échéance de ce différé. Une autre disposition relative à la suspension et au fractionnement des peines privatives de liberté, figurant à l'article 720-1 du Code de procédure pénale et également modifiée en 2014, prévoit un aménagement possible pour les femmes condamnées et enceintes de plus de douze semaines lorsqu'il leur reste à subir une peine

[157] Contrôleur général des lieux de privation de liberté, *Rapport d'activité 2010*, §1.6.2, page 193.

[158] Cette incarcération doit-elle être différée le temps de la grossesse ou le temps de la grossesse plus dix-huit mois ?

d'emprisonnement inférieure ou égale à quatre ans (et non plus deux) ; cette disposition s'applique également aux personnes condamnées « exerçant l'autorité parentale sur un enfant de moins de dix ans ayant chez ce parent sa résidence habituelle ». La peine peut alors être suspendue ou exécutée par fractions pendant une période n'excédant pas quatre ans. L'enfant a, sauf si sa mère représente un danger pour lui, un intérêt évident à l'adoption d'une telle mesure.

De plus, il est possible de faire bénéficier la mère détenue de la libération conditionnelle parentale qui prévue pour un condamné exerçant l'autorité parentale sur un enfant de moins de dix ans ou d'une libération conditionnelle de droit commun pour permettre une participation essentielle à la vie de famille ou encore d'un placement sous surveillance électronique ou d'une semi-liberté, pour la même raison, en vertu des articles 723-1 et 723-7 du Code de procédure pénale tels que modifiés en 2014. Le juge d'application des peines peut prendre ces décisions au regard de l'intérêt de l'enfant. Dans la pratique, il semble qu'il ne recourt pas à cette motivation alors que la Cour de cassation l'y invite. En effet, après avoir rappelé que « dans toutes les décisions qui le concernent, l'intérêt supérieur de l'enfant doit être une considération primordiale » et relevé qu'« en application des articles 729 et 729-3 du code de procédure pénale, la juridiction de l'application des peines doit d'ailleurs apprécier de manière concurrente l'intérêt de l'enfant et la protection de la société », la Cour de cassation considère, dans un arrêt de février 2010, qu'« en rejetant la demande de libération conditionnelle parentale présentée par Mme X... en se fondant sur des motifs tirés exclusivement des efforts de réadaptation sociale fournis par celle-ci sans rechercher si l'intérêt de l'enfant ne commandait pas que la mesure sollicitée soit accordée, la chambre de l'application des peines a privé sa décision de base légale [...] »[159]. L'article 729-3 a été modifié par la loi du 15 août 2014 relative à l'individualisation des peines et renforçant l'efficacité des sanctions pénales pour expressément viser la femme enceinte de plus de douze semaines parmi les condamnés pouvant bénéficier d'une libération conditionnelle lorsqu'ils ont été condamnés à une peine privative de liberté inférieure ou égale à quatre ans ou pour lesquels la durée de la peine restant à subir est inférieure ou égale à quatre ans.

Ces mesures notamment celle qui consiste à ne pas incarcérer une personne condamnée est, bien que prise dans l'intérêt de l'enfant, évidemment discutable car, comme l'énonçait la Cour de cassation dans l'arrêt précité, « la juridiction [...] doit [...] apprécier de manière concurrente l'intérêt de l'enfant et la protection de la société »[160]. Or la non-incarcération non seulement écarte la protection de la société mais relativise l'exigence de la sanction pénale. Si la personne représente un danger pour la société et que son emprisonnement est un moyen de le pallier, le fait qu'elle ait des enfants en bas âge ne devrait pas justifier le risque social de sa non-incarcération. Si l'emprisonnement n'apparaît que comme une rétribution de l'infraction commise, l'alternative à l'emprisonnement peut être, au regard de la situation individuelle concernée, opportune. Cependant la peine perd alors sa légitimité. Si la non-incarcération peut être décidée à raison d'une situation extérieure à la personne du délinquant, c'est qu'elle peut selon les circonstances, ne pas être appliquée, elle devient dès lors généralement inacceptable pour ceux qui la subissent[161]. Car ils considéreront spontanément qu'ils sont

---

[159] Cour de Cassation, 3 février 2010, n° 09-84.850.

[160] Cour de Cassation, 3 février 2010, n° 09-84.850.

[161] Réflexion qui peut néanmoins provoquer des interrogations utiles

condamnés à de l'emprisonnement ou purgent leur peine parce qu'ils n'ont pas d'enfants. Cette mesure d'exception non privative de liberté est – volontairement – discriminatoire puisqu'en sont exclus les hommes sans enfant, les femmes sans enfant, les hommes et les femmes ayant des enfants de plus de 18 mois, les hommes avec enfant en bas âge. Alors de plus, que, pour ces deux dernières catégories, l'intérêt de leur enfant pourrait également justifier une alternative à l'enfermement. Quant à l'atteinte au caractère dissuasif de la peine que provoque le recours à une alternative à l'incarcération, elle pose en l'occurrence moins de questions puisqu'il ne ferait défaut que pour une population très limitée, celle des femmes potentiellement délinquantes enceintes ou venant d'accoucher.

Une autre possibilité est d'incarcérer la mère mais de refuser la présence de l'enfant à ses côtés. Les intérêts de l'enfant étant contradictoires en la matière, on peut choisir de privilégier celui de ne pas vivre en prison. Cette option pourrait être notamment retenue lorsque l'incarcération de la mère est de longue durée dans la mesure où une séparation aurait lieu à l'échéance de 18 mois et qu'elle pourrait être traumatisante tant pour la mère que pour l'enfant. D'autant plus que la relation mère enfant dans ces conditions a tendance à être fusionnelle[162]. Cependant l'intérêt de l'enfant réapparaît alors dans les visites qu'il peut rendre à sa mère. En ce sens, pour l'Assemblée générale des Nations unies, « Lorsque les enfants ont été séparés de leur mère et placés dans la famille ou chez des parents [...]

---

sur la nécessité et la pertinence de l'incarcération en général.

[162] « A été constatée la propension de la relation entre la mère et son bébé à être fusionnelle, pouvant entraîner des troubles d'ordre psychologique chez la mère, et peut-être chez l'enfant, à l'occasion de leur séparation », Contrôleur général des lieux de privation de liberté, *Rapport d'activité 2010*, §1.6.2, page 192.

les détenues doivent se voir accorder le maximum de possibilités et de facilités pour [...] rencontrer [leurs enfants] si cela correspond à l'intérêt supérieur des enfants et ne compromet pas la sécurité publique »[163]. Cependant dans la pratique, comme l'explique le CGLPL, la situation des femmes est dans ce domaine souvent plus défavorable que celles des hommes, les femmes souffrant davantage de « la rupture du lien familial du fait du maillage territorial déséquilibré des établissements susceptibles de les accueillir »[164].

Dans le cadre de cette législation, des décisions individuelles sont adoptées prenant en principe également en compte l'intérêt supérieur de l'enfant concerné.

§ 2 : L'intérêt d'un enfant en bas âge à séjourner en prison avec sa mère

Dès lors que le dispositif réglementaire a prévu cette possibilité, « la décision d'autoriser un enfant à séjourner avec sa mère en prison doit être fondée sur l'intérêt supérieur de l'enfant »[165] affirment les auteurs de la Déclaration de Bangkok. Une condition matérielle extérieure à ce choix doit toutefois être remplie pour cette prise en compte. L'intérêt de l'enfant est en effet ignoré

---

[163] Assemblée générale des Nations unies, 21 décembre 2010, *Résolution 65/229*, adoptant les « Règles des Nations Unies concernant le traitement des détenues et l'imposition de mesures non privatives de liberté aux délinquantes (Règles de Bangkok) », Règle 52.

[164] Contrôleur général des lieux de privation de liberté, *Avis du 25 janvier 2016 relatif à la situation des femmes privées de liberté*, JO 18 février 2016, Texte 89.

[165] Assemblée générale des Nations unies, 21 décembre 2010, *Résolution 65/229*, adoptant les « Règles des Nations Unies concernant le traitement des détenues et l'imposition de mesures non privatives de liberté aux délinquantes (Règles de Bangkok) », Règle 49.

dans la pratique, et c'est particulièrement contestable, s'il n'y a pas de place disponible à cette fin dans les établissements pénitentiaires. La circulaire de 1999 prévoit ainsi que la volonté de la mère incarcérée de garder son enfant auprès d'elle peut être écartée en cas de dépassement « des capacités d'accueil des établissements [...] équipés pour recevoir des enfants »[166]. Les femmes en fin de grossesse et celles avec enfants sont en effet affectées dans des quartiers spécifiques, appelés « quartier nurserie » ou « quartier mère-enfants » qui peuvent s'avérer « complets »[167].

Au-delà de ces considérations matérielles, l'intérêt de l'enfant joue un rôle dans les décisions relatives à son entrée, son maintien et à sa sortie de l'établissement pénitentiaire (A) et dans les modalités de son enfermement (B).

A. L'intérêt de l'enfant dans les décisions relatives à sa présence en prison

Selon le Comité des droits de l'enfant, « les décisions sur la question de savoir si et quand les enfants devraient vivre en prison ou la quitter doivent être prises à partir d'une analyse individualisée, au cas par cas, de leur intérêt supérieur ». Un aspect marquant, voire inquiétant, de cette analyse individualisée réside dans le nombre de personnes susceptibles d'intervenir dans la décision et qui sont donc

[166] Circulaire du Garde des sceaux du 18 août 1999, « *Les conditions d'accueil des enfants laissés auprès de leur mère incarcérée* », JUSE9940062C.

[167] A noter que du fait de leur faible nombre (25 établissements, 66 places), ils sont aussi généralement éloignés du lieu de résidence habituelle de la détenue. Ceci s'explique notamment par le faible nombre de personnes concernées, une cinquantaine en moyenne. Des quartiers nurseries plus nombreux seraient souvent inoccupés.

supposées avoir analysé avec compétence l'intérêt supérieur de l'enfant concerné alors que celui-ci est déjà intrinsèquement difficile à établir (cf. *supra*), la mère étant la première à effectuer cette analyse et ce choix.

La circulaire du Garde des Sceaux relative aux « conditions d'accueil des enfants laissés auprès de leur mère incarcérée » affirme qu'il appartient « aux seuls parents de décider si l'enfant de moins de 18 mois demeure ou non auprès de sa mère en détention » et ajoute « de fait, c'est la mère, seule, qui sera le plus souvent amenée à prendre cette décision au moment de son incarcération »[168]. Cette dernière affirmation est sans doute le fruit d'une expérience de terrain dans laquelle les pères sont généralement absents ; elle heurte cependant le principe d'égalité et le respect de l'autorité parentale. Certes le père peut saisir le juge aux affaires familiales pour contester ce placement mais il serait préférable qu'il soit initialement et obligatoirement associé en tant que titulaire de l'autorité parentale à cette décision pour le moins essentielle. D'ailleurs, de façon en partie contradictoire, la circulaire souligne à cet égard que « ce sont les règles de l'autorité parentale qui s'appliquent ». De plus, ce texte précise qu'« aucune autorisation du juge d'instruction pour les personnes prévenues ou encore du juge de l'application des peines ou du chef d'établissement pour les personnes condamnées, n'est nécessaire pour qu'une mère puisse garder son enfant auprès d'elle en prison ». De même, et toujours selon cette circulaire, « la mère décide librement des personnes pouvant rendre visite à son enfant. Sous réserve du respect des droits de visite judiciairement octroyés (essentiellement, le cas échéant, au père et aux grands-parents) ». Il

[168] Circulaire du Garde des sceaux du 18 août 1999, « *Les conditions d'accueil des enfants laissés auprès de leur mère incarcérée* », JUSE9940062C.

appartient donc, *a priori*, à la mère détenant l'autorité parentale de décider de garder ou non son enfant auprès d'elle en prison. Ainsi, *a contrario*, l'intérêt de l'enfant n'est pas opposable à la mère qui ne veut pas ou plus que l'enfant séjourne avec elle en prison (si tant est qu'il puisse être de l'intérêt d'un enfant de résider *a fortiori* en prison avec une mère qui ne souhaite pas sa présence). Selon l'article 18 § 1 de la Convention relative aux droits de l'enfant, la mère devrait être guidée, ici comme ailleurs, avant tout par l'intérêt supérieur de son enfant[169]. Cependant, juridiquement, cette disposition n'a pas d'effet direct. En effet, « les stipulations de l'article 18 de la convention relative aux droits de l'enfant [...] créent seulement des obligations entre États sans ouvrir de droits aux intéressés »[170] et ne peuvent donc être invoquée à l'appui d'un recours juridictionnel.

Toutefois, d'autres personnes ou autorités sont susceptibles d'intervenir dans ce choix initialement maternel ou parental. Le chef de l'établissement pénitentiaire, le service pénitentiaire d'insertion et de probation (SPIP), les services sociaux (Aide sociale à l'enfance), le juge d'instruction (pour les prévenues), le juge d'application des peines (pour les condamnées), le juge aux affaires familiales (en cas de contestation, notamment du père, ou de privation de l'autorité parentale), le juge des enfants (en cas de danger pour la santé, la sécurité ou la moralité de

[169] Convention internationale des droits de l'enfant, article 18 § 1 : « Les Etats parties s'emploient de leur mieux à assurer la reconnaissance du principe selon lequel les deux parents ont une responsabilité commune pour ce qui est d'élever l'enfant et d'assurer son développement. La responsabilité d'élever l'enfant et d'assurer son développement incombe au premier chef aux parents ou, le cas échéant, à ses représentants légaux. Ceux-ci doivent être guidés avant tout par l'intérêt supérieur de l'enfant ».
[170] CE, 23 février 2003, n°248471.

l'enfant), tout personnel pénitentiaire ou médical par l'intermédiaire du chef d'établissement (si des risques pour l'enfant sont repérés), le procureur de la République ainsi alerté et encore les experts (psychologues, psychiatres, médecins, criminologues, etc.) sollicités par l'un ou l'autre… Toutes ces personnes sont donc amenées à évaluer l'intérêt supérieur de l'enfant et cette évaluation a lieu lors de l'entrée de l'enfant dans l'établissement pénitentiaire ou en cas de litiges quant à son maintien, pour sa sortie avant la mère ou les prolongations éventuelles et pour les visites qu'il peut ou non recevoir. Ceci alors que, selon le Comité des droits de l'enfant, « évaluer l'intérêt supérieur de l'enfant est une opération toujours unique en ce qu'elle doit être effectuée dans chaque cas particulier au regard des circonstances propres à chaque enfant »[171]. Cette évaluation est donc complexe car il faut notamment apprécier l'ensemble de la situation, ce qui requiert des compétences psychologiques (individuelles et familiales), sociologiques, médicales, voire juridiques, et il faut que ces analyses conduisent à une certitude ou au moins une option clairement préférable. La multiplicité des intervenants et la complexité de cette évaluation de l'intérêt de l'enfant laissent perplexe quant à sa fiabilité. De nombreuses personnes ont l'obligation de se soucier de l'intérêt de l'enfant, ce qui peut apparaître comme une garantie, mais ces personnes disposent-elles toutes des éléments et des compétences nécessaires pour déterminer l'intérêt supérieur de l'enfant concerné alors que l'intérêt des enfants à séjourner en prison au côté de leur mère est déjà discuté (cf. *supra*) ? Ainsi dans le cas d'une demande de prolongation de la présence de l'enfant auprès de sa mère

[171] Comité des droits de l'enfant, 29 mai 2013, Observation générale n°14 (2013) sur le droit de l'enfant à ce que son intérêt supérieur soit une considération primordiale (art. 3, par. 1), CRC/C/GC/14, § 48.

emprisonnée, devraient prendre en compte – et donc apprécier l'intérêt supérieur de l'enfant – les auteurs d'avis figurant dans le dossier soit le chef d'établissement, le service socio-éducatif, le juge de l'application des peines ou le juge d'instruction, le père de l'enfant, toute personne connaissant l'enfant, notamment le service de protection maternelle et infantile, et l'expert psychiatre. Participent également à cette décision le directeur régional des services pénitentiaires, un médecin psychiatre, un médecin pédiatre (appartenant à un service de protection maternelle et infantile), un psychologue, un chef d'établissement pénitentiaire spécialement affecté à la détention des femmes et un travailleur social, tous membres d'une commission consultative chargée elle aussi de donner un avis. Une appréciation commune ou convergente de l'intérêt de l'enfant est cependant attendue.

Finalement, la décision d'entériner la décision de la mère de garder l'enfant auprès d'elle, pour une durée qu'il fixe, appartient au directeur régional des services pénitentiaires[172]. Cette décision faisant grief est susceptible de recours devant un juge administratif, après un éventuel recours gracieux ou hiérarchique, juge qui devra à son tour évaluer et déterminer l'intérêt supérieur de l'enfant. Si la décision d'admettre l'enfant en prison est prise, les modalités de cet enfermement sont généralement définies.

[172] *NB* : La détermination de l'intérêt de l'enfant se fait aussi au regard des alternatives à ce placement en prison c'est-à-dire des autres possibilités d'accueil de l'enfant : père, grands-parents, oncle ou tante, ou familles d'accueil ; alternatives proposées par les services sociaux et décidées avec la mère.

B. L'intérêt de l'enfant dans les modalités de son « enfermement »

Selon les règles de Bangkok, « les enfants vivant avec leur mère en prison doivent pouvoir bénéficier à tout moment de services de soins de santé primaires et leur développement doit être suivi par des spécialistes, en collaboration avec des services de santé de l'extérieur » et « les conditions dans lesquelles l'enfant est élevé doivent être aussi proches que possible de celles dont bénéficie un enfant vivant hors du milieu carcéral »[173]. On doit donc, outre traiter l'enfant en prison comme un non-détenu[174], aménager dans son intérêt le système carcéral de manière à fournir à l'enfant un environnement correspondant à un modèle apparent d'entourage affectif, éducatif, sanitaire et social.

En vertu de la circulaire de 1999, doivent notamment être prévues des conditions de détention particulières issues de la présence de l'enfant[175]. Elles concernent l'aménagement de l'établissement pénitentiaire dans lequel sont nécessaires la localisation des cellules permettant l'ouverture des portes pendant la journée, une salle d'activités, un lieu pour confectionner des repas[176] et

---

[173] Assemblée générale des Nations unies, 21 décembre 2010, *Résolution 65/229*, adoptant les « Règles des Nations Unies concernant le traitement des détenues et l'imposition de mesures non privatives de liberté aux délinquantes (Règles de Bangkok) », Règle 51.

[174] Cela dit, en pratique, on « voit mal » comment traiter un nourrisson comme un délinquant adulte.

[175] Circulaire du Garde des sceaux du 18 août 1999, *« Les conditions d'accueil des enfants laissés auprès de leur mère incarcérée »*, JUSE9940062C, §4-1-1 et 4-1-2.

[176] Le CGLPL préconisant « la possibilité de laver du linge et de cuisiner de manière autonome », Contrôleur général des lieux de privation de liberté, *Rapport d'activité 2016*, Dalloz, 2017, p.82.

un accès à une cour extérieure en dehors de la présence des autres détenues. Elles visent également l'aménagement des cellules ; celles-ci doivent notamment comporter une séparation de l'espace de la mère et de celui de l'enfant (la télévision devant se trouver hors de l'espace de l'enfant), leur superficie doit être au moins égale à au moins 15 mètres carrés et on doit y trouver eau chaude, lit, baignoire, chauffe-biberon... Les rapports succédant aux visites opérées dans les prisons concernées par le Contrôleur général des lieux de privation de liberté mettent en évidence le degré d'application limité de ces exigences[177]. Les exigences carcérales, les contraintes matérielles, les moyens financiers de la mère peuvent en effet affecter le respect de la circulaire. La taille de l'établissement est aussi un facteur déterminant. Ainsi, selon le CGLPL, « lorsque les quartiers mères-enfants sont de trop petite taille, leur fonctionnement est souvent insatisfaisant. En conséquence, il importe de trouver un équilibre pertinent entre la répartition territoriale de ces quartiers et la taille critique qui permet de disposer de moyens suffisants »[178].

Du fait de certaines des exigences, les « espaces mères-enfant » sont souvent dans des lieux séparés et provoquent un isolement de la mère vis-à-vis des autres détenues et limitent son accès à certaines activités. Mais cette séparation est considérée comme favorisant « la tranquillité de

---

[177] Le Garde des sceaux s'est toutefois engagé dans le « Suivi des recommandations générales du CGLPL » : « Tout nouvel établissement qui comprend un quartier femmes, est équipé de cellules mère-enfant distinctes de la détention classique, et conçues en ce sens, en distinguant un espace de vie en cellule avec table à langer équipée, espace pour dormir équipement sanitaire, et en espace commun réservé aux mères détenues une zone pour un lave-linge, un secteur de détente et un accès à un espace extérieur réservé », *ibid.*, p. 216.
[178] *Ibid.*, p.81.

l'enfant et de la qualité de sa relation avec sa mère »[179]. Dans la pratique, il faut trouver un équilibre entre la prise en charge maternelle et prioritaire de l'enfant et la nécessité de la soulager de temps en temps de cette tâche. Comme l'exprime le CGLPL, « il est impératif pour le bon équilibre de la mère et par voie de conséquence, de l'enfant que celle-ci puisse parfois disposer d'un mode de garde, interne ou externe, lui permettant d'accéder à des activités qui l'extraient de son rôle de mère et puisse se rendre seule aux consultations médicales, juridiques, etc. »[180]. Cela suppose qu'un système de garde interne ou externe soit possible et organisé. La garde de l'enfant par une autre détenue peut être décidée par la mère avec les réserves évidentes que cette solution suggère.

L'accès de l'enfant aux soins est un autre enjeu de sa présence en prison. Des conventions passées avec le Conseil départemental doivent organiser la prise en charge par le service de la Protection maternelle et infantile de l'enfant et de sa mère. Elles doivent permettre de faire bénéficier l'enfant de visites médicales régulières et d'un accès aux urgences pédiatriques. Le CGLPL considère de plus que « des éducateurs de jeunes enfants, des bénévoles d'associations spécialisées dans les liens parents-enfants, des visiteurs (si les mères le souhaitent) doivent pouvoir intervenir dans les quartiers « mères et enfants », avec, bien entendu, les agents du service pénitentiaire d'insertion et de probation, afin de favoriser le bon développement de l'enfant par l'organisation d'activités au sein de l'établisse-

[179] Contrôleur général des lieux de privation de liberté, *Avis du 8 août 2013 relatif aux jeunes enfants en prison et à leurs mères détenues*, JORF n°0204, 3 septembre 2013.
[180] Contrôleur général des lieux de privation de liberté, *Avis du 8 août 2013 relatif aux jeunes enfants en prison et à leurs mères détenues*, JORF n°0204, 3 septembre 2013.

ment mais aussi et surtout par l'accompagnement de l'enfant à l'extérieur »[181].

La circulaire contient également des dispositions dérogatoires relatives aux visites, sorties, libération anticipée, travail ou fouilles[182]. Elle considère notamment qu'« il convient de développer des parloirs aménagés pour les visites d'enfants dans les établissements figurant sur la liste des établissements équipés pour recevoir des enfants »[183]. L'octroi fréquent aux mères de permissions de sortir doit permettre, toujours selon cette circulaire, de favoriser « le maintien des liens de la mère et de l'enfant avec le reste de la famille ou la préparation, dans des conditions optimales, de l'accueil de l'enfant après son départ de l'établissement ». De plus, l'enfant doit pouvoir sortir sans sa mère de l'établissement afin de favoriser « l'épanouissement de l'enfant en lui faisant connaître

---

[181] Il ajoute à cet égard que « la signature de conventions avec ces intervenants extérieurs doit représenter une priorité pour le service pénitentiaire d'insertion et de probation », Contrôleur général des lieux de privation de liberté, *Ibid.*

[182] L'éventualité de la « fouille d'un nourrisson » suscite des réactions indignées. Le CGLPL propose de les encadrer strictement : « S'agissant des enfants, [...] il doit être entendu qu'ils ne peuvent être fouillés, comme la loi l'exige, que si et seulement si des présomptions sérieuses existent qu'une infraction au règlement peut être commise. La fouille doit être strictement limitée au change de l'enfant par sa propre mère, devant un tiers, à l'exclusion de tout contact entre ce dernier et l'enfant. Toute fouille d'enfant doit faire l'objet d'une mention écrite, consignant la demande en la matière d'un officier ou d'un gradé », Contrôleur général des lieux de privation de liberté, *Rapport annuel pour 2011*, chapitre 7, p. 231.

[183] Circulaire du Garde des sceaux du 18 août 1999, « *Les conditions d'accueil des enfants laissés auprès de leur mère incarcérée* », JUSE9940062C. A noter que si le père est lui aussi incarcéré, le Contrôleur général des lieux de privation de liberté dans son Avis de 2013 estime que « dans une telle hypothèse, les deux parents doivent être affectés, sauf volonté contraire, dans le même établissement ».

d'autres lieux et en évitant une relation trop fusionnelle avec la mère » et « toute personne titulaire d'un permis de visite pour la mère peut visiter l'enfant » [184]. Les autres pouvant demander une autorisation d'accès au chef d'établissement[185].

Si la mère détermine librement la fréquence et la destination des sorties de l'enfant, l'ensemble des dispositions sont appuyées sur la volonté de compenser le plus possible l'enfermement et de « faire comme si » l'enfant n'était pas en prison. Les aménagements de cellule, l'ouverture des portes, les sorties extérieures tentent de remédier aux principes de l'incarcération ou aux défaillances matérielles de fait de celles-ci. Le caractère socialement inadmissible de certaines conditions d'incarcération dans les prisons françaises devient non admis lorsqu'il s'agit d'enfants « innocents »[186].

Conclusion :

Ces exigences, plus ou moins respectées[187], et la possibilité de cette présence de l'enfant dessinent implicitement

---

[184] Circulaire du Garde des sceaux du 18 août 1999, « *Les conditions d'accueil des enfants laissés auprès de leur mère incarcérée* », JUSE9940062C, §1-1-3 et 1-2.

[185] Cette autorisation peut néanmoins être refusée pour des raisons d'ordre ou de sécurité.

[186] Alors que le respect de la dignité humaine n'est par principe pas limité aux enfants ou aux innocents. A noter que le régime carcéral des enfants condamnés doit aussi être aménagé : « les stipulations des articles 3-1 et 37 de la convention relative aux droits de l'enfant font obligation d'adapter le régime carcéral des mineurs dans tous ses aspects pour tenir compte de leur âge et imposent à l'autorité administrative d'accorder une attention primordiale à l'intérêt supérieur des enfants pour toutes les décisions qui les concernent [...] », CE, 31 octobre 2008, n°293785.

[187] Cf. à ce sujet le « Suivi des recommandations générales du CGLPL

un modèle de vie familiale et sociale qui favoriserait le bien-être de l'enfant[188]. Dans l'intérêt de l'enfant, la prison semble devoir s'efforcer de ressembler, non à ce qu'il trouverait en réalité à l'extérieur, mais à un modèle familial et éducatif. Le CGLPL dans son rapport de 2016 considère ainsi que les pouvoirs publics ont notamment pour obligation « de s'abstenir de toute mesure qui pourrait nuire au développement normal de l'enfant » (ce qui suppose de le déterminer) ou de « de ne laisser aucun des besoins essentiels de l'enfant sans satisfaction »[189] (ce qui suppose de même de les identifier). Il a ainsi droit, en principe, à des produits frais, à des soins toujours disponibles, à une prise en charge en cas d'indisponibilité maternelle, à des jeux, à des sorties, à une présence du père, y compris si celui-ci est incarcéré. L'État ayant en charge un « usager » extraordinaire, « deux fois innocent », il doit lui prodiguer les soins d'un bon père de famille ou d'une bonne mère de famille...

De plus, eu égard à l'intérêt supérieur de l'enfant tel qu'il apparaît, il est *a priori* préférable de vivre avec sa mère quand on est tout petit[190], il est *a priori* préférable de la quitter à 18 mois si elle est en prison comme il sera *a priori* préférable qu'il vive avec ses deux parents lorsque la mère sortira ou encore souhaitable que son père soit

---

relatives aux établissements pénitentiaires », Contrôleur général des lieux de privation de liberté, *Rapport d'activité 2016*, Dalloz, 2017, p.216.

[188] Modèle révélateur malgré le faible nombre – quelques dizaines – d'enfants concernés par ce placement en prison auprès de leur mère.

[189] Contrôleur général des lieux de privation de liberté, *Rapport d'activité 2016*, Dalloz, 2017, p.81.

[190] Et les pouvoirs publics doivent, pour selon le CGLPL, « aider à la prise en charge effective de l'enfant par sa mère », Contrôleur général des lieux de privation de liberté, *Ibid.*

présent lors de l'accouchement[191]… c'est du moins ce qui transparaît des analyses des experts, de la volonté du législateur, des décisionnaires et des juges qui éventuellement les contrôlent. Il est aussi apparemment indispensable que l'enfant soit socialisé d'où l'appel aux crèches, haltes-garderies ou associations agréées[192]. Par ailleurs, le choix de permettre aux enfants de rester plus ou moins longtemps en prison avec leur mère est significatif des places respectives qu'une société accorde aux prises en charge familiale et sociale de l'enfant. Comme il révèle, lorsqu'il est présent dans la vie de l'enfant, la place que l'on réserve au père[193]. Les analyses, la réglementation, les décisions apparaissent discriminatoires à son égard. La mère décide seule, sauf contestation paternelle, de garder l'enfant auprès d'elle. Le père ne bénéficie éventuellement que d'un droit de visite[194] alors qu'en l'absence d'incarcération de la mère il pourrait *a priori* vivre avec son enfant. Ainsi, alors qu'il n'a aucune responsabilité dans cette situation, l'incarcération « fautive » de la mère le prive des dix-huit premiers mois de vie commune avec son enfant. De plus,

---

[191] Le CGLPL préconise ainsi « les contacts de la mère avec le père de son enfant, notamment lors de l'accouchement », *Ibid.* p.82.

[192] Ce qui permet parallèlement à la mère d'avoir des activités notamment professionnelles (travail ou formation) pendant le temps où l'enfant est ainsi pris en charge à l'extérieur.

[193] Voire au grand père ! « Les sorties de l'enfant avec [...] ses grands-parents — notamment sa grand-mère — doivent être facilitées », affirme le CGLPL, Contrôleur général des lieux de privation de liberté, *Avis du 8 août 2013 relatif aux jeunes enfants en prison et à leurs mères détenues*, JORF n°0204, 3 septembre 2013.

[194] « Lorsque le père est libre, tout est mis en œuvre pour permettre d'établir les liens nécessaires à l'équilibre de l'enfant et trouver une solution au moment où l'enfant quittera l'établissement », affirme le Ministère de la justice sur la page dédiée de son site internet, http://www.justice.gouv.fr/prison-et-reinsertion-10036/les-personnes-prises-en-charge-10038/les-femmes-detenues-10023.html.

le père incarcéré ne dispose pas de cette possibilité offerte aux mères par l'article D401 du Code de procédure pénale. Certes le père n'accouche pas pendant son incarcération mais il est des situations où il serait sans doute de l'intérêt d'un enfant d'être placé auprès de son père en détention, du fait notamment du décès ou de l'inaptitude de l'autre parent[195]. De telles dispositions ne sont aujourd'hui pas envisagées malgré le partage légal de l'autorité parentale.

L'intérêt supérieur de l'enfant conduit ainsi, du fait de cet enfermement administrativement accepté, à une « dé-parentalisation » de la définition de cet intérêt[196]. L'autorité parentale, c'est-à-dire l'aptitude des représentants légaux à choisir pour leurs enfants, est en effet potentiellement limitée par une intervention extérieure justifiée par la situation. Les autorités et les juges qui les contrôlent ont ainsi la mission, très ambitieuse bien qu'involontaire et contingente, de déterminer les modalités d'une vie familiale et sociale correspondant à l'intérêt « supérieur » d'un enfant.

---

[195] Sans développer ici l'hypothèse intellectuellement stimulante, bien que d'une probabilité réduite, d'un couple de mères. Est-ce que seule celle qui a accouché de l'enfant pourrait bénéficier du mécanisme ou l'autre mère pourrait-elle aussi, si c'est dans l'intérêt de l'enfant, voire celui-ci « laissé auprès d'elle » en prison ?

[196] Cf. Article 9 de, la CIDE : « 1. Les Etats parties veillent à ce que l'enfant ne soit pas séparé de ses parents contre leur gré, à moins que les autorités compétentes ne décident, sous réserve de révision judiciaire et conformément aux lois et procédures applicables, que cette séparation est nécessaire dans l'intérêt supérieur de l'enfant ».

Section 2 : L'effet criminogène de la rupture parentale

Par Patrick Morvan, Professeur de Droit privé et sciences criminelles, Université Paris 2 Panthéon-Assas

1. – La famille purement criminogène est celle où l'enfant imite le style de vie délinquant de ses parents. Le conflit qui oppose le Code pénal ou le code moral adopté par la société et les valeurs inculquées à l'enfant au sein de sa famille a toutes les chances de se résoudre au profit de ces dernières. La règle de conduite individuelle en vigueur dans le milieu familial a une dimension affective et présente la plus grande proximité avec l'enfant. Elle a toutes les chances de primer la règle collective (la loi pénale), abstraite et lointaine. La théorie américaine des « associations différentielles » adopte ce point de vue, sans exclure d'ailleurs que la balance penche du bon côté si l'influence de la famille criminogène est contrebalancée efficacement par celle de l'environnement extrafamilial[197].

2. - Mais la famille criminogène reste une figure exceptionnelle. L'influence néfaste ou vertueuse du milieu familial est plus souvent indirecte. *1)* Elle opère au travers d'une éducation qui façonne la personnalité et la conscience morale de l'enfant. *2)* Elle s'exerce favorablement grâce à l'affection parentale qui prédispose l'enfant à entretenir des relations équilibrées avec autrui – ou défavorablement à cause de carences affectives qui le prédisposent à souffrir de troubles de la personnalité et de difficultés relationnelles. *3)* Elle prend la forme d'un contrôle social qui scrute les faits et gestes de l'enfant et se montre prompt à corriger ses pensées antisociales - ou, au contraire, d'un contrôle social défaillant.

---

[197] P. Morvan, *Criminologie*, LexisNexis, 2e éd. , 2016, n° 81.

Il est des familles dysfonctionnelles (selon l'euphémisme en vogue) où le risque de devenir délinquant est accru. Ainsi, l'abandon ou le rejet d'un enfant, le divorce ou la séparation de ses parents, l'absence prolongée du père aux moments où l'autorité paternelle devrait s'exprimer, les disputes conjugales violentes, l'alcoolisme ou la délinquance d'un des parents, la maltraitance, le laxisme éducatif ou, à l'inverse, l'excès de sévérité… sont autant de facteurs criminogènes avérés. La froideur affective (parfois une véritable anesthésie des sentiments), l'immaturité et l'égocentrisme forcené de nombre de délinquants y plongent souvent leurs racines.

3. - La taille de la famille, dont dépend une surveillance parentale plus ou moins étroite, importe aussi. Une enquête sur la délinquance autodéclarée des jeunes[198] a constaté que 58 % des enfants placés par la justice étaient issus de familles de quatre enfants et plus ; à partir de trois enfants, le taux de délinquance augmente de manière significative. En outre, la délinquance d'un enfant est liée à celle de ses frères, comme en témoigne le phénomène – extrême – des fratries de terroristes djihadistes.

Une étude portant sur une quinzaine d'auteurs d'attentats djihadistes commis en 2012, 2014 et 2015 révèle que :

1) ils sont issus de familles précaires sur le plan socio-économique, le plus souvent déstructurées et d'origine étrangère (algérienne, malienne, tunisienne) ;

2) ils ont souvent connu l'absence de père dès leur plus jeune âge (Nemmouche est né de père inconnu, le père de Mohamed Merah est reparti en Algérie quand ce dernier

[198] S. Roché, La délinquance des jeunes. Les 13-19 ans racontent leurs délits, Seuil, 2001.

avait cinq ans, les pères de Bilal Hadfi et de Yassin Sahi sont décédés ; quant aux autres, leurs parents étaient divorcés) ;

3) la plupart ont été pris charge au titre de l'aide sociale à l'enfance et été placés en foyer ou en famille d'accueil (frères Kouachi, Nemmouche, Merah, Hayat Boumediene, Hasna Aït Boulahcen) ;

4) la fratrie peut jouer un rôle non négligeable dans le processus de radicalisation (ex. : frères Merah, Kouachi, Belhoucine, Abdeslam et Mohammed-Aggad) ;

5) Quelques-uns étaient en couple voire pères de famille (Coulibaly & Hayat Boumediene, Kouachi, Mohamed Belhoucine [un enfant], Samy Amimour, Yassin Salhi [deux enfants], Omar Ismel Mostefai [deux enfants], Foued Mohamed Aggad [un enfant] ; deux des trois auteurs de l'attentat du Bataclan le 20 novembre 2015 étaient donc pères de famille).

4. - Cependant, les études qui recensent depuis des décennies les facteurs criminogènes au sein du cadre familial ont essuyé une saine critique (notamment de Daniel P. Moynihan et Elliott Curie aux États-Unis[199]). Il ne faudrait pas rechercher les causes de la délinquance exclusivement dans la famille en soi, dans le contexte familial vicieux où a vécu le délinquant. Cette vision libérale et individualiste, centrée sur l'individu que l'on présume autonome et pleinement responsable de ses déviances, a convaincu le pouvoir politique de durcir le contrôle social sur les familles, sans songer à intervenir au niveau collectif. Le contexte social a pourtant un impact majeur.

---

[199] E. Currie, Confronting Crime: Why there is so much crime in America and what we can do about it, Pantheon, 1985. – D. P. Moynihan, Family and Nation: The Godkin Lectures, 1986.

5. - S'interroger sur l'effet criminogène de la rupture du lien parental dans le cadre d'un colloque consacré à l'enfant en prison et, plus précisément, incarcéré avec sa mère, conduit à retourner le sujet comme en gant. Ce faisant, le champ de la réflexion s'élargit doublement.

D'abord, le regard, qui contemplait jusqu'ici l'enfant « dans les murs », se tourne désormais vers l'enfant vivant « hors les murs », alors que son parent est écroué et détenu : l'hypothèse retenue est celle d'une « rupture ». La rupture s'entend ici non point du lien juridique de filiation mais du lien matériel noué à la faveur d'une cohabitation sous un même toit ou, du moins, de contacts physiques réguliers avec le parent qui vient à être incarcéré.

Ensuite, la question est de savoir si la rupture du lien parental produit un effet criminogène *sur le parent* séparé de son enfant **(§1).** À vrai dire, ce point ne fait aucun doute depuis des décennies. La question la plus délicate et la moins abordée dans la littérature criminologique est celle l'impact de l'incarcération parentale *sur l'enfant* lui-même **(§2)**.

§1 : Impact sur le parent

6. - Il est banal de rappeler que la famille est un possible antidote au crime. *Why do men obey the rules of society ?* Telle est question fondamentale posée au XVIIe siècle par le philosophe anglais Thomas Hobbes. Si elle a reçu des réponses fort diverses, toutes les théories criminologiques soulignent les vertus protectrices de la famille. Les liens familiaux inhibent la délinquance (**A**) et incitent à la désistance (**B**).

A. Inhibition de la délinquance

7. - Le concept d'« **engagement** » (*commitment*) forgé en 1960 par Howard S. Becker[200] exprime cette idée essentielle que les personnes sont soucieuses d'adopter une ligne d'action cohérente (*consistent line of activity*) et donc de ne pas perdre, à la suite d'une décision nouvelle, des avantages que leur apportent des engagements (*commitments*) pris de façon consciente ou non par ailleurs. Ainsi, l'engagement (*commitment*) dans la vie sociale leur apporte certains avantages (un métier, une réputation, une famille) qu'elles risqueraient de perdre en adoptant un comportement déviant (criminel). L'engagement dans une vie sociale, professionnelle et familiale produit donc un effet inhibiteur de la déviance. Ceux qui passent néanmoins à l'acte n'avaient pas noué de relations suffisantes avec la société et n'avaient donc rien à perdre (ni leur famille, ni leur réputation, ni leur travail). Becker emploie ici l'expression de *side bet* ou pari subsidiaire[201].

La théorie **du lien ou du contrôle social** (*Social bond theory* ou *Social control theory*), dont Travis Hirschi fut le héraut[202], prolonge cette réflexion. Les hommes sont contraints par des liens sociaux à respecter la loi pénale. Ceci explique que la délinquance ne soit pas l'apanage exclusif des milieux sociaux défavorisés. Mieux, ce n'est pas la crainte de la punition qui dissuade un individu de commettre un délit mais celle de perdre les avantages retirés de ces liens sociaux. Hirschi en distingue de quatre sortes : le

---

[200] H. S. Becker, *Notes on the concept of commitment: American Journal of sociology* 1960, p. 32 (traduit en français: http://traces.revues.org/index257.html).

[201] Ex. de *side bet* : j'ai parié 10 000 $ que je ne vendrai pas ma voiture ; un acheteur m'en propose 8 000 $; je dois refuser son offre car elle me ferait perdre 2 000 $.

[202] T. Hirschi, *Causes of delinquency*, 1969.

degré d'attachement de l'adolescent à sa famille, à ses pairs, ses professeurs, officiers du culte et autres membres de sa communauté (*attachment*) ; l'engagement antérieur dans le système, dans les valeurs conventionnelles de la société et la crainte de perdre (encore plus à l'âge adulte) les avantages retirés de cet investissement (emploi, réputation, éducation, soutien familial...) (*commitment*) ; la participation aux activités sociales, sportives et ludiques notamment (*involvement*) ; la croyance en l'existence d'un système de normes et de valeurs communes (*belief*).

B. Incitation à la désistance

8. - La famille d'origine (qui appartient au « milieu inéluctable », celui dans lequel on ne peut pas ne pas vivre) doit être distinguée de la famille fondée par un individu à l'âge adulte (qui appartient au « milieu choisi », au même titre que la sphère professionnelle et les amis). À cet égard, le délinquant est plus souvent célibataire que marié et sans enfant. Mais l'union conjugale et la progéniture sont-elles une cause ou un symptôme d'une socialisation réussie ?

9. - La famille parvient à provoquer la désistance, convaincre le délinquant de ne pas récidiver ou de réduire la fréquence ou la gravité de ses actes illicites. À partir des années 1980, les *Developmental and Life Course Theories* (*DLC Theories*) ont entendu rompre avec les explications sociologiques dominantes. Cette nouvelle approche a révélé que le risque de commettre comme la probabilité de ne plus commettre de délits évoluent aux différents âges d'un individu et en fonction des événements qui affectent le cours ou l'histoire de sa vie (*life course*).

Reste à expliquer le pourquoi de la désistance, les raisons qui poussent un criminel d'abord à mettre un terme à sa carrière (*termination*) puis à ne pas retomber dans les mêmes travers. La désistance recouvre un état permanent : il y a désistance *tant que* l'ancien délinquant s'abstient de commettre une nouvelle infraction (la *desistance* implique une *maintenance* dans une vie conventionnelle). C'est donc un processus, dynamique et continu, dont il faut rechercher les facteurs. L'âge n'est pas une explication suffisante. Si la maturité est un facteur indiscutable de désistance, c'est parce qu'elle se combine avec des événements, des tournants décisifs, des transitions qui jalonnent la vie en société (trouver un emploi et se marier, au premier chef).

L'analyse use de métaphores séduisantes. Le cours de la vie est constitué de « trajectoires » (*trajectories*), soit des cheminements (*pathways*) continus et à long terme (une carrière professionnelle, une vie de couple, la parenté mais aussi une carrière criminelle), et d'événements spécifiques, des « tournants décisifs » (les *turning points*) qui jalonnent ces trajectoires et peuvent les contrecarrer. Ce sont essentiellement le premier mariage et l'obtention d'un premier emploi, l'entrée à l'école, le passage dans une maison de redressement, le service militaire (lorsqu'il existe) et le fait de déménager.

10. – Une explication connue réside dans la *Life course theory* du « contrôle social informel » de **Robert J. Sampson** et de **John H. Laub**[203]. Ces derniers ont réalisé une vaste enquête longitudinale (*follow-up inquiry*)

---

[203] R. J. Sampson et J. Laub, *Crime in the making : Pathways and turning points through life*, PU Harvard, 1993. – *Adde* leur synthèse sur les théories sur la désistance : *Understanding Desistance from Crime*, 2001 (disponible sur : http://troublesofyouth.pbworks.com/f/laub %20and %20sampson %20 -%20understanding %20desistance.pdf). – V. aussi leur exposé en français dans : *Les sorties de délinquance. Théories, méthodes, enquêtes*, La Découverte, 2012 (préc.), p. 20.

à la suite de la découverte fortuite, à la fin des années 1980, dans un sous-sol de la faculté de droit de Harvard, des dossiers de cinq cents délinquants et de cinq cents non-délinquants nés entre 1924 et 1932 que Sheldon et Eleanor Glueck avaient intégrés dans les années 1940 (ces 1 000 jeunes avaient alors entre dix et dix-sept ans) dans une des toutes premières enquêtes longitudinales. Ils reprirent l'étude de la première cohorte entre 1987 et 1993 et parvinrent ainsi à un échantillon (rare) de cinquante-deux hommes dont la vie délinquante pouvait être retracée sur plus de soixante années (aux deux extrêmes, l'un avait été arrêté à l'âge de sept ans, l'autre en dernier lieu à soixante-neuf ans). Cette recherche[204] révéla d'abord que la délinquance finit toujours par décliner au milieu de l'âge adulte, même pour le plus « persistant » et le moins « désistant » des criminels, même si la désistance intervient plus ou moins tard dans la vie (notamment selon la nature des infractions).

L'explication de ce déclin se fonde sur l'axiome classique à la base des théories du contrôle social selon lequel un individu est dissuadé de commettre un délit non par la crainte de la punition mais parce qu'il craint de perdre les avantages retirés de son attachement aux institutions et aux normes conventionnelles : cette notion de *side bet* est fondamentale aux yeux de Sampson et Laub.

La désistance serait alors la conséquence des liens sociaux (inhibiteurs du crime) qui peuvent se tisser au début de l'âge adulte puis tout au long de la vie (et non seule-

[204] J. H. Laub et R. J. Sampson, *Shared beginnings, divergent lives : Delinquent boys to age 70*, PU Harvard, 2003 ; Life-course desisters ? Trajectories of crime among delinquent boys followed to age 70: Criminology 2003, vol. 41, p. 555 (disponible sur : www.scholar.google.fr).

ment dans l'enfance) : les auteurs qualifient leur analyse de *age-graded theory of informal social control.* L'individu qui « investit » progressivement dans des relations sociales fortes et stables (avec la famille qu'il a fondée, avec ses collègues de travail, ses voisins, ses professeurs, les membres de sa « communauté », etc.) retire de ces investissements des profits. Il a donc de plus en plus à perdre s'il commet une infraction. La désistance est un phénomène graduel et cumulatif, à l'image de l'investissement réalisé (une accumulation graduelle de liens sociaux).

11. – L'approche majoritaire de la désistance reste à la fois sociale et psychologique. Elle attribue un rôle prépondérant aux **changements cognitifs et d'identité personnelle** qui se produisent préalablement à l'abandon de la délinquance : c'est à ce moment que les cognitions, l'état d'esprit, les modes de pensée, la façon d'interpréter le monde extérieur connaissent une évolution qui s'avérera décisive (ce qui explique aussi que tous les délinquants ne réagissent pas de la même manière face aux événements de la vie).

Ces changements *subjectifs* n'accompagnent pas seulement les changements *objectifs* de nature sociale (les « tournants décisifs » que sont, notamment, le mariage, la naissance d'un enfant, un premier emploi stable ou un déménagement) mais les déclenchent. Ces derniers ne sont donc pas le fruit d'un processus aléatoire et involontaire, comme le soutiennent Sampson et Laub. On ne change pas par hasard mais parce qu'on est ouvert au changement (grâce à une mutation de son identité personnelle) et motivé pour y parvenir. Être prêt au changement implique qu'on sera ensuite plus réceptif lorsque se présentera une main tendue ou une planche de salut (par ex., le mariage ou un emploi). Cela implique aussi qu'on trouvera un comportement délictueux moins attirant.

Certes, cette controverse rappelle celle de l'œuf et de la poule : quel changement précède l'autre ?[205] Mais de nombreuses études confirment que l'abandon de la délinquance résulte largement d'un recul de l'égocentrisme au profit d'un plus grand intérêt porté à autrui, d'une adhésion croissante aux valeurs conventionnelles, d'un meilleur bien-être dans les rapports sociaux, d'une réflexion plus profonde sur le sens de la vie... Ce sont autant de transformations cognitives préalables à la désistance.

Il est encore plus évident que la culpabilité envers la famille (« je ne supportais plus de voir ma mère pleurer au parloir... », « je voulais que ma fille soit fière de moi... »), la lassitude grandissante à vivre dans la rue, rongé par l'alcool ou la drogue, sous la pression du système pénal, empêtré dans des « embrouilles » permanentes, le sentiment d'avoir « touché le fond », la honte et le remords... finissent par convaincre beaucoup de délinquants de renouer avec une vie honnête qui a cette vertu première de procurer une tranquillité d'esprit.

En somme, les bonnes choses n'arrivent qu'à ceux qui cultivent des pensées positives ; les autres ne sont pas près de sortir de la délinquance (*Good things happen to positive people, and bad things happen to negative people*)[206].

12. - S'inscrivant dans la perspective narrative, « tout au long de la vie », des *DLC theories* mais procédant à fronts renversés, des auteurs ont synthétisé les raisons de ce que Maurice Cusson nomme l'« effet zéro » du traite-

---

[205] Th. P. LeBel, R. Burnett, S. Maruna et S. Bushway, The « Chicken and Egg » of Subjective and Social Factors in Desistance from Crime : European Journal of Criminology 2008, vol. 5 (2), p. 131.

[206] Th. P. LeBel, R. Burnett, S. Maruna et S. Bushway, art. cit., spéc. p. 138.

ment de la délinquance. Il ne s'agit plus alors de retracer les trajectoires et de recenser les événements qui conduisent à la désistance mais, tout au contraire, de décrire les raisons de la **persistance** dans la carrière criminelle – les « **facteurs lourds du récidivisme** »[207].

L'un de ces facteurs est extérieur à la personnalité du délinquant et réside dans son **expérience post-carcérale**, constituée des situations délicates qu'il vit après sa sortie de prison.

Les ex-détenus qui trouvent un travail à leur sortie de prison se réinsèrent mieux que les autres. Mais la plupart n'en trouvent pas ou effectuent des tâches pénibles et mal rémunérées, pour de multiples raisons (objectives ou discriminatoires). Surtout, la famille atténue notablement le choc du retour à la vie normale. Le risque de récidive est aggravé par la rupture du lien familial, c'est-à-dire si l'ex-détenu, après sa sortie de prison : - ne passe pas sa première nuit de liberté dans sa famille : - ne s'entend pas avec les personnes qui y vivent (au premier chef son épouse ou sa concubine) ; - ne voit pas ses enfants. Malheureusement, l'incarcération est aussi une cause fréquente de divorce ou de séparation de sorte que le prisonnier en couple à l'entrée en prison a moins de chance de retrouver le même foyer à la sortie.

Par contraste, la réinsertion suppose de nouer une relation équilibrée avec une femme (qui peut être la voix de la raison et conseiller utilement l'ancien détenu), de fonder un foyer (où le délinquant vivra coupé de ses anciens pairs) et de vivre en harmonie avec ses proches. La famille offre une sécurité non seulement affective mais aussi ma-

[207] M. Cusson, Le contrôle social du crime, PUF, 1983.

térielle, en fournissant le gîte et le couvert à l'ex-prisonnier.

« Revoir les copains » peut aussi s'avérer fatal : les ex-détenus ayant rencontré plus d'une fois des camarades de prison récidivent trois fois plus souvent que ceux qui n'en voient jamais[208]. Si la plupart sont conscients du danger lié à ces mauvaises fréquentations, le sentiment de vide et de solitude éprouvé à la sortie de prison les pousse souvent, presque malgré eux, à renouer avec les seules personnes avec qui ils se sentent à l'aise. La décision de rompre ces relations dangereuses sera déterminante de la désistance. Or, l'entourage familial pèse lourd dans cette décision.

13. – Les **statistiques** donnent approximativement un taux de récidive de 30 à 35 % des délinquants : il y aurait donc entre 65 et 70 % de primo-délinquants.

En France, 38 % des individus condamnés en 2004 (hors délinquance routière) ont récidivé entre 2004 et 2011 (récidive légale ou réitération d'un délit quelconque après leur première condamnation). Un quart a récidivé dans les deux années suivantes[209].

Une autre étude[210] portant sur 6 910 détenus libérés entre le 1er juin et le 31 décembre 2002 observe que 59 % d'entre eux ont à nouveau été condamnés dans les

---

[208] M. Cusson, *op. cit.*, p. 56.

[209] R. Josnin, Une approche statistique de la récidive des personnes condamnées : Infostat Justice, avr. 2014, n° 127.

[210] A. Kensey et A. Benaouda, Les risques de récidive des sortants de prison. Une nouvelle évaluation : Cahiers d'études pénitentiaires et criminologiques mai 2011, n° 36. – V. aussi, J. Travis, Les sortants de prison et la sécurité publique : faire face au défi de la réinsertion des détenus : AJP 2011, p. 388 (sur le scepticisme de l'opinion publique et du pouvoir politique à l'égard des mesures d'accompagnement post-carcérales aux USA).

cinq années qui ont suivi leur libération, dont 54,6 % au cours de la première année et 76 % dans les deux ans. Le taux de recondamnation varie fortement selon la nature de l'infraction initiale (19 % pour un viol sur mineur, 32 % pour un homicide, 74 % pour un vol simple et 76 % pour des violences volontaires), quelle que soit la seconde infraction commise. Les récidivistes présentent également des caractéristiques :

- Démographiques : 34 % des femmes contre 60 % des hommes libérés sont recondamnés, 75 % des mineurs et même 78 % des détenus qui sont encore mineurs au moment de leur sortie ;
- pénales : la récidive est moindre lorsque la première peine privative de liberté était de cinq années et plus ; elle est deux fois plus importante en cas de condamnation(s) antérieure(s) à celle ayant motivé la détention ; elle est plus élevée si le détenu n'a bénéficié d'aucun aménagement de peine, telle la libération conditionnelle – ce qui est le cas de 80 % des libérés mais avec de fortes différences selon la gravité des infractions commises ;
- Familiales : 38 % des détenus mariés récidivent contre 61 % des non-mariés.

§2 : Impact sur l'enfant de l'incarcération parentale

14. - Les effets sur l'enfant de l'incarcération d'un parent (de son père ou de sa mère) sont peu étudiés, alors qu'on a abondamment étudié les conséquences du divorce des parents et mis en œuvre une politique sociale afin d'y remédier (notamment en créant des prestations familiales pour parent isolé). Ils sont pourtant dévastateurs.

En France, environ 3 % des personnes écrouées et détenues sont des femmes. L'administration pénitentiaire réserve 76 places (dont 69 opérationnelles au 1er janvier 2016) à celles qui sont enceintes ou accompagnées d'un très jeune enfant. **Au 1er janvier 2016, 16 femmes étaient incarcérées avec leur enfant** (un chiffre finalement assez dérisoire)**. Entre 30 et 35 bébés naissent chaque année dans les établissements pénitentiaires.**

En Angleterre et au Pays de Galles, entre 100 000 et 125 000 enfants de moins de dix-huit ans auraient un parent incarcéré (soit 1 % des enfants de cette tranche d'âge) ; dans 95 % des cas, ils sont gardés par leur mère. En l'absence de statistiques officielles, que la France ne possède pas davantage, le chiffre ne peut qu'être approximatif. Afin de procéder à une évaluation quantitative du phénomène, les chercheurs peuvent s'appuyer sur des études longitudinales (telle l'étude de Cambridge[211]) ou effectuer une enquête dans une prison afin d'extraire un échantillon représentatif et extrapoler à la population générale. Mais certains prisonniers peuvent ne pas déclarer l'exacte vérité et, surtout, ignorer s'ils ont des enfants ou leur nombre exact ! Seule la Suède disposerait d'une base de données croisant les registres de l'état civil et le casier

[211] David P. Farrington est le coordonnateur de la *Cambridge study in delinquent development* (*CSDD*) qui porte sur 411 garçons suivis depuis 1961 alors qu'ils avaient sept ans et vivaient dans les quartiers ouvriers du sud de Londres. À l'âge de cinquante ans, 41 % d'entre eux avaient été reconnus coupables d'infractions pénales. Six facteurs de prédiction du risque d'être condamné ont été identifiés : la condamnation d'un parent, la grande témérité, l'échec scolaire, les mauvaises conditions de logement, une vie de famille perturbée et une famille nombreuse de cinq enfants ou plus (D. P. Farrington, M. M. Ttofi et R. Loeber, *Facteurs de protection contre la délinquance* : *RFCDP* 2014, n° 2, p. 39 (sur les données de la *Cambridge Study* et celles tirées d'autres études).

judiciaire, seul outil permettant d'évaluer exactement le nombre d'enfants de prisonniers.

En France, au 1er septembre 2016, 68 253 personnes étaient écrouées et détenues (sur un total de 78 767 personnes « sous écrou », ce qui ne veut pas dire nécessairement détenues puisqu'environ 10 000 sont placées sous surveillance électronique mobile). En admettant que 30 % d'entre elles aient un enfant biologique, il existerait au minimum 20 000 enfants dont un parent est incarcéré. Le chiffre réel ne peut être que supérieur : certains prisonniers ont plus d'un enfant ; en outre, les enfants de leur conjoint, nés d'une précédente union, doivent être comptabilisés dans la mesure où l'incarcération d'un « beau-père » ou d'une « belle-mère » produit en grande partie les mêmes effets néfastes que celle d'un père ou d'une mère biologique.

À l'inverse, il est des situations où l'absence du parent écroué est relativement neutre, en tout cas sur le plan psychologique (mais non sur le plan financier pour le conjoint à l'extérieur qui subit toujours une perte de revenus et doit assumer des dépenses supplémentaires). Tel est le cas lorsque l'enfant n'entretenait aucune relation avec son parent dont il ignorait peut-être même l'existence. Dans une enquête effectuée au sein d'une prison anglaise, Murray observe que 50 % seulement des enfants de prisonniers vivaient avec leur père ou l'avaient rencontré le mois précédant son incarcération. Mais ce genre de situation est toujours réversible et nouer des liens familiaux qui n'ont jamais existé demeure un élément de réinsertion.

L'incarcération d'un parent peut même être bénéfique à court terme si elle met fin à des actes de maltraitance.

15. - Selon les données extraites de l'étude de Cambridge[212], l'enfant dont un parent est emprisonné a :

- Trois fois plus de risques d'adopter des **comportements antisociaux** et ce jusqu'à l'âge de 48 ans (exemple : 21,4 % des individus qui n'ont pas subi la séparation de leurs parents avaient été condamnés pénalement entre dix et dix-huit ans, contre 65,2 % de ceux qui avaient vécu une incarcération parentale entre leur naissance et l'âge de dix ans ; le taux de chômage respectif de ces deux catégories, à l'âge de dix-huit ans, était de 19,8 % et 76, 2 %) ;
- Deux fois et demie plus de risques d'avoir des **troubles psychologiques** (stress, dépression, troubles du sommeil, jusqu'à retrouver les symptômes du syndrome de stress post-traumatique).

Chaque phase du processus pénal est perturbatrice à sa façon. Une arrestation violente, sous les yeux de l'enfant, à l'aube, par des policiers armés et vociférants produit le plus aigu et le plus durable des traumatismes infantiles. Au cours de la détention provisoire, les permis de visite sont accordés par le juge d'instruction (dont l'ordonnance peut être frappée uniquement d'un recours devant le président de la chambre de l'instruction) qui peut rejeter la demande formulée au nom de l'enfant dans l'intérêt des investigations en cours (par exemple, lorsque l'enfant a assisté à une conversation entre le détenu et une autre personne mise en cause et sert donc de témoin). La phase du procès pénal est souvent peu compréhensible pour l'enfant sinon toute la famille. En revanche, la juridiction de jugement

---

212 J. Murray et D. P. Farrington, Les effets sur l'enfant de l'incarcération parentale : AJP 2011, p. 398.

ou, ultérieurement, celle de l'application des peines peuvent privilégier des peines alternatives à l'emprisonnement ou des aménagements de peines de nature à maintenir le lien parental. La pire situation mais aussi la plus exceptionnelle est celle du père incarcéré durant une ou deux décennies dans un couloir de la mort aux États-Unis, avant d'être exécuté ; en pareil cas, la réglementation pénitentiaire américaine interdit même tout contact physique avec le visiteur.

16. – Les études statistiques livrent cet autre constat. L'échec scolaire, la consommation de drogue ou d'alcool, l'absence de diplôme, le chômage dont souffre un jeune sont directement corrélés à l'incarcération de l'un de ses parents.

Cependant, il n'est pas possible d'affirmer que celle-ci soit la cause de ces multiples problèmes. Il est même probable qu'ils aient souvent préexisté à l'enfermement du père ou de la mère.

Enfin, les études n'ont pas mis en évidence de différences entre les races ou types ethniques ni entre les sexes (selon que le parent incarcéré est le père ou la mère).

17. – L'incarcération est donc une variable indépendante qui produit un puissant effet négatif et à plus long terme, criminogène. Les explications en sont multiples. Indépendamment de la menace que la séparation fait peser sur l'attachement familial (*attachment*) et sur l'apprentissage social auprès du modèle parental (*social modeling*), l'enfermement aggrave la **situation économique** de la famille. Or, la précarité subie pendant l'enfance est un terreau fertile pour le développement de la délinquance juvénile.

Généralement, l'épouse ou la compagne du prisonnier subit la perte d'un revenu d'activité. Si elle est contrainte de se mettre à travailler, elle devient moins disponible pour élever et surveiller son enfant. À l'inverse, elle peut être contrainte de démissionner de son emploi afin de trouver la disponibilité nécessaire pour rendre visite à son conjoint et y accompagner son enfant mineur. La perte de revenus peut entraîner celle du logement. Dans tous les cas, l'incarcération engendre des frais et des dépenses nouvelles (baby-sitting ou garde d'enfant, déplacements et hébergement à proximité de l'établissement pénitentiaire s'il est éloigné du domicile, achat de vêtements et de denrées pour le prisonnier, frais d'avocat si l'aide juridictionnelle n'est pas accordée en totalité…).

L'incarcération d'un parent fait peser une « taxe occulte » sur la famille.

18. – En outre, l'incarcération parentale expose l'enfant à une **stigmatisation** (au sens d'Erving Goffman et de la *labeling theory*[213]), c'est-à-dire à l'ostracisme, la dévalorisation, la culpabilité, la honte, la moquerie et des préjugés de la part des camarades. De plus, avant une visite (dont la préparation est souvent fastidieuse en raison du formalisme de l'administration pénitentiaire et de l'éloignement géographique éventuel), la mère n'a d'autre choix que d'informer le personnel enseignant sur le motif de l'absence de l'enfant au cours de la semaine.

La circonstance que le père est poursuivi pour une infraction infamante (de nature sexuelle) ou que la ou les victimes vivent dans le même quartier ou village que son conjoint et son enfant accroissent évidemment la stigmatisation au point de rendre le quotidien invivable. Dans certains pays, le nom et l'adresse des délinquants (sexuels) sont rendus publics sur internet et exposent les familles à

[213] P. Morvan, *Criminologie*, LexisNexis, 2e éd., 2016, n° 132.

la vindicte publique. Le déménagement et un changement d'école, eux-mêmes déstabilisants pour l'enfant, deviennent inéluctables afin de retrouver un semblant de sérénité.

19. – Au total, c'est le **cycle du crime et de la punition** qui se perpétue par-delà les générations. Les enfants de prisonniers ont un risque accru d'avoir maille à partir avec le système pénal et de connaître à leur tour l'emprisonnement. Pire, les enfants concernés sont des victimes inconscientes et invisibles.

Premièrement, Murray observe que, selon les dires des prisonniers interrogés, 74 % des enfants ne savaient même pas que leur père était incarcéré ! 52 % des familles d'accueil n'étaient pas non plus au courant. En outre, l'entourage de l'enfant (sa mère, ses frères et sœurs, etc.) a tendance à lui mentir (« papa est parti en voyage, il est à l'hôpital... ») et ce d'autant plus qu'il est jeune, si la mère était séparée du père et si ce dernier a été condamné et n'est plus simplement détenu. L'opacité règne autour de l'incarcération parentale. Dans la quasi-totalité des cas, il serait bénéfique que **l'information** parvienne aux principaux intéressés.

Deuxièmement, les enfants ne reçoivent aucune assistance de la part des services sociaux ou de probation. Seule l'administration pénitentiaire, au bout de la chaîne pénale, « dans les murs », s'efforce de contribuer aux « maintien des liens familiaux » par divers moyens (amélioration de l'organisation des visites, aménagement de 45 parloirs familiaux et de 85 unités de visite familiale [UVF]...). Bien **des progrès restent à accomplir en dehors « des murs »**, là où l'incarcération parentale demeure totalement occultée.

20. – La **sortie de prison** est une étape critique. La perspective de la réunification de la cellule familiale suscite d'ailleurs de fortes attentes de la part du prisonnier

(qui tend à idéaliser les retrouvailles) et de fortes inquiétudes du côté de son conjoint ou ses enfants.

L'absence du parent a modifié les sentiments que l'enfant éprouve envers lui. De nouvelles habitudes ont été prises dans l'organisation quotidienne (à commencer par celle de vivre seule avec son enfant, s'agissant de la mère). L'enfant a pu acquérir une place nouvelle dans le cercle familial. L'éloignement du parent a pu favoriser des attitudes de rébellion à distance au cours de la détention elle-même (« il me juge, il m'interdit... alors qu'il n'est même pas là ») voire de chantage affectif (« il sait que si je me fâche avec lui, je ne viendrai plus le voir »).

De son côté, le parent libéré, qui a été pris en charge par l'institution carcérale, exprime parfois des attentes irréalistes et peine à se réadapter à la liberté. Dans une étude américaine, 60 % des enfants déclaraient n'avoir aucune relation ou qu'une relation négative avec leur parent libéré[214]. Des litiges peuvent surgir relatifs à l'exercice de l'autorité parentale, au logement, à l'éducation, etc.

21. – **Conclusion.** Si les pouvoirs publics ont pris conscience depuis longtemps de la nécessité du maintien des liens familiaux en prison, dans l'intérêt du parent incarcéré, le sort de l'enfant vivant à l'extérieur est totalement occulté. Afin que les enfants de prisonniers ne soient pas les délinquants et prisonniers de demain, une politique doit être bâtie autour de plusieurs axes :

---

[214] Differences between Delinquent Youth with and without a Parental History of Incarceration : Final Report on the Project (School of Social Work, University of Missouri), A. Dannerbeck (ss dir.), p.17, cité par : O. Robertson, *Parents en prison : les effets sur leurs enfants*, Bureau Quaker auprès des Nations-Unies, 2007, p. 44 (disponible sur internet).

- Réaliser un recensement systématique des enfants de prisonniers et identifier les populations à risque justifiant une intervention sociale ;
- Proposer un suivi psychologique des parents isolés et enfants de prisonniers ;
- Prévenir la précarité économique des familles confrontées à l'incarcération ;
- Prévenir la stigmatisation en milieu scolaire ;
- Informer les enfants et les familles d'accueil ;
- Accompagner la sortie de prison et la réunification de la cellule familiale (lorsque celle-ci n'est pas exclue par un contexte de violences).

Section 3 : Table ronde

Florence Froissart, Conseiller délégué à la protection de l'enfance à la Cour d'appel de Nancy : En ce qui concerne les effets bénéfiques de la séparation, il est vrai que l'incarcération d'un parent peut à certains moments apporter un soulagement dans des situations de grande tension familiale. La libération prochaine d'un parent (le père généralement) peut également être source d'inquiétude. D'expérience, il nous est arrivé de voir des mères et des enfants qui ne veulent même pas être dans le champ de vision de la visioconférence tellement ils ont peur de croiser le regard de ce père incarcéré. C'est une réalité ! Il y a beaucoup à dire sur les pistes de réflexion pour améliorer la prise en charge des enfants qui subissent l'incarcération ou les effets pervers que peuvent entraîner l'incarcération d'un ou de leurs deux parents.

Dominique Boh-Petit, Avocate au barreau de Metz, Membre de l'Observatoire International des Prisons : Je prends la parole un peu au nom de ceux et celles qui ne l'ont plus, c'est-à-dire les détenus. Je suis avocate pénaliste et j'ai fait le choix de défendre en priorité les personnes incarcérées. Je milite à l'Observatoire international des prisons et je mène à ce titre un véritable combat pour essayer de faire en sorte que ceux dont j'ai la charge continuent à pouvoir exercer leurs droits fondamentaux, leur droit à la santé, leur droit au travail et leurs droits parentaux. Être père ou mère en prison, c'est mission impossible car on est derrière le mur et se faire entendre comme papa ou comme maman est un combat. Partant du principe que le détenu est un sous-citoyen, que la prison est une zone où le droit a du mal à pénétrer, vous imaginez aisément que rester en contact avec ses enfants ou maintenir des liens avec ses enfants est un véritable combat.

Pour revenir au sujet des femmes et de l'enfant incarcéré, je suis venue ce matin en me disant que c'est contraire à tout de mettre un enfant en prison. Je suis confortée dans mon idée par les interventions des uns et des autres. J'ai écouté avec attention Madame la directrice du Centre pénitentiaire de Nancy-Maxéville et j'ai retenu qu'il y a d'une part la prison avec ses objectifs sécuritaires et avec toutes ses contraintes, et d'autre part il y a l'enfant, qui doit être vu comme tel à travers le prisme de ce qu'on appelle l'intérêt de l'enfant. Or, cela me paraît être complètement antinomique. J'entends Madame Doukhi qui vient de nous dire « attendez, ne croyez pas une minute qu'on met des blouses roses et qu'on a des chaussons aux pieds pour ne pas réveiller le nourrisson ». Elle nous a dit clairement que le nourrisson vit en prison et que cela est dramatique. Ce que je vois de la place de ceux et celles qui sont en prison, donc de la mère, c'est que cette situation il faut l'éviter. Je pense qu'un enfant n'a rien à faire en prison.

Il y a une chose dont on n'a pas parlé mais qui anime mon quotidien : la prison n'est qu'un passage dans la vie d'un être humain. Un être humain commet une faute, un crime ou un délit, il est incarcéré. Tout le monde ressort de prison, c'est mon leitmotiv au quotidien parce que je vois au quotidien des gens enfermés dont l'objectif est de tenir et de ressortir. Tout le monde va ressortir de prison à un moment « t », une fois que la peine sera purgée. Quand on est une mère de famille, le problème va être de garder le contact avec l'enfant. Imaginez une mère qui a son enfant dans sa cellule pendant dix-huit mois, qui va le perdre au moment des dix-huit mois mais qui, elle, va rester incarcérée pendant encore une certaine période. Il y a alors un énorme problème. La mère n'a pas d'outils ni de moyens pour tout mettre en place pour garder de véritables liens avec l'enfant. Cette situation est d'autant plus grave que, à ses dix-huit mois, l'enfant est placé au centre départemental de l'enfance ou dans la famille du conjoint ou chez les grands-parents ou ailleurs. S'il est un moment qui doit porter une réflexion c'est bien celui-ci. Cela me conduirait à dire qu'il ne faut pas incarcérer un enfant avec sa mère. Il faut trouver un autre système. Or, des autres systèmes il y en a : l'incarcération hors les murs ça existe et ça s'appelle notamment la surveillance électronique. Je crois qu'on parle ici de cinquante enfants par an qui sont confrontés à ce problème. Si on ne peut pas gérer cinquante détenues, c'est-à-dire cinquante mamans détenues, je crois qu'on peut tous rentrer chez nous car il n'y aurait de solution à rien. Trouver des solutions pour cinquante enfants il y en a : par exemple la surveillance électronique mobile à partir du moment où une détenue est mère de famille, plutôt que d'incarcérer un enfant pendant dix-huit mois avec toutes les conséquences que l'on a entendues, avec tout ce que cela pose comme problèmes. Tant qu'à faire, il vaut mieux faire autrement. Il ne faut pas laisser entrer l'enfant en prison sachant qu'il faut aussi penser à l'après dix-huit mois. Je pense qu'il faut offrir à la mère la possibilité d'être placée hors les murs, par exemple sous surveillance électronique ou sous contrôle judiciaire (même aussi avec un bracelet). Il faut lui offrir la possibilité de prendre en charge cet enfant qui est né, de l'aider à démarrer dans la vie et d'être à ses côtés. Les modalités propres à la suite des dix-huit mois seront ainsi enfin prévues parce que là, croyez-moi, c'est compliqué et je dirai même que c'est dramatique pour l'enfant bien souvent.

Bruno Py, Professeur de Droit privé et sciences criminelles, Université de Lorraine : Pour revenir, avec le regard du juriste, sur la notion d'immunité pénale évoquée pour certaines catégories de femmes mères de très jeunes enfants : certains ne risqueraient-ils pas de faire commettre des infractions par des femmes enceintes en raison de l'immunité ? On peut à la marge raisonner sur des détails.

Dominique Boh-Petit, Avocate au barreau de Metz, Membre de l'Observatoire International des Prisons : Bien sûr il y a toujours des exceptions absolument effroyables mais sûrement marginales.

Bruno Py, Professeur de Droit privé et sciences criminelles, Université de Lorraine : Un des points intéressants évoqué précédemment a été celui du statut médical de l'enfant en prison. Nous savons qu'il y a des enfants dont le statut est un peu « hors sol » : ils ne sont pas écroués, ils ne sont donc pas usagers de l'administration pénitentiaire, ils ne bénéficient pas des dispositions de la loi de 1994 qui permettent à tous les détenus d'être pris en charge par une convention hospitalière et par des unités hospitalières dans la structure. On a parlé du cas spécifique de Fleury qui bénéficie d'une convention originale avec un détachement de personnel. Ce n'est toutefois pas l'hôpital. Et d'ailleurs, cela a été dit, quand un enfant avec sa mère est malade, il faut appeler le SAMU quand les médecins ne veulent pas se déplacer. Or, logiquement, ils peuvent ne pas se déplacer.

Bruno Boyer, Conseiller national de l'Ordre des médecins : Quelle que soit l'opportunité que l'enfant, le nourrisson, soit en prison, on peut vraiment s'interroger sur la charge que représenterait la prise en compte dans un autre cadre de ces quelques dizaines de couples mère-enfant à gérer qui sont en l'occurrence pris en charge dans des structures pénitentiaires fermées adaptées ou non (quand c'est quinze mètres carrés c'est formidable mais quand ce n'est pas quinze mètres carrés ce n'est pas grave ; quand on peut séparer des espaces c'est parfait mais ce n'est pas la règle). Effectivement, les personnels pénitentiaires ne mettent pas de petits chaussons roses et ne font pas les rondes sur la pointe des pieds pour ne pas réveiller le bambin parce qu'ils ont de nombreuses autres occupations.

Sur l'opportunité du petit en prison auprès de sa mère, certainement il y a-t-il autre chose à envisager ou à espérer. En tant que non juriste et non connaisseur du milieu pénitentiaire, je me garderais toutefois de prendre une position ferme sur ce point. Pour nous, Ordre des médecins, l'enfant est un patient comme les autres. Il dispose de tous ses droits bien qu'il soit sous l'autorité parentale de sa mère qui, elle, est loin de disposer de tous ses droits. C'est dire si le médecin peut se retrouver dans des situations extrêmement complexes et difficiles, avec des injonctions très paradoxales à accomplir. Deux grands piliers commandent l'action des médecins dans ce cadre : l'indépendance professionnelle et le respect du secret professionnel qui s'attache au patient, fût-il très jeune. Ce n'est pas simple du tout. En même temps, ne pas affronter ces difficultés c'est priver le jeune patient, le bébé, du rôle du médecin. Ce rôle du médecin il existe, il est très réel, les pédiatres le connaissent mieux que personne pour des enfants et nourrissons de dix-huit mois ou moins. Il y a une présence indispensable (encadrée ou non), en tout cas une vraie disponibilité nécessaire du médecin qui n'est pas celle de l'équipe pénitentiaire auprès de l'enfant. Les médecins doivent se mettre en condition de remplir ce rôle, que ce soit dans le cadre de structures constituées ou dans d'autres cadres (dont j'ignore les proportions). Il y a ce rôle sanitaire immédiat et il y a le rôle du moment très particulier de la sortie de l'enfant : quel est alors le rôle du médecin ? Comment est-ce qu'il doit s'accomplir en prévision de la sortie de l'enfant ? La première fonction, le premier challenge, va probablement être de faire en sorte d'organiser, d'anticiper les choses, pour que l'enfant, après qu'il soit sorti de prison, ait au moins autant d'accès aux soins, à la santé, qu'il en avait pendant l'incarcération de sa mère. On peut rapprocher ce challenge d'un autre, qui n'est pas si éloigné, qui est celui des adultes incarcérés qui vont devenir des libérés en situation de précarité sociale et économique. Les intervenants qui entourent ces personnes en situation de précarité disent volontiers qu'ils étaient probablement en meilleure santé, mieux soignés et avaient davantage accès aux soins pendant l'incarcération qu'après. Probablement que l'un des rôles du médecin auprès de l'enfant est de faire en sorte que le lien se tisse, que le fil se crée et de préparer ainsi la sortie. Et puis le deuxième rôle du médecin, certainement encore plus complexe, est d'essayer par son action d'éviter autant que faire se peut que cette période particulière de sa vie ne soit trop criminogène ou trop délétère sur la santé à venir de l'enfant. Il faut faire avec les moyens du bord mais en étant disponible.

Alors la remarque qui s'impose finalement, et je conclurai sur cette ouverture, est de dire que je ne suis pas certain qu'on trouve facilement des médecins pour intervenir en dehors des heures, en dehors de la structure dédiée, *etc.* auprès des enfants de mères incarcérées. Je crois que la solution à cette problématique passe par la formation et l'information des professionnels de santé. Je suis persuadé que la grande majorité d'entre eux serait prête à le faire si on leur donne des outils, si on leur donne de quoi se débarrasser des fantasmes selon lesquels il est très compliqué d'entrer et de sortir (et donc très chronophage). Mais encore faut-il qu'ils sachent que cette question se pose et, s'ils en savent aussi peu que moi jusqu'à il y a quelques semaines, ils ont besoin de formation. Des journées comme celle-ci peuvent y contribuer. Pour les personnes en situation de précarité on peut déclencher de la bonne volonté, de la disponibilité en détruisant un peu les fantasmes négatifs, en disant cela existe c'est faisable, on peut y participer.

Bruno Py, Professeur de Droit privé et sciences criminelles, Université de Lorraine : Je voudrais revenir sur une chose qui m'a étonnée, ou plutôt une frustration de ce matin. Nous n'avons pas balayé l'ensemble des typologies des femmes et de la naissance ou de l'accompagnement par un très jeune enfant. Or, il me semble qu'il y plusieurs scenarios possibles : il y a d'abord la femme qui arrive enceinte au moment de son incarcération, en début ou en fin de grossesse, et pour qui, en fonction de l'évolution de sa grossesse on va anticiper, préparer l'accouchement. Il faudra alors se décider si l'enfant reste ou pas en fonction des critères précédemment vus. Il y a ensuite la femme incarcérée non enceinte mais qui a un enfant. Elle peut avoir accouché il y a quinze jours ou il y a un mois et la question est alors de savoir si ce nourrisson doit entrer en même temps qu'elle. Il y a enfin le cas qui a été évoqué (puisqu'il peut y avoir plusieurs grossesses sur une longue détention) des femmes qui vont être enceintes alors qu'elles sont en prison depuis cinq ou dix ans. Cela est tout à fait envisageable soit parce que bénéficiant d'une permission ou d'une UVF elles ont eu des relations intimes tout à fait transparentes, soit parce qu'il y a eu des acrobaties au parloir ou toute autre raison qui ne nous regarde pas ! Il me semble que ce sont des parcours différents entre la jeune femme enceinte de trois mois, celle qui est arrêtée alors qu'elle a un nouveau-né au domicile et celle qui est enceinte au bout de quinze ans de détention. Ce ne sont pas les mêmes cas.

Adeline Hazan, Contrôleur générale des lieux de privation de liberté : Je voudrais d'abord réagir à deux ou trois choses qui ont été dites auparavant. D'abord, ce que j'ai entendu d'intéressant c'est le fait qu'on ne parle que de la mère avec un enfant en prison. Manifestement, le législateur ne s'est jamais posé la question du père ayant un enfant en prison. Je trouve qu'il s'agit d'une question intéressante et sur laquelle il faudrait se pencher. Après tout, quand les deux parents ont l'autorité parentale, au fond, pourquoi ce ne serait pas le père ? Après, si on allait dans ce sens, qui déciderait, est-ce que ce serait le père ou la mère ? Dans un monde idéal, ce serait d'un commun accord. On pourrait aussi concevoir que ce soit le juge qui décide comme quand deux personnes se séparent. Dans cette hypothèse d'ailleurs il y a assez peu de chance que le juge décide d'attribuer la garde au père incarcéré. Il s'agit en tout cas d'une piste intéressante. A vrai dire il faut bien voir que dans la pratique ce sont très souvent des familles monoparentales et souvent des mères.

La deuxième chose qui m'a fait réagir c'est qu'au fond il s'agirait d'une forme de discrimination d'autoriser la mère à garder son enfant hors de la prison parce ça ferait « disparaître l'intention criminelle ». Ce serait alors une sorte d'immunité. Or, il n'en a jamais été question ! Il s'agit de modalités d'application de la peine selon lesquelles une femme enceinte ou ayant un enfant en bas âge ne fait pas de prison. Mais là où c'est intéressant c'est que cela conforte l'idée générale selon laquelle dès qu'il n'y a pas de prison il n'y a rien !

L'idée de recenser les enfants de détenus est extrêmement choquante en termes de contrôle social. Cela voudrait dire d'abord que tout enfant de parent détenu a forcément des problèmes. Évidemment, être un enfant dont un parent est incarcéré n'est pas facile. Cela ne signifie pas qu'il va devenir un enfant à problème ou un enfant délinquant. Et si on acceptait ce postulat, alors pourquoi ne pas recenser aussi tous les enfants de parents alcooliques ?! C'est une forme de contrôle social qui me paraît extrêmement choquante.

Enfin, et pour répondre à la question posée concernant les différentes situations amenant un enfant à vivre en prison, le fait est que c'est souvent des femmes qui accouchent en prison, j'ai rarement vu des femmes qui arrivaient en prison avec leur enfant en bas âge.

Fadila Doukhi, Surveillante pénitentiaire, Centre pénitentiaire de Nancy-Maxéville : Il y a peu de temps, on a vu le cas d'un enfant qui était gardé par le papa mais qui n'évoluait plus à l'extérieur. Les médecins ont pris la décision de le faire entrer en prison à l'âge de deux mois.

Adeline Hazan, Contrôleur générale des lieux de privation de liberté : Effectivement ces hypothèses existent mais elles sont très rares.

Florence Froissart, Conseiller délégué à la protection de l'enfance à la Cour d'appel de Nancy : Je partage tout à fait votre point de vue. Je pense qu'autant l'idée d'un enfant qui naît en prison et que l'on va garder auprès de sa mère pendant un certain temps est discutable mais peut se comprendre ; autant l'enfant qui a vécu à l'extérieur et qu'on va faire renter en détention, c'est encore pire. Et sur un plan tout à fait pratique, la question se pose moins car si la mère se retrouve incarcérée il s'est passé d'autres choses avant, comme une garde à vue ou éventuellement une instruction. La prise en charge sociale a, durant cette période préalable, organisé quelque chose pour cet enfant : soit une prise en charge familiale, soit un placement administratif choisi par la mère (la mère pouvant faire le choix d'un accueil à l'aide sociale à l'enfance temporaire le temps de son incarcération). Je pense que l'on aura trouvé d'autres solutions sociales et que l'on hésitera d'autant plus à faire entrer un enfant en prison lorsque celui-ci a vécu d'abord à l'extérieur.

Bruno Boyer, Conseiller national de l'Ordre des médecins : C'est surprenant à entendre car on a évoqué l'intérêt supérieur de l'enfant et lui seul. J'ai l'impression de comprendre dans tous ces propos que l'intérêt supérieur de l'enfant c'est, clairement et sans beaucoup d'ambiguïté, d'être auprès de sa mère jusqu'à dix-huit mois ou à peine plus. Qu'aussi, cet intérêt supérieur de l'enfant est suffisant pour que l'on mette en jeu son accès à la liberté, son éducation en milieu ouvert, *etc.* Finalement, est-ce que le fait que des solutions éventuellement transitoires aient été trouvées pendant que la mère était dans les grandes turbulences de l'arrestation et de la garde à vue n'entre pas en contrariété avec l'intérêt de l'enfant ? Et est-ce que c'est bien l'intérêt supérieur de l'enfant qui commande de le laisser en prison lorsqu'il y naît ?

Adeline Hazan, Contrôleur générale des lieux de privation de liberté : Je crois qu'il faut faire du cas par cas. Tout dépend de l'âge de l'enfant. Imaginez un enfant de un an qui a vécu un an à l'extérieur. L'amener en prison, même dans des conditions spéciales, c'est sûrement un traumatisme plus important encore qu'un enfant qui naît en prison.

Bruno Boyer, Conseiller national de l'Ordre des médecins : Est-il plus important que de se passer de sa mère ? Car finalement c'est cela la question.

Adeline Hazan, Contrôleur générale des lieux de privation de liberté : C'est du cas par cas à mon avis : s'il y a d'autres solutions, en famille proche par exemple, c'est peut-être moins traumatisant quand même pour un enfant d'un an d'être chez l'oncle ou la tante que d'arriver en prison, même avec sa mère, alors qu'il a vécu un an complètement dans le monde libre. Une fois de plus, c'est du cas par cas.

Ce que je voulais également dire par rapport à la question de l'opportunité de la présence d'enfants en prison, c'est que cette situation produit forcément des dégâts puisqu'on est dans le cadre de choses inconciliables (les dégâts de la séparation de l'enfant de sa mère d'un côté et les dégâts qu'un bébé peut vivre dans le milieu carcéral de l'autre). De toute façon il n'y a pas de solution idéale. Je pense qu'il vaut mieux essayer de l'éviter quand c'est possible, tout particulièrement avec les dispositions de la loi de 2014 qui ne sont malheureusement pas appliquées mais qui permettent pour toute mère qui est enceinte de plus de trois mois d'envisager et de trouver des solutions autres que l'incarcération. Cette disposition adoptée par le législateur (et qu'au Contrôle général on réclamait déjà depuis six ou sept ans) prouve bien que c'est sûrement mieux qu'elle ne soit pas incarcérée. Mais il y a des cas où cela n'est pas possible. À partir de là, je pense que le fait qu'existe dans la loi cette disposition, cette possibilité, est quand même un plus. Il y a des cas où, pour des raisons pénales, on ne pourra pas laisser la mère avec un bracelet électronique (des raisons liées à l'affaire notamment). A ce moment, il est préférable quand même que l'enfant soit avec elle au moment où il naîtra.

Je voulais aussi signaler quelque chose qui est au-delà de ce qu'on peut imaginer du point de vue des atteintes aux droits fondamentaux : actuellement dans les prisons françaises, contrairement à la loi et contrairement aux circulaires de l'administration pénitentiaire, la plupart des femmes qui accouchent en prison accouchent en présence de surveillants de l'administration pénitentiaire. Je l'ai encore vu il y a une semaine, je l'ai vu il y a un mois. Souvent les directeurs d'établissement pénitentiaire ne le savent pas mais il est archi-fréquent que des surveillants décident qu'ils vont assister à l'accouchement (voire que la mère accouche avec des menottes). Cette situation est motivée par le fait qu'il n'y a pas de barreaux aux fenêtres mais elle est contraire à la loi et contraire aux recommandations de l'AP. Il faut quand même le savoir ! J'en ai fait un combat depuis deux ans, lequel a abouti en décembre 2015 à un rappel par la directrice de l'administration pénitentiaire et une note interdisant de le faire. J'ai même vu la semaine dernière un établissement où quelqu'un a parlé d'un accouchement provoqué. On a fait une enquête et on se demande si ce n'est pas simplement pour gérer les escortes parce que c'est plus facile. Il n'y avait aucune nécessité médicale pour déclencher l'accouchement et elle a refusé mais on a voulu provoquer l'accouchement parce que c'était plus pratique tel ou tel jour. C'est une situation qui m'indigne totalement.

Je voulais réagir sur l'effet criminogène de la rupture parentale et sur l'étude statistique menée en matière de terrorisme et de détenus radicalisés. Il a été déduit qu'il s'agissait très souvent de jeunes ayant des enfances un peu « cabossées » avec souvent des placements à l'aide sociale à l'enfance, avec des familles monoparentales, *etc.* C'est vrai dans les affaires médiatisées. Il y a quand même – et je travaille sur le sujet depuis deux ans – un phénomène en ce moment qui est extrêmement important en France de détenus très jeunes qui se radicalisent alors qu'ils ne sont souvent pas du tout musulmans à la base, qui sont aussi souvent des jeunes filles, parfois de familles absolument pas « problématiques ». C'est un nouveau phénomène qui interroge beaucoup tout le monde (les chercheurs, les sociologues, les intervenants en prison, les magistrats, nous) et sur lequel, à vrai dire, on n'a pas beaucoup de réponses. Je voulais apporter ce complément à la réflexion car c'est quand même un phénomène très récent et qui va, je le crains, nous occuper beaucoup dans les mois et les années à venir et sur lequel on n'a pour le moment pas beaucoup d'explications à part la crise de l'adolescence, le fait de se faire « happer » par internet ou par une rencontre. C'est quelque chose de tout à fait récent sur lequel on a vraiment intérêt à se pencher.

Fadila Doukhi, Surveillante pénitentiaire, Centre pénitentiaire de Nancy-Maxéville : Pour réagir aux précédents propos, cela fait bien dix ans que je n'ai pas vu une femme accoucher en prison avec des menottes et puis avec une surveillante présente. Cela n'existe pas dans l'Est du moins.

Je voulais aussi parler de quelque chose qui m'a un peu choquée : je n'ai jamais vu de maman détenue allaiter son enfant. Souvent ce n'était pas possible pour elles. Les détenues me disaient qu'elles ne pouvaient pas, qu'elles préféraient donner le biberon. J'ai discuté avec une personne de la PMI qui me disait en effet qu'elles ont un blocage. Toutes les surveillantes que j'ai interrogées me disent que les enfants en prison sont très sages parce qu'en fait les mamans les portent beaucoup (elles n'ont pas d'activité et n'ont que ça à faire).

Bruno Boyer, Conseiller national de l'Ordre des médecins : Juste pour rebondir et élargir un peu la réflexion, je voudrais reprendre le propos d'étonnement que l'on puisse encore voir en France et en 2016 des accouchements en présence de surveillants. Je suis médecin, je reçois des patientes en consultation. Je connais la réalité du soin des détenus, en tant que président de conseil départemental de l'ordre de médecins, en tant qu'élu national. C'est un combat permanent pour obtenir que les détenus puissent exercer leurs droits à la confidentialité de leurs soins, à un minimum d'intimité ; il n'y a pas que l'accouchement et il n'y a pas que les femmes.

Adeline Hazan, Contrôleur générale des lieux de privation de liberté : Effectivement, il y a aussi les examens gynécologiques pour les femmes ; et pour les hommes c'est fréquent aussi.

Bruno Boyer, Conseiller national de l'Ordre des médecins : Alors comment cela se passe en pratique ? Vous êtes en consultation, vos consultations qui sont de deuxième ou de troisième recours sont chargées et vous voyez arriver le rendez-vous de Mme « Durant ». Son l'état de santé nécessite clairement qu'on ne prenne pas un mois et demi de retard dans le diagnostic, les prélèvements et ce qui doit être fait pour elle. Et puis vous, avez avec elle trois professionnels de l'administration pénitentiaire (plus ou moins selon l'organisation du service) et vous dites « Merci messieurs, merci mesdames, vous pouvez sortir » et la réponse est « non ». Non, mais pourquoi ? Parce que c'est un protocole. En tant que défenseur de l'application sur le terrain au quotidien et pour chaque patient de la déontologie médicale, on engage nos confrères à ne pas accepter cette pression. Le problème est que ne pas accepter la pression c'est dire « au revoir madame, vous reviendrez me voir avec votre lésion qui nécessite des soins urgents dans six semaines quand la prochaine extraction sera prévue ». Alors bien sûr qu'on donne des soins, qu'on attente à la pudeur du patient ou de la patiente, bien sûr qu'on entend ses confidences même si on met l'oreille près de la bouche. On est extrêmement loin de la circonstance ponctuelle où ce serait le dernier bastion où les droits ne seraient pas respectés. Ce n'est pas du tout comme cela. C'est dans les structures où les procédures sont suffisamment abouties, suffisamment civilisées – j'ose le terme – pour que les patients, par le biais d'une organisation, d'anticipation et de mis en jeu de moyens, que l'intimité peut être respectée. Les médecins ne demandent pas la présence de gardiens, ils ne demandent qu'à consulter seuls, même des détenus dangereux. Je connais bien ces circonstances et on n'en a pas les moyens. J'en profite donc juste pour dire que la réalité quotidienne c'est le soin en présence de surveillants, ce n'est pas le soin sans les surveillants, et c'est sûrement vrai aussi pour les accouchements.

Adeline Hazan, Contrôleur générale des lieux de privation de liberté : La réglementation c'est que les détenus sont classés 1, 2 ou 3 en fonction de leur dangerosité ; s'ils sont classés en 3 donc détenus dangereux, il faut qu'il y ait le surveillant et ils sont menottés, voire entravés, c'est la règle. La difficulté, et c'est ce qui n'est pas normal, c'est que même ceux qui sont en classe 1 (donc classés comme absolument pas dangereux) pour qui il y a des instructions qui prévoient qu'ils ne doivent être examinés ni en présence d'un surveillant ni menottés ou entravés, ceux-ci le sont quasi systématiquement. J'ai même vu des personnes de soixante-dix ou soixante-quinze ans qui arrivaient pour une anesthésie en fauteuil roulant à qui on a laissé les entraves aux pieds pendant l'opération. Je ne dis pas que c'est la faute des médecins. Au départ, quand j'ai pris mes fonctions, je me suis un peu étonnée que les médecins acceptent. Aujourd'hui, je comprends bien le médecin qui accepte compte tenu de l'urgence et pour de ne pas faire revenir la patiente dans trois mois. Ce n'est pas au médecin qu'il faut dire de respecter à tout prix le secret médical, c'est à l'administration pénitentiaire de sanctionner ses membres qui ne respectent pas les textes qui sont relativement raisonnables. Lorsque le détenu est dangereux, évidemment il y a quelqu'un qui doit être toujours à ses côtés. C'est normal, on n'est pas angélistes, on n'est pas laxistes. Toutefois, pour un détenu qui ne présente aucun signe de dangerosité, c'est inadmissible que les surveillants, à l'encontre des textes, restent dans le cabinet de consultation voire de la salle d'opération.

Fadila Doukhi, Surveillante pénitentiaire, Centre pénitentiaire de Nancy-Maxéville : Pour ceux qui sont sous escorte 3 ou pour les « DPS », détenus particulièrement surveillés, il faut savoir que nous, les surveillants, ne sommes que des exécutants. On fait ce qu'on nous demande. Si on est trois à sortir, on est trois à ne pas pouvoir être là pour éviter des guet-apens, des évasions (parce qu'on a eu beaucoup d'évasions lors d'extractions). Si demain on a une évasion (et on en a eu une en Moselle) d'un détenu qui commet un crime, la faute va être imputée à l'administration pénitentiaire. On a le dos large, on prend beaucoup. Si on est tous prêts à travailler, je veux bien. Ce n'est pas à nous de changer les lois, c'est au législateur. Nous on n'est que des exécutants, on garantit la sécurité.

Anne Brandicourt, Cadre de la nurserie de Fleury-Mérogis : J'ai bien entendu tout le négatif qui est ressorti des débats. J'ai l'impression qu'on a oublié le positif : l'incarcération de ces enfants dans l'unité un peu particulière de Fleury-Mérogis. Est-ce qu'on ne peut pas plutôt travailler à développer ce genre d'unité dans la France ? On a parlé des problèmes géographiques mais si on se base sur l'intérêt de l'enfant, est-ce qu'on n'a pas intérêt à développer ces unités au détriment des rapprochements géographiques plutôt que d'avoir plusieurs petites unités dans beaucoup de prisons françaises où il n'y a qu'une ou deux places ? Est-ce qu'on n'a pas intérêt à développer des unités comme Fleury avec du personnel dédié qui fonctionne avec des médecins de PMI qui passent et du personnel qui est présent cinq jours sur sept ?

Je rebondirai par rapport à l'allaitement. À Fleury-Mérogis, les femmes accouchent à l'hôpital et elles sont surveillées dans les trois jours suivant l'accouchement dans l'unité « kangourou » ce qui permet un accompagnement à l'allaitement. Par conséquent, la plupart des femmes incarcérées à Fleury allaitent leur enfant.

Pour ce qui est de la séparation à dix-huit mois, il faut savoir que c'est rare. Bien souvent ces femmes sont condamnées à des peines très courtes. C'est donc exceptionnel d'avoir des enfants qui sont séparés de leur mère. Généralement ils sortent ensemble.

Puisque c'est une cinquantaine d'enfants qui sont concernés, est-ce qu'on n'a pas intérêt à développer quatre ou cinq unités qui accueilleraient une quinzaine d'enfants ?

Fadila Doukhi, Surveillante pénitentiaire, Centre pénitentiaire de Nancy-Maxéville : Le Garde des sceaux vous répondrait qu'on n'a pas d'argent. Je trouve que c'est une très bonne idée. Quand j'entends cela je suis contente pour les mères détenues, l'équipe de Fleury est une équipe volontaire et qui reste dans le quartier. Toutefois, dans les autres structures ou les autres établissements, dans le cadre du maintien des liens familiaux, je ne vois pas une femme accoucher à Strasbourg et monter à Fleury dans l'unité ; à moins effectivement de développer ces unités.

Adeline Hazan, Contrôleur générale des lieux de privation de liberté : La question posée est très intéressante. Personne n'a oublié l'exemple de Fleury et tout le monde semble considérer que c'est une expérience formidable. Simplement, le revers de la médaille c'est le peu d'établissements pour peines pour femmes. L'avantage est une structure d'une certaine importance où il peut y avoir beaucoup de personnels, le revers c'est l'éloignement par rapport au reste de la famille, au père notamment. Il y aurait moins de proximité même si c'est un choix.

Julie Leonhard, Maître de conférences en Droit privé et sciences criminelles, Université de Lorraine : Quand on parle des alternatives à l'incarcération du mineur auprès de sa mère, je trouve que c'est beau mais en même temps assez restreint. L'alternative est juste offerte à la femme auteur de délit. Même si quantitativement parlant c'est le plus souvent le cas, n'oublions pas les femmes criminelles qui elles n'ont pas cette possibilité offerte par la loi de 2014 réservée aux personnes condamnées à une peine « d'emprisonnement ». Elles ne peuvent pas non plus bénéficier du bracelet électronique puisqu'il faut avoir été condamné à une peine ou qu'il reste une peine à subir de deux ans. Or, la plupart du temps elles arrivent enceintes plus qu'elles ne tombent enceintes en détention. Je me demandais donc s'il ne s'agirait pas d'un autre cheminement que de demander au législateur qu'il se positionne sur les femmes criminelles puisque, pour elles, la question de l'opportunité est un peu écartée. Elles n'ont qu'un choix, le garder ou ne pas le garder ; on ne leur offre pas d'alternative à la peine privative de liberté.

Bruno Py, Professeur de Droit privé et sciences criminelles, Université de Lorraine : Sur les environs cinquante enfants concernés chaque année, quelle est la part de ceux accompagnant leur mère condamnée pour crime ?

Marie-Hannick Horel, Surveillante pénitentiaire, Centre pénitentiaire pour femmes de Rennes : Au Centre pénitentiaire pour femmes de Rennes, on a actuellement trois femmes qui sont des longues peines et qui ont fait le choix de faire un enfant en détention en sachant très bien que leur enfant partirait bien avant elle. C'est un phénomène nouveau auquel on assiste depuis quelque temps. C'est un effet pervers des UVF et en même temps un effet pervers des nurseries puisqu'on a quand même un système qui est mis en place qui fonctionne et les femmes s'imaginent qu'il y a quelque chose qui est possible.

Chapitre 2 : L'opportunité de la limite d'âge fixée

Section 1 : Le développement de l'enfant en prison

Par Françoise Thirion, Pédiatre

Les femmes détenues qui deviennent mères ont le droit de garder leur enfant près d'elle, choix qu'elles font dans 99 % des cas.

Les enfants sont l'avenir d'une société ; même si « tout ne se joue pas à 3 ans », les premières années sont très importantes dans la vie de l'enfant.

C'est pourquoi il semble important de bien connaître le développement de l'enfant et le retentissement que pourra avoir sur lui la détention.

§1 : Le développement de l'enfant

1. - Il s'envisage à plusieurs niveaux :

- Staturo pondéral : c'est-à-dire sa croissance en taille et en poids ; toute pathologie pouvant retentir sur celui-ci (ex : la petite taille de certains enfants victimes de maltraitance)
- Psychomoteur : à savoir le comportement en termes d'acquisition (ex : la marche, le fait de savoir faire du vélo)
- Sensoriel : essentiellement la vue et l'audition.
- Psycho-affectif : les relations avec sa mère, sa famille au sens large et ses pairs.

2. - Plusieurs tableaux peuvent être décrits en fonction de l'âge :

- Le nouveau-né

Il est passif et replié sur lui-même. Il est sensible à la voix de sa mère ; il nécessite qu'on apporte des soins de nursing et que l'on assure son alimentation ce qui lui procure une sensation de détente et de bien-être.

Il manifeste son inconfort par des pleurs et des cris.

- Le nourrisson de 1 à 8 mois

Il répond aux *stimuli* sur le plan moteur : tient sa tête puis tient assis et debout.

Il sourit et devient interactif avec l'adulte ; il a plaisir à échanger (vocalises, réponses, musiques).

Il découvre la triade père, mère, enfant.

L'importance des stimulations dans ce jeu interactif doit s'adapter à chaque enfant.

L'alimentation se diversifie ; il découvre tous les aliments et remplace progressivement le biberon par la cuillère.

À 8 mois il reconnaît les familiers, a besoin d'un attachement sécure et éprouve de l'angoisse face à une séparation maternelle.

- De 8 mois à 12 mois

Il se déplace à 4 pattes, puis en marchant.

Il répond à l'appel de son nom.

Il recherche sa mère ; commence à avoir des conduites agressives envers ses pairs.

- De 12 à 18 mois

Il est autonome : marche à une main puis seul ; monte les escaliers tenu à une main.

Il dit quelques mots, comprend le non.

C'est le début des interdits, il découvre la frustration.

Il joue en parallèle avec d'autres enfants.

Il aime être avec sa mère, prend conscience de ce qu'il peut faire et comprend tout ce qui se passe autour de lui.

- De 18 mois à 3 ans

Il grimpe, court, fait du tricycle.

Son vocabulaire s'enrichit.

Il entre dans une phase d'opposition (la période du NON).

Il découvre le jeu collectif.

Il différencie l'intérieur de l'extérieur.

Il prend conscience de la détention.

§2 : L'attachement mère enfant

Il débute avant la naissance, dans le désir de la mère, puis au travers du prénom choisi.

Le nouveau-né établit un lien avec une personne, dont la proximité physique lui donnera un sentiment de sécurité : le plus souvent il s'agit de sa mère, mais en cas d'empêchement ce peut être toute personne capable de répondre aux signaux de l'enfant quand il est inquiet.

Il est souhaitable que l'attachement soit dit sécure pour l'enfant : celui-ci est heureux de voir sa mère et proteste lors de la séparation.

Une attitude inadaptée de la mère peut créer un sentiment d'insécurité et de détresse chez l'enfant.

Certaines études ont fait le lien entre la qualité de l'attachement à 12 mois et le comportement de l'enfant à 6 ans en termes de qualité des apprentissages et de tolérance à la frustration.

L'enfant peut établir plusieurs attachements différents, mais il y a toujours une figure principale d'attachement.

§3 : La détention

En détention, la mère peut garder son enfant auprès d'elle à condition qu'elle soit détentrice de l'autorité parentale.

Des aménagements ont été réalisés :

La mère et l'enfant partagent une cellule de 15 m^2 équipée de 2 lits, une table, d'un point d'eau avec un plan de change et d'une télévision. Au Centre Pénitentiaire de Nancy-Maxéville, il existe 2 cellules de ce type.

Une nurserie de 30 m^2 offre aux enfants un espace plus grand quand le besoin s'en fait sentir.

Les soins quotidiens et l'alimentation sont assurés par la mère.

Problèmes posés pour l'enfant en détention :

- Liés au lieu

Espace clos, rares contacts avec l'extérieur et la nature.

Uniformité du local (absence d'escaliers, de terrain accidenté) ne favorisant pas la motricité.

Présence permanente de la télévision.

Bruits des portes et des clés.

- Alimentation

Monotone, absence d'image de repas familial ou collectif, aucun contact avec les aliments.

- Du point de vue des contacts sociaux

Omniprésence de la mère, peu de contact avec son père et les autres membres de la famille, aucun contact avec ses pairs.

- Difficultés dans le suivi médical

Les examens mensuels sont effectués par les médecins du Conseil Départemental dans les locaux du secteur géographique et hors la présence de la mère.

Les problèmes se posent en cas de pathologie ou d'urgence où on ne peut faire intervenir qu'un médecin extérieur à l'établissement.

Les difficultés rencontrées en cas de maladie existant chez l'enfant en période néonatale doivent faire réfléchir quant à la possibilité de laisser l'enfant avec sa mère.

CONCLUSION :

Le développement de l'enfant en prison se fera dans de meilleures conditions si sa mère peut lui apporter un attachement sécure.

Ceci dépend à la fois des capacités de la mère et de la tolérance de l'enfant.

Dans tous les cas, il faut dès le début de la détention, préparer la sortie de l'enfant, afin que celui-ci puisse accepter la séparation et intégrer un nouveau milieu. Cela se fera au mieux si l'enfant est déjà habitué au milieu extérieur (crèche, assistante maternelle, PMI).

Section 2 : La vie de l'enfant après la prison

Par Magali Ravit, Professeur en Psychopathologie et Psychologie Clinique, Université Lumière Lyon 2

Je tiens tout d'abord à remercier particulièrement les organisateurs de cette journée, puisque la thématique de ce colloque concerne des enjeux sociétaux fondamentaux faisant trop peu à mon sens l'objet de rencontres entre partenaires juridiques et médico- sociaux.

Je suis professeur de psychopathologie clinique à l'Université Lumière Lyon 2. Mes publications et mes axes de recherche se situent autour de la psychopathologie du passage à l'acte. J'ai travaillé pendant une quinzaine d'années en maison d'arrêt pour hommes et pour femmes, en particulier à la maison d'arrêt de Montluc jusqu'en 2009 ; cette maison d'arrêt a fermé depuis pour être réaffectée au Centre de détention de Corbas où a été construit un quartier pour femmes au sein d'une détention pour hommes (ce qui n'était pas le cas de Montluc qui était essentiellement une maison d'arrêt pour femmes).

La manière dont je vais vous parler est issue de mon expérience clinique en détention, avec la question qui traversera mes propos qui est comment les premiers soins que l'on dispense aux enfants, quels qu'ils soient, dans quel que milieu que ce soit, ont une influence sur la vie adulte… En effet, ce sont les premières modalités de rencontre, d'accordage, qui vont d'une manière ou d'une autre façonner les modalités intersubjectives ultérieures. Ce sont ces modalités premières de rencontre qui vont permettre d'établir les premières formes de communication infra-verbales et langagières par la suite, de construire les linéaments de la communication affective, émotionnelle et pulsionnelle. Cela ne veut pas dire bien sûr que tout est déjà joué dans l'enfance, puisque l'humain a cette capacité de transformer son expérience en fonction des situations et des milieux qu'il rencontre ; mais cela signifie que les premières interactions mère-bébé sont fondamentales dans le devenir adulte. Un point essentiel dans le développement de l'enfant est ce que disait D.W-Winnicott (pédiatre) « un bébé ça n'existe pas », c'est-à-dire que le psychisme de l'enfant n'existe pas d'emblée ; aucune théorie ne peut faire état d'un développement psychique qui ne s'appuie pas sur l'environnement dans lequel vit et baigne le sujet ; on ne peut penser le psychisme de manière solipsiste. Autrement dit, l'enfant et a fortiori l'infans (l'enfant avant le langage verbal) est particulièrement sensible aux états d'être de son environnement dont il est d'abord totalement dépendant avant de devenir plus autonome.

Je ne suis pas venue avec des éléments statistiques, je n'en ai pas tout simplement parce qu'on ne dispose que de très peu d'éléments relatifs à la suite du parcours d'un enfant incarcéré aux côtés de sa mère, ce qui mériterait d'ailleurs de développer des recherches. En revanche, des études ont été menées à Lyon (laboratoire de psychopathologie et psychologie clinique – EA 653) par Denis Mellier qui travaillait beaucoup à l'époque avec les professionnels de la PMI s'occupant des enfants vivant avec leur mère incarcérée. Ces enfants sont généralement extrêmement précoces, marchent très vite. Denis Mellier pensait que pour ces très jeunes enfants, il s'agissait de grandir très vite, d'être rapidement « autonome » comme pour faire sortir leur mère de prison et comme pour ainsi dire la « sauver ». Je ne sais pas si c'est le fantasme de la mère ou celui de l'enfant, mais c'est ce qui semble se jouer dans les modalités relationnelles primaires qui sont de type très fusionnelles. J'ajouterai par ailleurs, en regard de mon expérience à la pouponnière de Montluc, que ces bébés et très jeunes enfants tentent parfois désespérément de réanimer une mère très déprimée ; déprimée vis-à-vis de l'incarcération, vis-à-vis de leur histoire personnelle et des faits commis. L'enfant se vit en lieu et place de celui qui vient consoler une mère en difficulté puisqu'il représente alors le seul lien affectif investi en consolation de la séparation avec l'extérieur.

Ce qui est extrêmement important c'est l'intérêt supérieur de l'enfant, qu'Ariane Amado traduisait de l'anglais comme « les meilleurs intérêts de l'enfant » ; c'est très anglo-saxon et très intéressant. En psychopathologie clinique et en particulier dans la relation précoce, on ne peut concevoir la relation mère-bébé sans tenir compte de l'environnement dans lequel évolue la dyade, c'est-à-dire l'environnement relationnel, affectif et matériel où évolue la mère qui porte psychiquement son bébé ; ceci aura un impact sur la manière dont la mère elle-même éprouve cette relation précoce en prise avec ses difficultés psychiques, à travers son infantile, ce qu'elle va reproduire, ce dont elle va se servir, ce dont elle va chercher à se dégager, comment elle peut se sentir dans une grande culpabilité. La constitution de l'environnement maternel est prise dans une hypercomplexité, et je trouve que l'approche anglo-saxonne qui parle d' « environnement primaire » (qui contient cette hypercomplexité) est plus judicieuse que la seule centration sur « la mère », statut qui est parfois sacralisé. D'ailleurs, en détention, le statut le plus sacralisé est celui de mère. On peut être voleuse, on peut être criminelle mais on ne peut pas être une mauvaise mère. Les mères « infanticides »[215] en détention sont particulièrement soumises à l'agressivité sadique des autres

[215] Ce terme n'existe pas sur le plan juridique : on parle d'homicide et non d'infanticide qui n'est pas une catégorie pénale.

détenues voire de certaines surveillantes pour qui le crime sur enfant est insupportable. Ces femmes infanticides bénéficient des mêmes « traitements » que les hommes qui sont incarcérés pour des violences sexuelles. Le statut de mère est extrêmement sacralisé en détention parce qu'il devient l'identité narcissique fondamentale dans un lieu considéré comme le lieu de la honte. Pour la petite histoire, on a eu à accompagner en détention une jeune femme qui à son arrivée en détention n'était pas mère et qui a eu finalement 5 enfants (aucun en détention). Elle venait faire des « cures » en détention parce que c'est une femme qui avait été adoptée et qui s'était imaginée que sa mère biologique avait été incarcérée. Elle venait chercher en prison sa mère biologique (inconnue) qui l'aurait abandonnée parce qu'elle était en détention. C'est ainsi ce qu'elle pensait sur le plan fantasmatique des origines de son adoption : une mère coupable (criminelle ?) de l'avoir abandonnée. Au gré de ses incarcérations, cette patiente venait chercher en détention un accompagnement pour élever ses enfants sans être dans une problématique de honte d'elle-même qu'elle essayait de suturer en essayant d'avoir les enfants les plus beaux du monde (ses enfants avaient des prénoms de princesses). À chacune des naissances de ses enfants, elle était donc incarcérée (généralement pour des vols), comme si elle devait repasser sur les traces de l'histoire de sa mère en détention et de ses premières relations infantiles.

D'après les chiffres de l'OIP concernant les mères et les femmes qui sont incarcérées : 20% sont illettrées, 50% ont un niveau d'instruction primaire et seulement 30% ont suivi une instruction de niveau secondaire. Il faut donc dire que ce sont des femmes qui lisent très peu, qui regardent beaucoup la télé, qui sont « collées » à un monde extérieur pour ne surtout pas penser ; c'est-à-dire qu'il y a un désinvestissement de la pensée parce que celle-ci est vectrice de solitude et de souffrance. On peut s'interroger là du point de vue psychique sur la vulnérabilité dans laquelle ces femmes se trouvent pour essayer d'accompagner psychiquement et émotionnellement un enfant. D. Stern a beaucoup travaillé sur ce qu'il appelle les « accordages affectifs » primaires[216] pour décrire comment les émotions de l'enfant s'organisent. L'émotion, l'affect est quelque chose de très organisé qui se construit à partir des premiers nouages relationnels infra-verbaux. Les patients atteints de schizophrénie ou de troubles du spectre autistique, par exemple, ne sont pas capables de reconnaître le langage émotionnel. On a parlé dans ce colloque également des addictions ; les personnes qui présentent des addictions sévères (que ce soit aux opiacés ou à l'alcool), sont des gens qui sont en grande vulnérabilité, en grande fragilité pour pouvoir organiser des émotions qu'ils vivent comme des états internes d'envahissement non maîtrisables ; c'est cela qui est extrêmement sollicité dans les accordages primaires avec l'enfant. Il est question de transformer des ressentis en émotions puis en représentations. C'est l'environnement et le lien maternel primaire, qui vont permettre au sujet de vivre des expériences « à sa mesure », c'est-à-dire d'accompagner le sujet dans son accès au monde extérieur et à la réalité. Il s'agit non pas d'un environnement « parfait », mais plus précisément d'un environnement capable de s'adapter en fonction des circonstances de vie et en fonction de l'évolution des capacités de l'enfant. Aussi, l'adaptation maternelle / l'adaptation de l'environnement, vise à assurer un continuum de vie à l'enfant de manière à

[216] D. Stern appelle « accordage affectif » les premières modalités infra-verbales relationnelles dans lesquelles l'imitation réciproque entre la mère et le bébé permet de traduire des états internes et des émotions qui sont réciproquement partagés.

ce que le sujet puisse rencontrer le monde extérieur qui vient l'effleurer et non l'envahir, de manière à ce que l'enfant puisse s'adapter à l'imprévu sans que celui-ci soit vécu comme une effraction. C'est parce qu'une expérience d'adaptation entre la tension et l'apaisement ressenti que l'infans peut constituer les fondements de son être qui se façonne par intégrations progressives des expériences. Ce sont ces premières modalités relationnelles qui permettent à la fois d'organiser le monde pulsionnel (c'est-à-dire de transformer une tension en logique intersubjective signifiante) et le monde affectif qui s'organise seulement à partir des échos que lui renvoie l'environnement. Autrement dit, c'est à travers l'expérience intersubjective, et la manière dont l'environnement propose une certaine intelligibilité au sujet que l'émergence de la personnalité se construit. La qualité de ce premier tissage somatopsychique va permettre que le corps s'éprouve dans une série d'interactions signifiantes comportant des réponses adéquates de l'objet. L'organisation des mouvements pulsionnels est véhiculée par le jeu des sensations, des émotions qui sont engendrées à partir des premières expériences de corps à corps entre l'enfant et la mère. Là, le sujet se sent / s'éprouve à partir d'une rencontre, d'une relation qui le transforme et qui va construire le socle de ses représentations, de son monde interne / intime. Cette dimension engage l'intimité du sujet dans un sang-mêlé avec l'autre ; autre qui est impliqué dans un lien analogue selon une dimension de jeu (je) réflexif. Ce travail, cet accordage, suppose donc une gestion acceptable de la tension psychique qui peut être sentie et vécue dans une intimité en soi pour soi, en propre ; elle suppose l'intériorisation du pôle relationnel dans la relation identitaire.

Il existe des travaux qui ont été proposés notamment par un américain, Christopher Bollas, qui parle de « fonction transformationnelle » c'est-à-dire que la mère, ou plutôt l'environnement, va se « prêter » pour transformer des éléments émotionnels pulsionnels en communication. C'est par exemple ce qui se produit dans toutes les modalités de jeux ; les différents jeux organisent et transforment les éprouvés. Jouer à se faire peur (les enfants aiment bien avoir peur du loup-garou !) permet de se représenter la situation de peur qui est contextualisée (ce qui évite la terreur, qui est tout autre chose). Quand on est en capacité d'organiser des émotions en affects puis en représentations, on peut dire que là c'est gagné ! Le terreau de ces processus se situe dans les dix-huit premiers mois de l'enfant. À partir de ce moment-là, on entre dans le champ de la communication ; en outre, cela veut dire qu'on est en mesure de communiquer des choses ; c'est-à-dire qu'on adresse des messages à son interlocuteur, à son environnement…

C'est ce dont souffrent les femmes qui sont incarcérées. D'une part la prison vient renforcer les situations de dépendance, d'humiliation, de brimade dans l'enfance. Cette dépendance n'est pas choisie ; elle implique le corps et chez les femmes la question du corps en situation carcérale est beaucoup plus en délicatesse que chez les hommes. L'emprise carcérale est avant tout une prise sur le corps, une perte de contrôle de son usage et de ses rapports à l'environnement (D. Lhuilier). L'espace intime est donc mis à mal, fragilisé, fissuré, jusque dans la gestion quotidienne qui porte sur le corps (fouilles corporelles, douches collectives, changements impromptus de cellule, nourritures imposées, etc.).

Toute la question de la contrainte qu'exerce le monde carcéral va se rejouer dans la relation de dépendance du lien avec le bébé. La grosse difficulté que cela pose est que certaines mères, narcissiquement vulnérables, vivent la préoccupation que peut avoir le professionnel pour l'enfant comme un danger évocateur d'un fantasme de rapt face à une menace de rupture des liens avec celui-ci. Elles ne se sentent pas à la hauteur d'un objet[217] (leur bébé) qui est parfois le premier objet dont elles se sentent « propriétaires ». Ainsi, elles vont être tout le temps avec l'enfant. Par exemple, à la maison d'arrêt de Montluc, la nursery était une petite maison dotée d'un petit jardin qui pouvait leur permettre de jouer dehors avec leur enfant ; mais les mères n'y sortaient que très rarement ; elles étaient toujours très collées à leur enfant, qu'elles semblaient parfois « utiliser » comme des doudous. En détention, la figure de la mère idéale peut être sujette à une sorte de compétition narcissique tous azimuts, entre détenues et entre détenues-surveillantes ; Par exemple, il arrive fréquemment que des surveillantes, également mères, puissent donner quelques conseils aux mères incarcérées, ce qui peut être très rassurant en même temps que particulièrement blessant. Le narcissisme de ces femmes est tellement blessé que toute bonne intention peut être versée sur le compte de leur défaillance. C'est bien là toute l'utilité du travail clinique qui est d'essayer que les « loupés » de la relation, qui sont imprégnés des ratés des relations antérieures, puissent se redéployer à nouveau en communication audible.

Je souhaiterais, afin d'asseoir mes propos, vous inviter à regarder un petit film de quelques minutes : « *still face experiment* »[218]. Cette vidéo montre les premiers schèmes de communication qui s'instaure entre un enfant et une mère. Dans ce film, on voit une communication infraverbale qui s'établit entre un bébé qui va « suffisamment bien » avec une maman qui est en bonne santé mentale, c'est-à-dire capable de communiquer avec son bébé dans un prêt gestuel et corporel. Dans un premier temps, on

[217] Terme traditionnellement utilisé en psychopathologie clinique.
[218] <https://www.youtube.com/watch?v=apzXGEbZht0>.

observe des séquences d'échanges de regards, de mimiques, pondérés par une mélodie verbale. C'est un langage mimo-gestuo-postural. Il y a une communication infra-verbale tout à fait logique de séquences de communication ; c'est-à-dire qu'il y a un maillage constant entre la mère et le bébé. Et puis, on observe ensuite ce qu'il se passe quand cette communication est rompue, c'est-à-dire que la mère affiche un visage imperturbable, un visage qui ne renvoie aucune émotion, un visage inexpressif qui devient énigmatique pour le jeune enfant. Cette mère qui ne peut rien renvoyer l'enfant, c'est la mère alcoolique, dépressive ou schizophrène, la mère qui est elle-même aspirée par ses propres souffrances ; c'est-à-dire une mère qui ne peut se situer comme un miroir subjectif pour le bébé. Le bébé ne comprend plus rien. On voit bien que le bébé tente dans un premier temps de reproduire les mêmes séquences de communication qui s'étaient construites antérieurement ; aucune réponse psychique de la mère ; le bébé va ensuite appeler la mère, lui envoyer des messages (gestes, cris) pour rétablir la communication ; rien n'y fait ; la communication est laissée pour morte, et le bébé détourne son regard, raidit son corps… Puis dans la dernière séquence du film, la mère interagit à nouveau avec son enfant, ce qui relance les modalités de communication et le lien dans lequel l'enfant n'est plus perdu ou terrorisé. Ce qui est intéressant dans cette vidéo est que l'on voit bien comment le bébé n'est pas qu'une éponge, il a intériorisé des modes de communication et il va chercher la mère parce qu'il est en capacité d'anticiper et il essaye d'anticiper la réaction de la mère.

La psychopathologie de la périnatalité doit beaucoup à René Spitz qui, dans l'après-guerre, a travaillé sur les très jeunes enfants placés en pouponnière. Il avait fait toute une étude à l'époque ; il a beaucoup travaillé sur ce qu'on a appelé « l'hospitalisme » c'est-à-dire sur les enfants qui étaient élevés dans les orphelinats avec de nombreux professionnels présents en permanence. Il avait comparé deux populations. Une première population de bébés placés à l'orphelinat qui étaient des bébés très entourés mais qui présentaient des dépressions anaclitiques c'est-à-dire qui présentaient un détournement du regard, des périodes d'auto-agrippement. Cette population était comparée à des bébés de mères incarcérées. Pour René Spitz, lorsque les mères incarcérées étaient accompagnées par des professionnels de la petite enfance, les enfants de ces femmes présentaient moins de symptômes d'hospitalisme que lorsque l'enfant était à l'extérieur avec des professionnels de soin. C'est à partir de cette recherche que justement on a placé l'affect, les émotions, à l'origine de la communication. C'est-à-dire que pour se sentir vivant, le sujet ne doit pas seulement bénéficier de soins matériels et somatiques. L'enfant doit être porté affectivement, émotionnellement.

Maintenant, il faudrait faire un pas supplémentaire en France pour reconsidérer la situation d'incarcération dans le contexte singulier de la parentalité. Ce qui est important c'est d'essayer de pouvoir proposer des conditions dans lesquelles les mères ne se sentent pas en statut d'exception. Alors pour répondre à la question comment va le bébé après l'incarcération, tout dépendra de la manière dont la mère sera ou non en mesure de « se mettre au service » de son bébé, dans un univers et dans un contexte très singulier. C'est-à-dire qu'il importe que la mère puisse bénéficier de conditions matérielles, psychologiques et relationnelles suffisantes pour lui permettre d'investir un lien qui ne soit pas construit exclusivement comme un refuge contre le monde carcéral. À partir du moment où le bébé aura intériorisé de manière calme et tranquille ces premières modalités relationnelles, il sera en mesure de s'adapter au changement, y compris s'il s'agit d'une séparation, sans se sentir dans un état agonistique.

On voit bien dans ce film comment la communication dégénère. L'enfant ne peut plus communiquer en termes émotionnels, parce que la mère elle-même est en difficulté, et c'est là effectivement que cela va être propice à une désorganisation des modalités émotionnelles qui sont le lit des pathologies ultérieures. Il y a quelques mois s'est organisé à Lyon un colloque sur des femmes incarcérées. J'ai eu l'occasion de rencontrer une directrice d'établissement pénitentiaire pour femmes travaillant en Tchéquie. Cette directrice de prison avait présenté une brève vidéo de son établissement faisant partie d'un plan expérimental dans l'accompagnement des femmes et mères incarcérées. Ce qui me semble extrêmement intéressant et pertinent est que dans le cas des jeunes mamans incarcérées avec leur enfant, c'est le monde carcéral qui était mis entre parenthèses pour ainsi dire et non l'inverse ; les jeunes mères bénéficiaient d'un cadre optimum pour pouvoir élever leur enfant, sans que ces conditions soient vécues comme un privilège. C'est là peut-être un changement important dans la conception de l'incarcération dont nous aurions à réfléchir.

Section 3 : Table ronde

Anne-Marie Sinan-Richard, Conseillère pénitentiaire d'insertion et de probation, Centre pénitentiaire pour femmes de Rennes : Je travaille au Centre pénitentiaire pour femmes de Rennes depuis de longues années. J'en ai tiré une conviction profonde, qui rejoint celle de mes collègues de Fleury : en répartissant des places sur tout le territoire on n'obtient rien ; rien ne peut dès lors se mettre en place en termes de conventions. Ce principe vaut pour les nurseries mais il vaut aussi pour les femmes en détention de manière générale. Depuis 1986, il y a des places pour les femmes qui s'ouvrent dans beaucoup d'établissements en France. À Rennes, on a un effectif qui chute et du coup on met beaucoup moins de choses en place. Je cite l'exemple des formations professionnelles : si vous voulez monter une formation professionnelle, il vous faut quatorze places, quatorze stagiaires, pour obtenir le financement. Pour avoir quatorze stagiaires, il faut un vivier de vingt à vingt-cinq candidates parce qu'il faut la motivation, la succession pénale qui va avec, et il faut les aptitudes. Or, quand vous avez cent places de femmes, créer une formation professionnelle avec vingt-cinq candidates c'est quasiment impossible car il faudrait avoir vingt-cinq personnes intéressées sur cent par le même projet professionnel. On a le même problème avec les nurseries. Il y a deux places à Nantes et cinq à Rennes. Je pense qu'il vaudrait mieux dix places à Rennes et regrouper ainsi tout le grand Ouest. Rennes semble être le lieu adéquat puisqu'existent déjà des conventions avec la PMI, avec le Conseil général, avec SOS Médecins. Quelque chose existe déjà. Certes, il y a des défauts ; mais ceux-ci peuvent être corrigés. Il y a toutefois des choses qui avancent car on y a réfléchi, on a un quartier qui est agréable, on a une cour de promenade avec de la verdure, avec des bancs, avec un accès libre pour les femmes. On a des choses qui fonctionnent et je crois qu'il faut partir de ce qui fonctionne et essayer de l'améliorer encore plutôt que de faire ça partout car on sait que financièrement ça ne marchera pas.

Fabienne Ligier, Pédo-psychiatre : Nous intervenons de manière hebdomadaire, comme on peut (parce que c'est très compliqué) au sein de la nurserie de Nancy-Maxéville. Ce qui est compliqué c'est la manière de mettre en place les soins quand les enfants ont besoin de consulter à l'extérieur. Heureusement, il y a l'équipe de l'association Didelot qui nous aide à acheminer les enfants jusqu'au centre de soins. J'ai été émerveillée sur ce qui a été dit sur Fleury-Mérogis car, au centre de Nancy-

Maxéville, on doit faire avec deux personnes et les moyens du bord. Même si tout le monde est plein de bonne volonté, on voit bien qu'il y a des limites. La première limite provient des mères qui ont leur enfant dans cette nurserie. On a été confronté à beaucoup de mères ayant des troubles psychiques importants. Ce n'est pas une question relative à la nurserie ou à la manière dont elle fonctionne. La problématique se pose face aux mères qui choisissent de garder leur enfant alors qu'à l'extérieur celui-ci leur aurait été retiré. Pour certaines, il y aurait eu une information préoccupante ou un signalement dès la maternité. Toutefois, là, comme elles sont en détention et sous surveillance, on les laisse. Pourtant, s'il y a bien un lieu où il est compliqué de mettre en place des interactions précoces de bonne qualité, du fait des lieux, du fait de l'anxiété que cela génère chez la mère, c'est la détention ! Je pense qu'il n'y a aucune mère qui supporterait d'avoir son enfant vingt-quatre heures sur vingt-quatre juste pour soi dans des murs où les pleurs résonnent. La mère est entre des murs où elle n'ose pas laisser pleurer son enfant, son bébé, parce que ça résonne et parce qu'elle a peur d'être stigmatisée comme une mauvaise mère qui laisse pleurer son enfant alors que la pédiatre ou la puéricultrice dit « maintenant qu'il a six mois il peut attendre un petit peu, laissez-le pleurer » alors que d'un autre côté on vous dit « ah non il pleure c'est que vous ne vous en occupez pas ». Même si on ne leur dit pas, elles le pensent parce qu'elles se sentent toujours sous le regard des autres. On l'est de fait en détention et cela vient renforcer la difficulté de mettre en place à des relations précoces de bonne qualité. Lorsque, en plus, il y a un trouble psychique, l'expérience du *still face* (visage impassible) on ne le connaît que trop bien : des enfants qui vont chercher leur mère et qui ont ces mouvements là ; à un moment ils abandonnent, ils n'y vont plus, ils se mettent en retrait, ils plafonnent et ne regardent plus que les néons. Dans ces cas, ils auraient vraiment besoin d'aller sur l'extérieur davantage. Deux matinées de crèche c'est déjà bien mais encore pas assez. Il y a des mères à l'extérieur, à qui on aurait dit que l'enfant peut rester avec elles mais si l'enfant va à la crèche tous les jours ou chez une assistante maternelle à temps complet. Il y a beaucoup de bonnes volontés, beaucoup de gens réfléchissent sur la manière dont cela peut se passer au mieux. Il faut insister sur le fait que c'est un travail pluridisciplinaire, qui prend du temps. C'est parfois compliqué, on ne parle pas toujours le même langage : dans le milieu médical on a du mal à comprendre la temporalité de l'administration pénitentiaire qui n'a rien à voir avec nos urgences ! Une semaine dans la vie d'un enfant de deux mois c'est énorme, ça ne paraît pas beaucoup sur le papier mais pour un enfant c'est beaucoup. Comme nous on se situe du côté de l'enfant, on est un peu fébrile. À Nancy, les rapports sont simples mais je crois que cela nécessite beaucoup d'échanges. Cela aussi prend du temps mais c'est très important pour le bienfait de ces enfants.

La question était celle de l'âge limite et je ne sais pas si une véritable réponse peut être donnée. Du moins on n'en a pas à notre niveau, en psychiatrie, parce que c'est tellement du cas par cas que poser un âge, de manière péremptoire, ce serait délétère. Il y a des enfants pour lesquels il ne faut surtout pas qu'ils restent encore, au-delà de dix-huit mois, voire au-delà d'un an pour certains, lorsqu'on voit qu'ils se dégradent sur le plan clinique et sur le plan de leur développement.

Bruno Py, Professeur de Droit privé et sciences criminelles, Université de Lorraine : Est-ce que l'Italie où la limite est fixée à quatre ans nous donne des expériences et des résultats qui nous permettent des analyses ?

Fabienne Ligier, Pédo-psychiatre : J'ai appris cela pour la situation de la mère dont Madame Guillot a parlé qui s'est retrouvée en Italie mais, de ce que m'a dit la mère, s'ils peuvent rester jusqu'à trois-quatre ans, en fait ils sortent très vite. Je ne suis pas sûre qu'un seul enfant soit resté de zéro à quatre ans. Les italiens préconisent justement d'autres mesures que la détention pour les mères avec des enfants. Je pense que s'il y a une bonne organisation, s'il y a une crèche, voire de l'école, pourquoi pas. Mais c'est vraiment le contexte qui va jouer. Si les enfants peuvent être socialisés, s'ils peuvent avoir une vie quasi-normale, de bonnes conditions d'accueil, pourquoi pas l'envisager. Tout est inhérent au lieu d'accueil. Il faut aussi penser aux difficultés des mères. Ce sont des femmes déjà en souffrance (celles qu'on a eues à Nancy particulièrement étaient en difficulté sur le plan psychique, des addictions, *etc.*).

Marie-Hannick Horel, Surveillante pénitentiaire, Centre pénitentiaire pour femmes de Rennes : Je suis la référente du quartier nurserie du Centre pénitentiaire des femmes de Rennes, je ne vais pas re-balayer tout ce qui a été dit, je vais simplement revenir sur quelques points. On a beaucoup parlé des mamans qui arrivaient enceintes en prison, qui accouchaient en prison. Nous au Centre pénitentiaire de Rennes, on a une nouveauté depuis quelques années, à savoir que les longues peines décident également d'avoir des enfants. On a donc eu et on aura encore, des « bébés UVF ». Cela impose pour nous une nouvelle organisation, une nouvelle prise en charge, avec des décisions à prendre en pluridisciplinaire. Ce sont des mamans qui font le choix d'avoir un enfant alors qu'il leur reste quelques années à faire et alors que l'enfant sortira avant elles. Parfois il y a un papa, parfois il n'y en a pas. Il y a donc une organisation à mettre en place aussi. On n'en avait pas trop parlé mais il faut savoir qu'aujourd'hui on rencontre ce phénomène sur le Centre pénitentiaire de Rennes.

On n'a aucun problème avec la prise en charge santé puisqu'on a une convention avec SOS Médecins et qu'il y a un médecin référent. La maman a aussi la faculté de choisir un autre médecin si elle est de la région rennaise. On a une assistante maternelle rattachée au Conseil général. Un planning de sortie est effectué par les collègues de la PMI, une puéricultrice est chargée de faire les plannings. Nous avons eu jusqu'à cinq bébés et un « turn-over » était organisé du lundi au vendredi. Très honnêtement, nous n'avons pas rencontré de difficulté majeure à gérer. Nous avons même eu des jumelles à une époque. La date a été anticipée et on a supprimé une place d'accueil pour un enfant. On a ainsi offert la possibilité à la mère des jumeaux d'avoir deux cellules (on a ouvert une cellule de telle façon à en faire deux). On l'a laissé en l'état pour éventuellement accueillir d'autres jumeaux.

Il a été souligné également qu'il était un peu difficile de faire entrer un bébé lorsque la maman a été incarcérée en laissant derrière elle un bébé. Nous avons rencontré ce cas deux fois à Rennes. Je vais vous parler du plus récent, à savoir d'une mère incarcérée pour une affaire assez importante qui avait laissé derrière elle un bébé de trois semaines. La maman a été incarcérée seule dans un premier temps et le bébé placé en pouponnière dans le cadre d'une urgence dans la région parisienne. Ce bébé se laissait mourir et il a été décidé de le ramener auprès de sa maman. Cela a été fait dans des conditions tout à fait correctes. Cet enfant est reparti à dix-huit mois.

Enfin, je rassure tout le monde concernant la région de l'ouest : je ne connais pas de détenue à la date d'aujourd'hui – et j'ai trente-six ans de pénitentiaire – qui a été attachée pour accoucher.

Adeline Hazan, Contrôleure générale des lieux de privation de liberté : Ni en présence de surveillantes ?

Marie-Hannick Horel, Surveillante pénitentiaire, Centre pénitentiaire pour femmes de Rennes : Ni en présence de surveillantes depuis 2008.

Bruno Py, Professeur de Droit privé et sciences criminelles, Université de Lorraine : Concernant l'opportunité de la limite d'âge fixée ?

Marie-Hannick Horel, Surveillante pénitentiaire, Centre pénitentiaire pour femmes de Rennes : Je rejoins complètement mes collègues de Fleury : quand vous avez un enfant de dix-huit mois, je dirais même quatorze ou quinze mois, qui le soir tape de ses deux poings de toutes ses forces sur la porte en disant « ouvre, ouvre cette porte », c'est insupportable. Je ne peux pas valider la présence de l'enfant au-delà de dix-huit mois, mais je ne suis pas une professionnelle de l'enfant. Je rejoins également mes collègues sur le développement des structures. Évidemment, ce qui marche doit être alimenté pour que ça continue de marcher. C'est cela aussi notre objectif. Même si on est surveillant, on fait partie d'une équipe et on a envie que ce qui fonctionne continue de fonctionner.

Un petit bémol concernant le déclenchement de l'accouchement. Bien sûr il y a des accouchements sur Rennes qui sont déclenchés. Ce que je sais c'est qu'ils sont demandés par la maman parce que dans la plupart des cas les mères ont une trouille d'accoucher en prison. Quand elles rentrent dans leur neuvième mois, on sent une angoisse monter, surtout en soirée. Je passe au quartier nurserie en soirée trois fois par semaine et quand j'ai une maman qui va accoucher, quand je lui dis « bonsoir », elle me dit « pourvu que ce ne soit pas cette nuit ». Il est vrai qu'on a mis en place, mais à leur demande, des déclenchements. Dans certains cas, le déclenchement est aussi organisé parce que le centre pénitentiaire de Rennes est très éloigné des familles, afin que le père puisse participer à l'accouchement. D'ailleurs, on a mis en place à la trente-deuxième semaine la possibilité pour le père d'être présent à l'échographie (très importante sur le plan médical).

Adeline Hazan, Contrôleure générale des lieux de privation de liberté : J'ai été extrêmement intéressée par les témoignages qui ont enrichi la culture de tout le monde. En tant que Contrôleure générale des lieux de privation de liberté, c'est très intéressant pour moi de les entendre.

À la question de l'opportunité de la limite d'âge fixée, je vais répondre comme les précédents interlocuteurs. Il y a la loi et ce matin je disais que je suppose que la date de dix-huit mois a été fixée parce que l'enfant commence vraiment à bouger. Je ne suis toutefois pas sûre que ce soit la bonne date. J'entends qu'à partir de douze-treize mois cela devient extrêmement compliqué et, au fond, je pense qu'il faudrait (mais c'est difficile parce que j'imagine que la plupart du temps les mamans veulent garder leur enfant) arriver à faire un travail avec des professionnels pluridisciplinaires pour ajuster et faire au cas par cas en fonction justement de la relation et des interactions, du développement de l'enfant. Il faut peut-être faire un travail pédagogique pour faire en sorte éventuellement que la mère accepte de se séparer de l'enfant avant les dix-huit mois si c'est de l'intérêt de l'enfant. C'est ce qui serait souhaitable. Si ce travail est fait à long terme, pendant plusieurs mois et avec des équipes pluridisciplinaires, il y a sûrement moyen de convaincre les mères.

Florence Froissart, Conseiller délégué à la protection de l'enfance à la Cour d'appel de Nancy : On a vu que l'intérêt supérieur de l'enfant est une notion bien délicate à définir et à approcher sur laquelle nous risquons de surcroît dans notre appréciation d'appliquer notre propre conception du bien-être de l'enfant et d'une éducation idéale. On a souligné l'effet criminogène que peut avoir sur l'enfant l'incarcération d'un ou des deux parents, on nous a rapporté ensuite combien le nourrisson est totalement dépendant de la bienveillance des adultes qui l'entourent et tout particulièrement de sa mère mais que celle-ci n'est pas forcément la seule figure d'attachement possible. Et, enfin, on a rappelé que face à cette mère qui est en état de grande fragilité pendant son incarcération, il est absolument indispensable de s'assurer qu'elle est psychologiquement en état d'accompagner et d'élever son enfant pendant cette période très particulière.

Pour résumer un peu cette journée, j'ai envie de revenir au mot du poète. En cherchant quelque chose qui pourrait s'adapter à cette journée, je suis tombé sur la chanson du geôlier de Jacques Prévert qui dit ceci « *Je vais délivrer celle que j'aime. S'il en est encore temps. Et que j'ai enfermée. Tendrement cruellement. Au plus secret de mon désir. Au plus profond de mon tourment. Je veux qu'elle soit libre. Et même de m'oublier. Et même de s'en aller. Et même de revenir. Et encore de m'aimer. Ou d'en aimer un autre* ». Je crois que c'est bien cela : une mère qui tendrement (parce qu'elle aime cet enfant) mais cruellement (parce qu'elle lui fait subir l'incarcération) choisit de l'avoir avec elle. Il faudrait que nous ne perdions jamais de vue que cet enfant, comme tous les autres enfants, a droit pour lui à un projet d'amour ; que veut-on pour nos enfants si ce n'est qu'un jour ils puissent être libres, qu'ils puissent nous oublier, qu'ils puissent s'en aller ? Je crois vraiment que pour ces enfants en prison il faut qu'il y ait le même projet d'amour que pour tous les enfants.

Conclusion

Par Bruno Py, Professeur de Droit privé et sciences criminelles, Université de Lorraine

Brutalement, on pourrait se demander si l'être humain est un mammifère domestique ou sauvage : Peut-on l'élever en captivité puisque certains êtres humains passent le début de vie derrière les barreaux ?

De lege lata, sur le plan du droit existant, nous en parlions en première partie, à la fois de droit et de pratique et puis, dans la deuxième partie, plutôt de prospective, d'espoir. On a réinterrogé les règles de droit et les pratiques. On a un droit mou, un droit dérogatoire concernant cette situation, qui d'ailleurs se traduit par les problèmes de vocabulaire. Personne n'a pu donner un qualificatif consensuellement admis pour parler de cet enfant en détention. On nous a dit qu'il est enfermé mais pas écroué, qu'il est en prison mais qu'il n'est pas prisonnier, qu'il est derrière les barreaux mais qu'il n'est pas détenu. Il est dans une espèce de *« no man's land »*, de statut hors sol, hors droit. Il n'est pas non plus usager du service public ; pourtant il est sous la houlette et sous l'emprise de personnels administratifs. Il existe une incongruité dont je pense que l'on pourrait peut-être en sortir. Il n'est pas là clandestinement, au contraire, il est là officiellement mais sans statut. Il me semble que le statut qui pourrait être envisagé est celui « d'accompagnant ». Je prends le modèle hospitalier : à l'hôpital il y a les malades et il y a aussi le statut d'accompagnant. Il s'agit par exemple d'une maman qui n'est pas malade mais, parce qu'au nom du couple mère-enfant et de la non-séparation, bénéficie d'un statut. Alors pourquoi pas ne pas créer un statut symétrique en détention au bénéfice de l'enfant ?

Sur le plan des pratiques dérogatoires, ce qui est intéressant est que pour cet enfant en prison, on va lui adapter l'espace, l'alimentation mais aussi le droit. Conformément à l'ordonnance du 2 février 1945 sur les mineurs délinquants, un mineur incarcéré, à partir de treize ans va être soumis à un certain nombre de règles alors que le tout petit pas du tout. Par exemple, on n'a jamais fait d'opposition entre le petit garçon et la petite fille alors qu'en détention il s'agit d'une distinction fondamentale. La séparation des mineurs et des majeurs est une règle absolue depuis 1945 sauf pour ce cas. On est dans la dérogation mais cela n'étonne pas : lorsqu'on a des enfants on est obligé de sacrifier un certain nombre de principes !

Sur le plan de la prospective, au cours des débats, nous avons vu que la loi de 2014 avait déjà fait faire un certain nombre de progrès. Nous avons vu *de facto* que ce n'est pas qu'à l'entrée mais aussi à la sortie que se pose la question de la brutalité de la césure de ce lien mère-enfant. On peut aussi réfléchir à la place du père car il est vrai qu'on transgresse toutes les règles relatives à l'autorité parentale : toute décision sur un enfant dont les deux parents disposent de l'autorité parentale suppose l'accord des deux, en particulier pour son domicile (c'est ce que précise le code civil depuis 1804). Mais dans cette situation, en violation des règles d'égalitarisme entre les deux parents, c'est la volonté de la mère qui est prééminente. C'est quelque chose de juridiquement surprenant car se constate une discrimination « à l'envers », à l'encontre des pères. Je pense que cela évoluera.

Sur la question finale des pratiques, de leur amélioration, des expériences et des investissements, je suis très ébahi de la bonne volonté des uns et des autres. Tout le monde travaille à cet humanisme, à mettre l'humain au cœur de la préoccupation. On a vu des expériences de la part du personnel de l'AP, des soignants, des familles, des bénévoles. Mais il y a un risque : lorsqu'on aura atteint un idéal de perfection concernant l'accueil des femmes enceintes et des jeunes mères, toutes les alternatives risquent de ne plus avoir d'intérêt. On a connu cette situation dans le domaine de la santé : plus on équipe les prisons, moins on échappe à la prison pour raisons de santé. C'est une vraie question sur la progressivité.

Le problème dans toute cette problématique est la brutalité soit de l'entrée soit de la sortie, quel que soit l'âge. Le seuil n'est pas chiffré numériquement car c'est le seuil de la marche et du langage. C'est à partir du moment où l'enfant marche et parle que la situation devient problématique et qu'il devient dérangeant de le contraindre avec des grilles et des portes. La meilleure solution serait donc le sur-mesure entre six et dix-huit mois. Mais la progressivité est déjà mise en place par toutes les bonnes volontés : alors qu'il est encore avec sa mère au quotidien, il commence déjà par petites expériences à sortir. Quand il est sorti et qu'il n'habite plus avec sa mère au quotidien, on va encore lui faire des facilités pour avoir plus de parloirs, pour pouvoir retourner dans la salle de jeux de manière à ce qu'il y ait pour lui quasiment un continuum.

Je terminerai par une citation que je vais « customiser ». Il s'agit de la citation de Paul Auster dans *La Solitude du labyrinthe* : « Le monde est dans ma tête, mon corps est dans le monde ». Je pense que pour l'enfant en prison au moins jusqu'à quinze ou dix-huit mois, son corps est en prison mais ce n'est pas grave. En revanche, à un moment il faut travailler à ce que l'enfant sorte de prison parce que sinon la prison pourrait rentrer dans sa tête et ce n'est pas le but.

Index

Bibliographie

1. Ouvrages généraux et monographies

ALBRECHT (E.) et GUYARD (V.), *Prisons de femmes en Europe*, Rapport d'observation sur les conditions de détention, Dagarno, 2001

ANDREWS (D.) and BONTA (J.), *The Psychology of Criminal Conduct*, LexisNexis, 5e ed., 2010 (traduction en français par C. le Bossé et M. Herzog-Evans : *Le comportement délinquant. Analyse et modalités d'intervention,* Les Presses de l'Enap, 2015)

BANCROFT (L.), SILVERMAN (J.G). & RICHIE (D.), *The Batterer as Parent* 2, Sage, 2012

BELDA (B.), *Les droits de l'homme des personnes privées de liberté*, Bruxelles, Bruylant, 2010

Bendheim-Thoman Center for Research on Child Well-Being, *Parental Incarceration and Child,* Princeton university and Columbia Population Research Center, Columbia University, 2008

BOLWBY (J.), *Attatchment and Loss*. New York : Basic Books, 1969

BONFILS (P.), GOUTTENOIRE (A.), *Droit des Mineurs*, Paris, Dalloz, Coll. Précis Droit Privé, 2e éd., 2014

BOSWELL (G.) & WEDGE (P.), *Imprisoned Fathers and their Children,* London, Jessica Kingsley Publishers, 2002

BOUREGBA (A.), *L'enfant et son parent, l'histoire d'une empreinte*, Paris, Dunod, 2011

CADDLE (D.), *Age Limits for Babies in Prison, Some Lessons From Abroad*. Home Office

CARIO (R.), *Les femmes résistent au crime*, L'Harmattan, Transdisciplines, 1997

COLLET (V.), *Grossesse et maternité en milieu carcéral*, Thèse pour le diplôme d'état de docteur en médecine, Université de Versailles – Saint Quentin en Yvelines – UFR médicale Paris – Ile de France Ouest, 2007

CORSTON (B.J.), *The Corston Report, A Report of a Review of Women with Particular Vulnerabilities in the Criminal Justice System*. Home Office. UK : March, 2007

CURRIE (E.), *Confronting Crime: Why there is so much crime in America and what we can do about it*, Pantheon, 1985

CUSSON (M.), *Le contrôle social du crime*, PUF, 1983

DEKEUWER-DEFOSSEZ F., *Les droits de l'Enfant*, Paris, Collection : Que-sais-je ?, Collection encyclopédique, 9è édition, PUF, 2010

FREEMAN (M.), *The Moral Status of Children: Essays on the Rights of the Child*, The Hague, Martinus Nijhoff Publishers, Kluwer Law International, 2012

HARNE (L.), *Violent fathering and the risks to children. The need for change*. The Policy Press, 2011

HARRIS-SHORT (S.), MILES (J.), *Family Law-Text, Cases and Materials*, Oxford, Oxford University Press, 2007

HERZOG-EVANS (M.), *Droit pénitentiaire*, Dalloz, 2012, 2e éd., Dalloz Action

HERZOG-EVANS (M.), *Le juge de l'application des peines : Monsieur Jourdain de la désistance*. Paris : L'Harmattan, 2013

HERZOG-EVANS (M.), Qu'est-ce que choisir une peine? Un état des savoirs. *Les Cahiers de la Justice*, 2015, n° 4 : 661-684

HIRSCHI (T.), *Causes of delinquency*, 1969

LOWE (N.), DK (G.), *Bromley's Family Law*, Oxford, Oxford University Press, 11th edition, 2015

McKAGENEY (N.), *Controversies in Drugs Policy and Practice*. Palgrave Macmillan, 2011

MENABE (C.), *La criminalité féminine*, L'Harmattan, 2014

MORVAN (P.), *Criminologie*, LexisNexis, 2e éd., 2016

MOYNIHAN (D. P.), *Family and Nation*, The Godkin Lectures, Harvard University, 1986

ROCHE (S.), *La délinquance des jeunes. Les 13-19 ans racontent leurs délits*, Seuil, 2001

SAMPSON (R. J.) et LAUB (J.), *Crime in the making: Pathways and turning points through life*, PU Harvard, 1993

SAMPSON (R. J.) et LAUB (J.), *Understanding Desistance from Crime*, 2001

SAMPSON (R. J.) et LAUB (J.), *Shared beginnings, divergent lives: Delinquent boys to age 70*, PU Harvard, 2003

SCALIA (D.), *Droit international de la détention, des droits des prisonniers aux devoirs des Etats*, Bâle, Helbing Lichtenahn, Paris, LGDJ, 2015

SIMON (A.), *Les atteintes à l'intégrité des personnes détenues imputables à l'Etat*, Paris, Dalloz, Coll. Bibliothèque de la Justice, 2015

SMEDSLUND (G.), DALSBØ (T.K.), STEIRO (A.K.), WINSVOLD (A.), and CLENCH-AAS (J.), *Cognitive Behavioural Therapy for Men Who Physically Abuse their*

Female Partner, Oslo : Campbell Systematic Reviews, 2011

TROTTER (C.), *Collaborative Family Work : A Practical Guide to Working with Families in the Human Services*. Allen & Uwin, 2013

TROTTER (C.), *Working with Involunttary Clients. A guide to Practice*, Routledge, 2014

VAN ZYL SMIT (D.), SNACKEN (S.), *Principles of European Prison Law and Penology*, Oxford, Oxford University Press, 2009

2. Articles et contributions

AKOENSI (T.D.), KOEHLER (J.A.), LÖSEL (F.), DAVID (K.), and HUMPHREYS (D.K.), "Domestic violence perpetrator programs in Europe, Part II : A systematic review of the state of evidence", *Int J Offender Ther Comp Criminol*, 2013, 57*(10) :* 1206-1225

BECKER (H. S.), « Notes on the concept of commitment », *American Journal of sociology*, 1960, p. 32

BOONE (M.) et HERZOG-EVANS (M.), "Decision-Making and Offender Supervision", *in* MCNEILL (F.) et BEYENS (K.) (dir.), *Offender Supervision in Europe*, Palgrave McMillan, 2013, 51-96

BOUREGBA (A.), « L'enfant de moins de trois ans et son parent incarcéré », *in* Collectif Fondation pour l'enfance, *L'enfant et son parent incarcéré*, Ramonville Sainte-Agne, Erès, 2013

CARDI (C.), « Le contrôle social réservé aux femmes : entre prison, justice et travail social », *Déviance et Société*, 2007/1 (vol. 31), p. 3

CARDI (C.), « Les quartiers mères-enfants : l' « autre côté » du dedans », *Champ pénal*, Vol. XI, 2014

CARDI (C.), « Le féminin maternel ou la question du traitement pénal des femmes », *Pouvoirs*, 2009/1 (n° 128), p. 208

CERE (J.-P.), « La situation des femmes incarcérées. Le cas de la France dans une perspective européenne », *in* Tak (P.J.P.) et JENDLY (M.) (dir.), *Minorités et diversité culturelles en prison*, Actes du Colloque de la Fondation internationale pénale et pénitentiaire, Wolf Legal Publischers, Nijmegen, 2007, p. 69

CERE (J.-P.), « Le détenu malade : le traitement du droit européen », *AJ Pénal*, 2010, p. 325

DONSON (F.) & PARKES (A.), "Weighing in the balance : Reflextions on the sentencing process from a children's rights perspective". *Probation Journal*, 2016, *63(3) :* 331-346

DORMOY (O.), « L'enfant et la prison », *Enfance*, 1992, Tome 45, n° 3, p. 255

DUMORTIER (T.), « L'intérêt de l'enfant : les ambivalences d'une notion "protectrice" », *La Revue des Droits de l'Homme*, 3/2013

DYER (W. J.), "Prison, Fathers and identity. A Theory of How Incarceration Affects Men's Paternal Identity", *Fathering : A Journal of Theory, Research and Practice About Men as Fathers*, 2005, 3(3) : 201-219

ECOCHARD (B.), « L'émergence d'un droit à des conditions de détention décentes garanti par l'article 3 de la Convention eu-ropéenne des droits de l'homme », *RFDA*, 2003, p. 99

EDEL (V.), « L'intérêt supérieur de l'enfant : une nouvelle maxime d'interprétation des droits de l'enfant », *Revue de la recherche juridique*, 2009, n° 2, p. 579

FARRINGTON (D. P.), TTOFI (M. M.) et LOEBER (R.), « Facteurs de protection contre la délinquance », *RFCDP*, 2014, n° 2, p. 39

FONAGY (P.), TARGET (M.), STEELE (M.), STEELE (H.), LEIGH (T.), LEVINSON (A.) & KENNEDY (R.), "Morality, Disruptive Behaviour, Borderline Personality Disorder, Crime, and their Relationships to Security of Attachment", *in* ATKINSON (L.) et ZUCKER (K.J.) (eds.), *Attachment and Psychopathology*, 1997, The Guilford Press : 223-274

FRITSCH (T.A.) & BURKHEAD (J.D.), "Behavioral reaction of children to parental absence due to imprisonment", *Family Relations*, 1981, *30.1* : 83-88. Print.

FONAGY (P.), 'Towards a developmental understanding of violence', *British Journal of Psychiatry*, 2003, n° 183 : 190-193

GASTONE (R.), « Etude médico-sociale des femmes incarcérées à la maison d'arrêt de Fleury-Mérogis en 2000 et 2001 », *Santé publique*, 2003/2 (vol. 15), p. 133

GOUTTENOIRE (A.), « La Convention Internationale des Droits de l'Enfant dans la jurisprudence de la Convention Européenne des Droits de l'Homme », *Le monde du Droit*, Ecrits rédigés en l'honneur de Jacques Foyer, Paris, Economica, 2007, p. 495

GOUTTENOIRE (A.), « La relation parent-enfant dans la jurisprudence de la Cour européenne des droits de l'homme », *Informations sociales*, 2008/5 (n° 149), p. 40-51

GREENE (S.), HANEY (C..), TURTADO (A.), "Cycles of pain; Risk factors in the lives of incarcerated mothers and their children." *The Prison Journal*, 2000, *80* : 3-23

HERZOG-EVANS (M.), « Les enfants de détenus : "The orphans of justice" », *Lamy Droit Civil*, 2011, NS 87, Supplément « Le statut de l'enfant depuis la Convention interna-tionale relative aux droits de l'enfant », Étude, p. 32-35

HERZOG-EVANS (M.), « Le séjour du petit enfant avec sa mère en détention », *in* CADIET (L.), CHAUVAUD (F.) et *al.* (dir.), *Figures de femmes criminelles, de l'Antiquité à nos jours*, Paris, Publications de la Sorbonne, 2010, p. 205

HERZOG-EVANS (M.), Droit civil commun, droit européen et incarcération. *Droit au respect de la vie familiale au sens de la Convention européenne des droits de l'homme.* Ed. Frédéric Sudre. Paris : Bruylant : 241-285, 2002

HERZOG-EVANS (M.), "Mothers and babies in French prisons : Cultural and legal variables" *in* Eldjupovic (G.) and Jaremko-Bromwich (R.) (eds.), *Incarcerated Mothers. Oppression and Resistance*, 2013, Demeter : 70-81

JOHNSTON (D.), « Effects of Parental Incarceration », *in* GABEL (K.), JOHNSTON (D.) (dir.), *Children of incarcerated parents*, New-York, Lexington books, 1995

JOHNSON (M.P.), "Conflict and control : Gender symmetry and asymmetry in domestic violence", *Violence Against Women,* 2006, *12(11)* : 1003–1018

JORDAN (K.B.), SCHLENGER (W.E.), FAIRBANK (J.A.), CADDELL (J.M.), "Prevalence of psychiatric disorders among incarcerated women : Convicted felons entering prison", *Archives of General Psychiatry*, 1996, *53(6) :* 513-519

JOSNIN (R.), « Une approche statistique de la récidive des personnes condamnées », Infostat Justice, avr. 2014, n° 127

KENSEY (A.) et BENAOUDA (A.), « Les risques de récidive des sortants de prison. Une nouvelle évaluation », *Cahiers d'études pénitentiaires et criminologiques*, mai 2011, n° 36

LANDRETH (G.L.) &. LOBAUGH (A.F), "Filial Therapy With Incarcerated Fathers : Effects on Parental Acceptance of Child, Parental Stress, and Child Adjustment", *Journal of Counseling and Development*, 1998, *76(2),* pp. 157-165

LANIER (C.S. Jr.), "Affective states of fathers in prison", *Justice Quarterly,* 1993, *10* : 49-65

LEBEL (Th. P.), BURNETT (R.), MARUNA (S.) et BUSHWAY S., « The « Chicken and Egg » of Subjective and Social Factors in Desistance from Crime », *European Journal of Criminology*, 2008, vol. 5 (2), p. 131

LEBRETON (G.), « Le droit de l'enfant au respect de son "intérêt supérieur". Critique républicaine de la dérive individualiste du droit civil français », *Cahier de la Recherche sur les Droits Fondamentaux*, n° 2, 2003, p. 79

MANIGLIO (R.), 'The Role of Parent-Child Bonding, Attachment, and Interpersonal Problems in the Development of Deviant Sexual Fantasies in Sexual Offenders', *Trauma, Violence & Abuse*, 2012, n° 13(2) : 83-96

MAC LANAHAN (S.) & BUMPASS (L.), "Intergenerational consequences of family disruption". *American Journal of Sociology*, 1988, *94* : 130-152

MENABE (C.), « Privation de liberté d'un parent et intérêt de l'enfant », *in* Longère (F.) et Copain (C.) (dir.), *Personne et Liberté*, à paraître

MUCCHIELLI (L.) et RAQUET (E.), « Les comparutions immédiates au TGI de Nice, ou la prison comme unique réponse à une délinquance de misère », *RSC*, 2014, p. 207

MURRAY (J.) et FARRINGTON (D. P.), « Les effets sur l'enfant de l'incarcération parentale », *AJ pén.*, 2011, p. 398

MURRAY (J.) et FARRINGTON (D.P.), "Effects of parental imprisonment on child antisocial behaviour and mental health : a systematic review.", Campbell Systematic Review. Sept., 2009

MURRAY (J.) et MURRAY (L.), "Incarceration, attachment and child psychopathology." *Attachment and Human development*, 2010, *12.4* : 289-309.

MYERS (B.J.), MACKINTOSH (V.H.), KUZNETSOVA (M.I.), LOTZE (G.M.), BEST (A.M.), RAVINDRAN (N.), « Teasing, bullying, and emotion regulation in children of incarcerated mothers », *in* POEHLMANN (J.), MARK EDDY (J.) (dir.), *Relationship processes and resilience in children with incarce-rated parents*, Malden, Wiley Edition, Collection monographs of the society for research in child development, Serial n°308, Vol 78, n°3, 2013, p. 29

NEIRINCK (C.), « A propos de l'intérêt de l'enfant », *in* NEIRINCK (C.) et BRUGGEMAN (M.) (dir.), *La Convention internationale des Droits de l'Enfant, Une Convention particulière*, Paris, Dalloz, Collection Thèmes Commentaires Etude, 2014

RAINE (A.), LENCZ (T.), BIHRLE (S.), et al., "Reduced prefrontal graymatter volume and reduced autonomic activity in antisocial personality disorder", *Archives of General Psychiatry*, 2000, 57,1196127

RENCHON (J.-L.), « Peut-on dé-terminer l'intérêt supérieur de l'enfant ? », *Petites affiches*, 7 oct. 2010, n° 200, p. 29

ROBINS (L.), WEST (P.A.) & HERJANIC (B.L.), "Arrests and Delinquency in Two Generations : A Study of Black Urban Families and Their Children.", *Journal of Child Psychology and Psychiatry*, 1975, 16.2 : . 125-140

SAMPSON (R. J.) et LAUB (J.), *in Les sorties de délinquance. Théories, méthodes, enquêtes*, La Découverte, 2012, p. 20

SAMPSON (R. J.) et LAUB (J.), « Life-course desisters? Trajectories of crime among de-linquent boys followed to age 70 », *Criminology*, 2003, vol. 41, p. 555

SCHWARTZ (J.) & STEFFENSMEIR (D.), "The nature of female offending : pattern and explanation", *in* R.T. Zaplin (dir.), *Female Offenders : Critical Perspectives and Effective Intervention*, Boston, MA, Jones and Bartlett, 2e ed., 2007

SLOTNICK (C.), "Postraumatic Stress Disorder (PTSD), PTSD Comorbidity, and Childhood Abuse among Incarcerated Women", *Journal of Nervous and Mental Disease*, 1997, 185(2) : 761-763

SMALLBONE (S.W.) & DADDS (M. R.), 'Further Evidence for a Relationship Between Attachment Insecurity and Coercive Sexual Behavior in Nonoffenders', *Journal of Interpersonal Violence*, 2001, n° 16(1) : 22-35

SUDRE (F.), « CEDH- Droit au respect de la vie privée et familiale », *JCL. E.*, Fasc. 6525, paragraphe 19

SUDRE (F.), « La convention relative aux droits de l'enfant au travers de la jurisprudence de la Convention

Européenne des Droits de l'Homme », Mélanges P. Tavernier, Bruxelles, Bruylant, 2013, p. 993

TRAVIS (J.), « Les sortants de prison et la sécurité publique : faire face au défi de la réinsertion des détenus », *AJ pén.*, 2011, p. 388

TREMBLAY RICHARD (E.), 'Understanding development and prevention of chronic physical aggression : towards experimental epigenic sudies', *Philosophical Transaction of the Royal Society*, n° 3663 : 2613-2622, 2004

3. Rapports, statistiques, recommandations

AYNSLEY-GREEN A. (Children's Commissioner for England), « Prison Mother and Baby Units- do they meet the best interests of the child? », 11 Million children and young people have a voice in England, 2008, p. 39

Direction de l'Administration Pénitentiaire, « Statistiques mensuelles de la population détenue et écrouée »

CGLPL, Avis du 25 janvier 2016 relatif à la situation des femmes privées de liberté, JORF, 18 février 2016

CGLPL, Avis du 8 août 2013 relatif aux jeunes enfants en prison et à leurs mères détenues, JORF, 3 sept. 2013

CGLPL, Rapport d'activité 2016, Dalloz, 2017

CGLPL, Rapport d'activité 2010, Dalloz, 2011

Commission des questions sociales, de la santé et de la famille, Rapport du 9 juin 2000, Mères et bébés en prison (Doc.8762), précédant la Recommandation 1469 (2000) de l'Assemblée parlementaire du Conseil de l'Europe

Comité des droits de l'enfant, 29 mai 2013, Observation générale n° 14 (2013) sur le droit de l'enfant à ce que son intérêt supérieur soit une considération primordiale (art. 3, par. 1), CRC/C/GC/14, §32

Conseil de l'Europe, « Mères et bébés en prison », Recommandation 1469 (2000), adoptée par l'Assemblée parlementaire le 30 juin 2000

Parlement Européen, Résolution sur les conditions carcérales dans l'Union Européenne : aménagement et peines de substitution, Journal Officiel des Communautés Européennes, 17 décembre 1998

Parlement Européen, Résolution du 15 décembre 2011 sur les conditions de détention dans l'Union (2011/2897(RSP)), 2013/C 168 E/11

ROBERTSON (O.), « Parents en prison : les effets sur leurs enfants », Bureau Quaker auprès des Nations-Unies, 2007

SYNERGIA, "Report. Reducing Prison population". UE, 2016, Grant : JUST/2013/JPEN/AG/4489

4. Jurisprudence

CEDH, 12 juill. 2016, A.B. et autres c. France, req. n° 11593/12

CEDH, 12 juill. 2016, R.C. et V.C. c. France, req. n° 76491/14

CEDH, 24 mars 2016, Korneykova et Korneykov c. Ukraine, req. n° 56660/12

CEDH, 14 janvier 2016, Affaire Mandet contre France, n° 30955/12

CEDH, 26 novembre 2013, X v. Latvia [GC], req. n° 27853/09

CEDH, 7 mars 2013, Raw et autres c/ France, n° 10131/11

CEDH, 19 janvier 2012, Affaire Popov c. France, n° 39472/07

CEDH, 6 juillet 2010, Neulinger et Shruk c/ Suisse, req. n° 41615/07

CEDH, 6 déc. 2007, Mamousseau et Washington c/ France, req. n° 39388/05

CEDH, 28 juin 2007, Wagner et JMWL c/ Luxembourg, req. n° 76240/01

CEDH, 3 decembre 2002, Nowicka c/ Pologne, req. n° 30218/96

CEDH, 28 novembre 2002, Lavents c/ Lettonie, req. n° 58442/00

CEDH, 30 avril 2002, Kleuver v. Norway, req. n° 45837/99

CEDH, 12 juillet 2001, K et T c/ Finlande, req. n° 25702/94

CEDH, 26 octobre 2000, Kudla c/ Pologne, req. n° 30210/96

CEDH, 28 septembre 2000, Messina c/ Italie, req. n° 25498/94

CEDH, 7 août 1996, Johansen c/ Norvège, req. n° 17383/90

CEDH, 21 juin 1988, Plattform « Artze Fur Das Leben » c/ Autriche, req. n° 10126/82

CEDH, 24 mars 1988, Olsson c/ Suède, req. n° 10465/83

Cass, civ, 13 juillet 2016, n° 15-22848

Cass., 3 février 2010, n° 09-84.850

Cass. civ., 18 mai 2005, n° 02-20.613

CE, 31 octobre 2008, n° 293785

CE, 23 février 2003, n° 248471

CE, 22 septembre 1997, n° 161364

CJUE, 22 décembre 2010, C491/10

R (WB & W) v. Secretary of State for Justice [2014] EWHC 1696 (Admin), 2013 WL 1220029

R (P) v. Secretary of State for the Home Department, R (Q and another) v. Secretary of State for the Home Department [2001] EWCA Civ 1151, [2001] 1 WLR 2002

Table des matières

Questions juridiques aux éditions L'Harmattan

Dernières parutions

EXISTE-T-IL ENCORE UN SEUL « NON BIS IN IDEM » AUJOURD'HUI ?
Sous la direction de Delphine Brach-Thiel
«Nul ne doit pouvoir être jugé et condamné deux fois à raison des mêmes faits.» Si le principe est simple, c'est précisément son interprétation par de très nombreuses juridictions - pas toujours à l'unisson - qui pose question et explique le retour de ces interrogations sur le devant de la scène aujourd'hui. L'analyse ici présentée se veut riche et féconde de la rencontre entre universitaires belges et français, entre praticiens et chercheurs, entre européanistes, internationalistes ou pénalistes.
(Coll. Comité international des pénalistes francophones, 23.50 euros, 230 p.)
ISBN : 978-2-343-11828-4, ISBN EBOOK : 978-2-14-004143-3

ESSAI SUR LA NOTION D'EXÉCUTION CONTRACTUELLE
Alvarez Isabelle
L'exécution contractuelle constitue la cause impulsive de l'établissement du contrat qui, paradoxalement, est un mécanisme trop familier pour être bien connu. Adopter une méthode d'analyse alternative permet d'esquisser une définition de cette notion juridique. Est ici proposée une approche dynamique des échanges contractualisés, orientés vers la réalisation satisfactoire de l'opération économique, démontrant que cette phase exécutoire recèle un panel étendu de perspectives. (Étude à jour de l'ordonnance n° 2016-131 du 10 février 2016 portant réforme du droit des contrats, du régime général et de la preuve des obligations).
(Coll. Logiques Juridiques, 45.00 euros, 486 p.)
ISBN : 978-2-343-12604-3, ISBN EBOOK : 978-2-14-004271-3

LES ACCORDS COLLECTIFS DE GROUPE
Théodoropoulos Alexandra - Préface de Gérard Vachet
De simple expérimentation issue de la pratique, la négociation collective de groupe est devenue un véritable niveau de négociation collective reconnue par le législateur. L'accord de groupe est désormais consacré comme une norme créatrice de droits et d'obligations entre employeurs et salariés du groupe, mais sa place dans la hiérarchie des normes n'a pas été précisée. Cette situation génère de nombreuses interrogations quant à sa portée et à ses limites.
(Coll. Logiques Juridiques, 44.00 euros, 440 p.)
ISBN : 978-2-343-12269-4, ISBN EBOOK : 978-2-14-004330-7

LA SIMPLIFICATION DU DROIT DES SOCIÉTÉS À L'AUNE DU CAS HONGKONGAIS
L'exemple des SARL et SAS
Tortellier Nathalie - Préface de Mme le professeur Catherine Barreau
Cette étude comparative puise dans les règles et mécanismes de la société fermée à risque limité hongkongaise des techniques pouvant fortement contribuer à l'assouplissement et à la simplification du droit des sociétés. L'analyse décortique la vie des SARL et SAS et propose l'application de la méthodologie pragmatique du droit hongkongais par thèmes dans un souci d'adaptabilité du droit français. Il ressort de cette analyse comparative 80 recommandations inspirées de la société hongkongaise pour développer une société outil au service de l'entreprise, une société adaptée et adaptable aux acteurs économiques contemporains.
(Coll. Logiques Juridiques, 49.00 euros, 638 p.)
ISBN : 978-2-343-11885-7, ISBN EBOOK : 978-2-14-004220-1

LE DROIT DE L'INFORMATIQUE
4e édition (2017)
Bismuth Yves
À travers l'étude des grands thèmes du droit de l'informatique (protection des logiciels et des données, contrats informatiques, protection des libertés, gestion du risque informatique), cet ouvrage permet au lecteur d'établir lui-même un diagnostic juridique des problèmes rencontrés à l'occasion de la mise en place d'un système informatique. Il est complété par des extraits de code, une bibliographie, un index et un lexique, et est à jour des dernières lois et décrets intervenus en la matière.
(38.00 euros, 436 p.)
ISBN : 978-2-343-11527-6, ISBN EBOOK : 978-2-14-004177-8

MÉTHODE ET ASPECTS FORMELS DE LA RECHERCHE
Petit manuel à l'usage des juristes (2e édition)
Marain Gaëtan
L'ouvrage propose un apprentissage de la recherche et de son formalisme qui doit permettre aux étudiants confrontés à la rédaction d'une thèse ou d'un mémoire en droit d'aborder ce travail avec sérénité. L'auteur donne ainsi une méthode pour définir le sujet, échafauder un plan et trouver la documentation utile. Est également abordée, entre autres, la question du référencement des sources et de la citation d'auteur. Des recommandations propres à l'organisation de la soutenance et à son bon déroulement sont prodiguées. Voici un guide à même d'éclairer les premiers pas du jeune chercheur en droit.
(15.50 euros, 138 p.)
ISBN : 978-2-343-12682-1, ISBN EBOOK : 978-2-14-004300-0

LA PROCÉDURE DE LIBÉRATION CONDITIONNELLE COMME OUTIL DE GESTION DU RISQUE
Ben Gadi Amélie - Préface de Joana Falxa
La procédure d'octroi de la libération conditionnelle des longues peines témoigne d'une sévérité accrue à leur égard. En imposant une évaluation de dangerosité, le législateur a souhaité «verrouiller» la procédure. Cependant, la notion de

dangerosité est très complexe à définir et ne fait l'objet d'aucune définition légale. Elle introduit la notion de gestion du risque, ouvrant le chemin vers une justice de précaution. La présente étude éclaire la problématique de la réinsertion des longues peines.
(Coll. Bibliothèques de droit, 15.00 euros, 132 p.)
ISBN : 978-2-343-11550-4, ISBN EBOOK : 978-2-14-004296-6

LETTRE À TOUS CEUX QUI PERSISTENT À VOULOIR FAIRE LEUR DROIT
Charles Thierry
Le droit court derrière la «révolution numérique». Les algorithmes nous espionnent et restreignent les libertés publiques, ils calculent les indemnités au service des compagnies d'assurances. La diminution lente et continue des services chargés de veiller à l'application du droit affaiblit et parfois anéantit l'efficacité de ces lois. L'échec de la loi Hadopi est significatif à cet égard. Le mal est en fait bien plus profond et ne date pas d'hier. Nous vivons une époque de démolition des codes établis. Si le droit est partout, en définitive il n'est nulle part...
(20.50 euros, 204 p.)
ISBN : 978-2-343-12343-1, ISBN EBOOK : 978-2-14-004306-2

FÊTE ET DROIT PUBLIC
Sous la direction d'Adrien Azarete, Elie Guerrero et Thomas Moretto
S'inscrivant dans une approche globale et élargi à tout le droit public, le présent ouvrage, issu du colloque « Fête du Droit Public », a pour objet l'étude de l'application du droit public dans la fête par les différents acteurs de cette branche du droit. De l'autorisation de la fête à sa responsabilité, en passant par son organisation, son coût et sa sécurité, le droit public est présent partout, de par l'évidente présence et implication de la puissance publique et des collectivités territoriales.
(Coll. Bibliothèques de droit, 20.00 euros, 192 p.)
ISBN : 978-2-343-11018-9, ISBN EBOOK : 978-2-14-003946-1

LA DÉMOCRATIE EN DROIT INTERNATIONAL
Étude critique sur le statut juridique de la démocratie en droit international et la légitimité de l'imposer par la force
Alshiabani Abuhamoud
En droit international, la démocratie était jusqu'à très récemment absente. Malgré les appels lancés au début du 20e siècle, celui-ci a toujours considéré la démocratie comme une idéologie dans laquelle il ne doit pas s'impliquer. Après la fin de la Guerre froide et la victoire de la démocratie libérale, la démocratie s'est renforcée au plan international. Elle a exercé une pression considérable sur le droit international pour qu'il s'adapte aux nouvelles exigences des réalités politiques. Cet ouvrage traite de ce sujet et montre le contexte dans lequel se sont développés la démocratie et le concept d'ingérence démocratique.
(Coll. Logiques Juridiques, 39.00 euros, 408 p.)
ISBN : 978-2-343-10818-6, ISBN EBOOK : 978-2-14-003833-4

LES PRINCIPES GÉNÉRAUX DANS LA JURISPRUDENCE DE L'ORGANE DE RÈGLEMENT DES DIFFÉRENDS DE L'OMC
Aydi Ghozzi Mariem - Préface de Slim Laghmani
Représentant la justice marchande, le Système de règlement des différends de l'organisation Mondiale du Commerce (OMC) est censé rendre une meilleure justice. Bien qu'il ne constitue pas une véritable juridiction, il chemine sur les traces du juge international dans la détermination et la régulation du sens du droit de cette organisation, les principes généraux devraient en constituer des instruments de moralisation et de développement. Cependant, la méthode par laquelle l'organe de règlement des différends appréhende lesdits principes mérite une attention particulière.
(Coll. Droit aujourd'hui, 37.50 euros, 368 p.)
ISBN : 978-2-343-12079-9, ISBN EBOOK : 978-2-14-004047-4

LA RESPONSABILITÉ DES ENTREPRISES MULTINATIONALES POUR LES VIOLATIONS DES DROITS DE L'HOMME EN AFRIQUE
Opportunités et défis
Belporo Christelle
La question de la responsabilité des entreprises multinationales pour les violations des droits de l'homme est d'une actualité brûlante. Alors qu'à travers le monde les scandales se multiplient, sur le continent africain, des voix s'élèvent pour dénoncer les nombreuses violations des droits internationalement protégés. Cet ouvrage évalue les réponses offertes par le droit pour l'encadrement de la responsabilité juridique des entreprises multinationales à l'aune des instruments internationaux et africains.
(Coll. Études africaines, 20.50 euros, 200 p.)
ISBN : 978-2-343-11365-4, ISBN EBOOK : 978-2-14-004005-4

CONCEPTS ET PRATIQUES PROFESSIONNELLES EN DOUANES
Origines, procédures, régimes et valeur
Bouga Boukari Dan
Ce livre explique d'abord les concepts, c'est-à-dire le vocabulaire douanier de façon à ne saisir que l'essentiel. Il expose ensuite les exigences des pratiques douanières pour tous les scénarios du commerce international. II procède enfin à des illustrations pour une meilleure compréhension des droits et obligations des opérateurs en douane.
(Harmattan Côte-d'Ivoire, 20.00 euros, 184 p.)
ISBN : 978-2-343-11805-5, ISBN EBOOK : 978-2-14-004075-7

L'Harmattan Italia
Via Degli Artisti 15; 10124 Torino
harmattan.italia@gmail.com

L'Harmattan Hongrie
Könyvesbolt ; Kossuth L. u. 14-16
1053 Budapest

L'Harmattan Kinshasa
185, avenue Nyangwe
Commune de Lingwala
Kinshasa, R.D. Congo
(00243) 998697603 ou (00243) 999229662

L'Harmattan Congo
67, av. E. P. Lumumba
Bât. – Congo Pharmacie (Bib. Nat.)
BP2874 Brazzaville
harmattan.congo@yahoo.fr

L'Harmattan Guinée
Almamya Rue KA 028, en face
du restaurant Le Cèdre
OKB agency BP 3470 Conakry
(00224) 657 20 85 08 / 664 28 91 96
harmattanguinee@yahoo.fr

L'Harmattan Mali
Rue 73, Porte 536, Niamakoro,
Cité Unicef, Bamako
Tél. 00 (223) 20205724 / +(223) 76378082
poudiougopaul@yahoo.fr
pp.harmattan@gmail.com

L'Harmattan Cameroun
TSINGA/FECAFOOT
BP 11486 Yaoundé
699198028/675441949
harmattancam@yahoo.com

L'Harmattan Côte d'Ivoire
Résidence Karl / cité des arts
Abidjan-Cocody 03 BP 1588 Abidjan 03
(00225) 05 77 87 31
etien_nda@yahoo.fr

L'Harmattan Burkina
Penou Achille Some
Ouagadougou
(+226) 70 26 88 27

L'Harmattan Sénégal
10 VDN en face Mermoz, après le pont de Fann
BP 45034 Dakar Fann
33 825 98 58 / 33 860 9858
senharmattan@gmail.com / senlibraire@gmail.com
www.harmattansenegal.com

www.ingramcontent.com/pod-product-compliance
Lightning Source LLC
LaVergne TN
LVHW011309061026
849535LV00005B/1466